JN085763

侍ジャパン、WBC優勝

WBC（World Baseball Classic）で日本代表チームが3大会ぶりに優勝。メジャーリーガー大谷翔平選手らが活躍

車いすテニスで4大大会と五輪を制覇した国枝慎吾氏が1月に引退、3月にはパラスポーツ選手で初めて国民栄誉賞を授与された

車いすテニスの国枝選手、引退

2023 ニュース アルバム

神奈川の慶應義塾高校が107年ぶりに全国高校野球で優勝を果たした。決勝戦ではOBらによる熱い応援も話題に

夏の甲子園を制した慶應高校

バスケ日本代表、五輪へ

藤井聡太七冠、記録を次々更新

将棋棋士の藤井聡太氏が2023年も大活躍。これまでに竜王、名人など7つのタイトルを獲得し、多くの最年少記録を塗り替えている

バスケットボール日本代表チームがワールドカップで大健闘し、2024年開催のパリオリンピック出場が決定

日本は、地震、台風、大雪などによる自然災害が起こりやすい地形や気候の国です。今年の夏は平年を大きく上回る暑さとなり、豪雨による水害や土砂崩れなどにも多く見舞われました。地理的な要因による災害に加えて、異常気象への備えも必要です。

第4章

自然災害

7月に発生した東北北部の記録的な大雨で市街地が浸水した秋田市

関東大震災から100年

右｜朝鮮人犠牲者追悼式典で献花する参列者たち
左｜築地本願寺でおこなわれた関東大震災の犠牲者を追悼するキャンドルイベント

2023年は関東大震災から100年という節目の年でした。当時、被災の混乱の中で、デマにより朝鮮人が殺害されるという事件も起こりました。情報があふれる現代においては、非常時にこそ正しい情報を見極め、適切な行動をとることが大切になります。

米軍基地の辺野古移設問題

上｜敗訴が確定し、最高裁判所の判決に不満を表明する沖縄県の玉城デニー知事
右｜米軍基地移設で問題となっている辺野古。埋め立てが進む

5月に発生した石川県能登地方の地震で倒壊した家屋

働き方

「働き方改革」の名のもとに、法改正が進んでいます。今後はAI（人工知能）を活用しての業務の効率化や自動化も期待されますが、その効果はまだ未知数です。少子高齢化が進む日本における、新しい社会のあり方について私たちは考えていかなければなりません。

2024年4月からはトラックなど自動車運転業務従事者の時間外労働が規制される

日本に生きる

馳浩知事を用いた生成AIによる広報キャラクター「AI石川県知事デジヒロシ」でPRする石川県

処理水の海洋放出

8月から処理水の海洋放出が開始された福島第一原子力発電所

環境

東日本大震災での津波被害により廃炉が決定した福島第一原発の処理水の海洋放出が開始されました。安全性についてIAEAのお墨付きを得たものの、風評被害への地元漁業者の懸念はぬぐえません。政府は国産食品の輸出拡大を目指しており、引き続き国の対応が注目されます。

中国の日本産水産物禁輸の影響を受け、水産業者への追加支援を発表する岸田首相

特定の水産品、特定の地域に集中的な影響		
輸出額		
1位 ほたて貝		496億円
2位 なまこ		98億円
3位 まぐろ		40億円
ほたて貝の生産量		
1位 北海道		
2位 青森		
3位 宮城		

新しいお札の顔

新たに渋沢栄一（一万円札）、津田梅子（五千円札）、北里柴三郎（千円札）の肖像を採用した新紙幣

8月から運行を開始した芳賀・宇都宮LRT

次世代型LRT

物価の上昇が止まらず食費や光熱費など暮らしにも影響が出ている中、2024年から新紙幣が発行されます。キャッシュレス決済が浸透しつつありますが、現金もまだまだ欠かせません。同じく生活に不可欠な交通では、日常の足となるLRTの開業や、首都圏と北陸をつなぐ新幹線の延伸など、整備が進んでいます。

第5章、第12章、第13章、第23章

暮らし

有人月面着陸を目指すアルテミス計画。日本も計画に協力

NASA アルテミス計画

JAXAが開発に取り組む新しい基幹ロケット・H3ロケット

JAXA H3ロケット

国内では2人の宇宙飛行士候補者が選ばれ、日本も協力するNASAのアルテミス計画（有人月面着陸計画）も軌道に乗りました。気候変動や食糧危機など地球規模の課題の解決に向けて、宇宙開発への期待が高まっています。

第24章

宇宙開発

文化庁京都移転祝賀の集い

地方創生の一環として、2023年3月から文化庁の機能の一部を京都に移転

文化・歴史

第21章

世界遺産である厳島神社の大鳥居が改修を終えて、3年半ぶりに鮮やかな朱色がよみがえりました。文化庁の京都移転式典では2022年無形文化遺産に指定された「風流踊」のひとつ「京都の六斎念仏」が披露されました。日本にはさまざまな歴史的、文化的な遺産があります。これらを守り、伝えていくためには労力や資金が必要となります。

3年半にわたる「令和の大改修」が2022年12月に完了した厳島神社

文化財の維持

目標額1億円のクラウドファンディングを募った国立科学博物館

発掘調査による発見

皆既月食×天王星食

2022年11月に皆既月食と天王星食が同時に発生。日本では442年ぶりに観測

上｜富雄丸山遺跡の埋葬施設から出土した鼉龍文盾形銅鏡

右｜10年ぶりに再開された吉野ヶ里遺跡の発掘調査で新たに見つかった石棺墓

箱式石棺墓

チャールズ英国王即位

ウェストミンスター寺院でおこなわれた
チャールズ国王の戴冠式

軍事的中立を保っていたフィンランドが
NATOに加盟

フィンランドがNATOに

戦争

ロシア軍はウクライナのインフラ
設備をミサイルで攻撃も

続くウクライナ侵攻

9割が白化したという日本最大のサンゴ礁。
海水温の上昇が原因と考えられる

急成長するインド

サンゴ礁の白化現象

インドの人口が中国を抜いて世界一に。経済成長いちじるしいインドの動きから目が離せない

東アジアの国々

朝鮮戦争の休戦協定締結から70年を迎え、北朝鮮の平壌でおこなわれた軍事パレード

朝鮮戦争休戦70年

中国、習近平国家主席3期目

中国で開かれた全国人民代表大会で、全会一致で再選し、三期目に入る習近平国家主席

国際協調

世界を知る

この夏はヨーロッパも熱波におそわれ、噴水で水をくむ人々の姿も多く見られた（イタリア・ローマ）

G7サミットが広島でおこなわれました。岸田文雄首相は「核軍縮」に焦点をあてた「広島ビジョン」を発表、「ウクライナ問題」「クリーン・エネルギー」「グローバル食糧安全保障」などが主要テーマとなりました。国際秩序の維持に向けた結束強化とともに、グローバル・サウスとも連携した課題解決が目指されます。

G7広島サミット

広島市の平和公園で開幕したG7サミット。各国の首脳らが原爆資料館をそろって訪問

気候変動

イタリア・熱波

気候変動による異常気象が、世界中で起きています。地球温暖化の影響は、猛暑や熱波だけにとどまりません。一方で水不足や山火事を、また一方では豪雨や巨大台風といった災害も引き起こします。多くの生き物にも影響をあたえている気候変動への対策として、脱炭素化も緊急の課題です。

習近平
中華人民 共和国の国家主席。2013年に就 任。2018年、国家主席の任期を撤廃し、長期政権へ。3月に3期目に。

ウラジーミル・プーチン
ロシア連邦大統領。2022年2月、武力でウクライナに侵攻、ICCより戦争犯罪で逮捕状が出されている。

岸田文雄
日本の内閣総理大臣。2021年10月就 任。少子化問題、物価高を受けた経済対策などの課題に取り組む。

ジョー・バイデン
アメリカ合衆国大統領。2021年1月就 任。前トランプ政権の自国第一主義に変わり国際協調路線を表明。

2023年は
この人に注目！

リシ・スナク
イギリスの首 相。最短で辞任したトラス首相の後任として2022年10月に就 任。英国初のアジア系首相となる。

蔡英文
台湾の総統。中国からの独立志向が強いとされる民進党。2期8年を務め、2024年1月に総統選。

金正恩
朝 鮮民主主義人民 共和国の最高指導者。前指導者金正 日の三男で、2011年に後継者となった。

尹錫悦
大韓民国の大統領。2022年5月就 任。日韓関係の改善に意欲を示し、シャトル外交を再開。

ウォロディミル・ゼレンスキー
ウクライナの大統領。ロシアから武力侵攻を受け、徹底抗戦を表明、各国に支援をよびかけている。

ナレンドラ・モディ
インドの首 相。2014年就任、現在2期目。「全方位外交」の姿勢をとり、対ロシア制裁には不参加。

もくじ

■ニュースはどのように入試に出るの？

とくに社会科入試において、入試前年の「重要なニュース」がよく扱われることは広く知られています。扱われることが多いのはやはり「政治」につながるニュースで、「時事問題」とよばれる分野です。

時事問題とは、「現代において人びとの注目を集め、その問題点をみんなで研究・論議して解決していかなくてはならないような政治・外交・社会的なできごと」をいいます。現在、みなさんが学習している社会科は「現代の社会をよりよくするために、いろいろなものごとを知り考えよう」という教科ですから、時事問題は生きた社会科の学習ともいえます。

出題内容は大きく2つに分けられます。ひとつは「ニュースそのものの知識を問うもの」。できごとの起きた場所の名前や状況などを問うような問題ですが、じつは、こうした内容の出題はそう多くはありません。

もうひとつはニュースを切り口としつつ、これに関連した「社会科学習のいろいろな力を問うもの」。その地域の特色、その制度に関する歴史、そのできごとに対するあなたの考えなど、日ごろ学校や塾で学ぶ地理・歴史・公民の重要なことがらが問われます。こうした問題はたいへん多く出題されています。

これはうら返せば、「重要なニュースに関連した分野は入試によく出る」ということであり、「重要なニュースとその関連分野」を学習したかどうかによって、入試当日の学力にはたいへん大きな差ができます。

こうした問題への対策として大切なことは、ふだんから世の中の動きに目を向けて、新聞やテレビで伝えられるできごとが、日ごろ学習していることとどのように関連しているかを意識する姿勢です。

『重大ニュース』は、長年、入試問題を分析してきた日能研教務部が、来年度中学入試での出題が予想されるニュースを厳選し、「そのニュースについての解説」「関連事項の解説」をまとめたものです。さらに確認・総合の2種類の予想問題を提供しています。

1 ニュース解説編

●第1章～第6章

今年注目を集めたニュースの中から、社会科の学習において最も重要性の高いものを厳選しています。各章は、「ニュースのまとめ」2ページと「ニュースを理解するための解説」2ページで構成してあります。「ニュースのまとめ」はざっと読んでできごとの流れ・背景・問題点などをおさえましょう。「ニュースを理解するための解説」ではニュースとこれまでの学習事項を結びつけて解説しています。塾の授業などで見聞きしたことを復習しておきましょう。

●第7章～第24章

今年注目を集めたニュースの中から、ポイントをおさえておきたいものを厳選しています。各章は「ニュース」を社会科学習の観点から解説し、1～2ページにまとめています。要旨やキーワードをおさえましょう。

2 中学入試対策 予想問題編

「こんなニュースがあった翌年の入試では、こんな問題が出題された。こんな分野の出題が増えた。」という過去の膨大な入試データをもとに、来年度の入試で出題される問題を予想したものです。「最新の入試傾向予想」ですからしっかり学習しましょう。「確認問題」と「総合問題」の2種類があります。「確認問題」は、穴埋め形式や一問一答形式で基礎知識をチェックするものです。「総合問題」は、そのニュースを切り口として、ニュースの知識から関連する社会科学習分野までをいろいろな形式で問うものです。実際の入試問題と同様の構成にしてあります。なお、総合問題は上記の第1部の章だけに設けています。

3 時事問題 資料編

時事問題の学習において役に立つ資料や用語をピックアップしています。ここにとりあげたことがらは、今年のニュースにかかわらず、それぞれ単独でも出題されるので、ひととおり目をとおしておくとよいでしょう。

なにがあったかな

第1編

ニュース
解説編

●第1章〜第6章には「ニュースのまとめ」と「ニュースを理解するための解説」があります。
●第7章〜第24章には「ニュースのまとめ」のみがあります。

**ニュースの
まとめ**

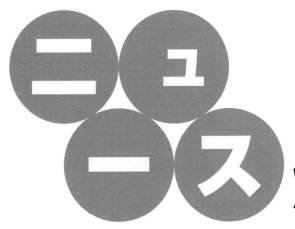

●写真・図・表

できごとの状況がリアルに伝わる写真や、できごとの起きた場所の地図、問題点の図解、結果をまとめた表、移り変わりがひと目でわかるグラフなどで理解を深めます。

●ニュースのポイント

とくに、入試に出題されるポイントをぬき出して、まとめてあります。

●記事

できごとの流れをわかりやすくまとめてあります。なぜこのできごとが注目を集めるのか、読み進むうちに問題点がうきぼりになります。

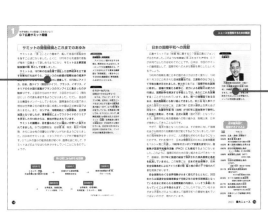

●解説

ニュースのポイントとなることがらを、これまで学んできた「社会科の学習事項」と結びつけて解説しています。

**ニュースを理解
するための解説**

●ワンポイントコラム

わかりにくいことばの解説や、本文をより深く理解するための補足説明です。「おぼえておこう」のマークがついたものはとくに入試によく出ることがらです。

サミット参加国首脳は、原爆ドームをのぞむ平和記念公園を訪れて献花、植樹をおこなった

世界情勢とその影響に目を向けよう

▶ 確認問題は76ページ
▶ 総合問題は98ページ

Ｇ７広島サミット開催

ニュースのポイント

●サミット正式参加国は、日本、アメリカ、イギリスなど７か国（G7）。
●日本での開催は、2016年伊勢志摩サミット以来７年ぶりで、７度目。
●ゲスト国首脳として、ウクライナのゼレンスキー大統領も来日した。

日本でのサミット開催地

北海道洞爺湖
（2008年）

東京
（1979年）
（1986年）
（1993年）

広島
（2023年）

伊勢志摩
（2016年）

九州・沖縄
（2000年）

広島サミット開催

2023年５月19〜21日に、**第49回主要国首脳会議（サミット）**（→P.165）が、議長となった日本の岸田文雄首相の地元、広島で開催されました。

広島サミットには、**正式参加国である日本、アメリカ、イギリス、フランス、イタリア、ドイツ、カナダのＧ７とEUの首脳**のほか、国連（→P.183 ヨーロッパ連合）のグテーレス事務総長をはじめとする７国際機関のトップ、インドや韓国など８招待国の首脳、そして、**ロシアからの侵攻を受けているウクライナのゼレンスキー大統領がゲスト国首脳として出席しました。**

広島サミットの重要課題と声明

　日本政府は、広島サミットの公式サイトに、首脳らが話し合う重要課題の背景として、「今日国際社会は、コロナ禍に見舞われ、また、国際秩序の根幹をゆるがすロシアによるウクライナ侵略に直面し、歴史的な転換点にある」ことをあげました。また、「法の支配に基づく国際秩序の堅持」と「グローバル・サウスへの関与の強化」の2つの視点を示しました。この背景と視点に基づくG7首脳の話し合いの成果は、「G7広島首脳コミュニケ」とよばれる声明として出されました。

3月20日にインドを訪問した岸田首相は、グローバル・サウスの盟主を自認するインドのモディ首相をサミットに招待した。（首相官邸HP https://www.kantei.go.jp/jp/101_kishida/actions/202303/20india.htmlより）

G7広島首脳コミュニケのおもな内容

●ロシアの違法な侵略戦争に直面する中で、必要とされる限りウクライナを支援する。

●自由で開かれたインド太平洋を支持し、力又は威圧による一方的な現状変更の試みに反対する。

●持続可能な開発目標（SDGs）の達成を加速させる。

●誰一人取り残さず、人間中心で、包摂的で、強靱な世界を実現するために、国際パートナーと協働していく。その精神から、オーストラリア、ブラジル、コモロ、クック諸島、インド、インドネシア、韓国、ベトナムの参加を歓迎した。

●「核軍縮に関するG7首脳広島ビジョン」と共に、核兵器のない世界の実現に向けた責任ある行動を表明する。

広島開催の意味

　広島市街の中心には、戦争の惨禍を今日に伝える原爆ドームと平和記念資料館があります。岸田首相は、原爆ドームをのぞむ平和記念公園で正式参加国の首脳らを出むかえ、平和記念資料館へと案内しました。すべての招待国・ゲスト国の首脳らも、サミットの開催期間中に、岸田首相の案内で平和記念公園と平和記念資料館を訪れています。その中には、アメリカ、イギリス、フランス、インドの核兵器保有国の首脳もふくまれています。

　岸田首相は、議長国記者会見で、「平和と繁栄を守り抜く決意を世界に示す、…中略…そのような決意を発信するうえで、平和の誓いを象徴する広島の地ほどふさわしい場所はありません」と強調しました。ロシアがウクライナ侵攻を続け、核兵器の使用をにおわせる中、首脳らが平和への強い発信力をもつ広島に集い、原爆投下による悲劇を伝える資料館の展示を目にしたことは、首脳たちの「国際秩序の堅持」と「核兵器のない世界」に向けた意思形成と結束をうながす意味があったといえます。

核軍縮に関するG7首脳広島ビジョン（抜粋）

　歴史的な転換期の中、我々G7首脳は、…中略…極めて甚大な非人間的な苦難を長崎と共に想起させる広島に集った。…中略…　我々は、核軍縮に特に焦点を当てたこの初のG7首脳文書において、…中略…　核兵器のない世界の実現に向けた我々のコミットメントを再確認する。…中略…

　我々は、ロシアのウクライナ侵略の文脈における、ロシアによる核兵器の使用の威嚇、ましてやロシアによる核兵器のいかなる使用も許されないとの我々の立場を改めて表明する。…中略…

　我々は、広島及び長崎で目にすることができる核兵器使用の実相への理解を高め、持続させるために、世界中の他の指導者、若者及び人々が、広島及び長崎を訪問することを促す。…後略…

サミットの開催経緯とこれまでのあゆみ

　サミットは、「頂上」という意味で、転じて各国の首脳会合を指すことばになりました。とくに、1975年から先進国の首脳が毎年１回集まって話し合うようになり、**サミットは主要国首脳会議の略 称として定着**しました。

　サミットは、1973年の石油危機で混乱した世界経済を立て直す対策を打ち出そうと、フランスの大統領が国際社会の経済や政治をリードする「西側」の国々に提案して、1975年にアメリカ、日本、西ドイツ（現在はドイツ）、フランス、イギリス、イタリアの６か国の首脳がフランスのランブイエに集まったのが始まりです。２回目からはカナダが、３回目からはＥＣ（現在はＥＵ）の代表も参加するようになりました。ただし、自由民主主義国をメンバーとしているため、国際連合の五大国であり、現在は世界第２位の経済大国に成長した中国は正式参加国ではありません。また、**ロシアは、冷戦終結とソ連崩壊後、正式参加国となりましたが、軍事侵攻によってウクライナのクリミアを併合した2014年からは、参加が停止されています。**

　サミットの議題は、回を重ねるごとに幅広い分野へと拡大されてきました。今では国際政治、地球環境、移民・難民や核開発、さらには女性の活躍などが取り上げられるようになりました。2024年のサミットは、イタリアのプーリア州で開催予定です。Ｇ７以外の国々の経済成長が続く中、国際社会に対して、サミットはどのようなはたらきかけをしていくことになるのでしょうか。

> **おぼえておこう**
> **西側諸国と東側諸国**
> 　アメリカとソ連が対立する冷戦は、東西対立ともよばれた。ヨーロッパでの位置関係から、アメリカを中心とする資本主義諸国は「西側諸国」、ソ連を中心とする社会主義諸国は「東側諸国」とよばれたことによる。

> **もっとくわしく**
> **Ｇ７（ジーセブン）とＧ20（ジートゥエンティー）**
> 　Ｇ７は、グループ・オブ・セブンの略。近年は、中国やインドをはじめとする国々の経済成長が進む一方で、Ｇ７の影響力が低下している。世界経済に関しては、Ｇ７にＥＵ、ロシア、新興経済国11か国を加えたＧ20サミット（金融・世界経済に関する首脳会合）が2008年から開かれている。2022年12月1日から2023年11月30日までは、インドがG20の議長国を務める。

年代別にみるおもな議題

1970年代
エネルギー問題、
石油危機以後の経済の回復
→
1980年代
多様化する経済問題、
東西政治対立
→
1990年代
東西冷戦構造の終焉、
グローバル化

→
2000年代
世界経済、気候変動、
アフリカ開発、テロ
→
2010年代
世界経済、地域情勢、
気候変動・エネルギー、開発

（『G7広島サミット公式HP』より）

日本の国際平和への貢献

広島サミットでは「核軍縮に関するＧ７首脳広島ビジョン」が出されました。このような核軍縮に焦点を当てた声明を、Ｇ７が共同で出したのは初めてのことです。日本は、今回のサミットの議長国として、国際平和への大きな貢献を果たしたといえるでしょう。

1945年の敗戦を境に日本の国のあり方は大きく変わり、1946年11月３日に公布された**日本国憲法**では、三原則のひとつとして平和主義が示されました。憲法第９条では、「**国際平和を誠実に希求し、国権の発動たる戦争と、武力による威嚇又は武力の行使は、国際紛争を解決する手段としては、永久にこれを放棄する**」ことがうたわれています。また、唯一の被爆国である日本は、核兵器廃絶にも取り組んできました。第五福竜丸事件が起きた翌年の1955年には、広島で第１回原水爆禁止世界大会が開催され、**佐藤栄作首相（当時）が1967年に国会答弁で表明した非核三原則**は、その後、正式に国是（国の方針）となっています。（→P.175）国際平和と核兵器廃絶への取り組みは、敗戦以来、日本が使命としてきたことなのです。

やがて、経済大国となった日本には、その使命に対して国際社会から期待される貢献内容が変化するようになりました。1991年の湾岸戦争をきっかけに、人的貢献も求められるようになったのです。それを受けて、日本は機雷除去のために自衛隊艦艇をペルシャ湾に派遣し、**1992年のカンボジア派遣を皮切りに、自衛隊が国連平和維持活動（PKO）にも参加**するようになりました。（→P.179）このように、国際平和のための取り組みを広げてきた一方で、**日本は、2017年に国連の総会で採択された核兵器禁止条約を批准していません。**（→P.156）この背景には、**日本の安全保障が、日米安全保障条約によるアメリカ軍の駐留と核の傘の下で保たれてきた**現実があります。

安全保障をめぐる世界情勢が大きく変化するとともに、2023年からは国連安全保障理事会で任期２年の非常任理事国となっている日本に求められる国際貢献の内容は、いっそう多岐にわたっていくことが予測されます。こうした中で生じているさまざまな矛盾をどのように解決して国際平和への貢献を進めていけばよいのかが、問われています。

もっとくわしく
佐藤栄作

内閣総理大臣在任中（1964～72年）日韓基本条約の批准（1965年）、沖縄返還（1972年）を実現させた。1974年には、非核三原則を打ち出したことが評価され、ノーベル平和賞を受賞した。

核兵器廃絶に関連するできごと

西暦	できごと
1945年	広島・長崎に原爆投下
1954年	第五福竜丸事件 米の水爆実験で日本の漁船が被害
1955年	第１回原水爆禁止世界大会
1963年	部分的核実験禁止条約 キューバ危機後、米ソ英が締結
1968年	核拡散防止条約（NPT） 1970年に発効
1996年	包括的核実験禁止条約 （CTBT） 国連で採択・現在まで未発効
2011年	新戦略核兵器削減条約 （新START） 米ロの核軍縮条約の発効
2016年	オバマ大統領の広島訪問 現職米大統領の広島初訪問
2017年	核兵器禁止条約の採択
2021年	核兵器禁止条約の発効 核保有国や日本は未批准
2023年	広島サミットで核軍縮の声明発表

開始から1年半以上がたつ現在も、戦闘が続くウクライナ東部

3月、ウクライナを電撃訪問した岸田首相と、ゼレンスキー大統領

首相官邸HPより
(https://www.kantei.go.jp/jp/101_kishida/actions/202303/21ukraine.html)

世界の動きに目を向けよう

▶ 確認問題は77ページ
▶ 総合問題は102ページ

緊迫続くウクライナ情勢

ニュースのポイント

- ●ロシアによるウクライナ侵攻は1年半以上たった現在もなお続いている。
- ●長引く軍事侵攻の影響は多岐にわたっている。
- ●2023年4月には、ロシアが東方拡大を警戒するNATOにフィンランドが加盟した。

ロシアとウクライナの戦況

ポーランド
ベラルーシ
ロシア
リビウ
キーウ◎
ドニプロ川
ハルキウ
イジューム
ウクライナ
ハルキウ州
ルハンスク州
ザポリージャ州
ドンバス地方
ドニプロ
ザポリージャ
ヘルソン州
ドネツク州
モルドバ
ミコライウ
オデーサ
ルーマニア
ヘルソン
マリウポリ
クリミア半島
黒海
100km

2023年
9月17日時点

- ■ ロシア軍の占領エリア
- ■ ロシア軍が支配したと主張するエリア
- ■ ウクライナ軍が奪還したエリア

米シンクタンク「戦争研究所」と「アメリカン・エンタープライズ研究所」から

ソレダル
スラビャンスク
バフムート
クラマトルスク
ドネツク
10km

（朝日新聞社提供）

現在も続くロシアのウクライナ侵攻

　2022年2月24日に開始された、ロシアのプーチン大統領によるウクライナへの「特別軍事作戦」は、戦闘の開始から1年半経過した現在も続いています。軍事力で勝るロシアは当初、ウクライナの首都キーウの攻略を目指したものの、ウクライナ軍やキーウ市民の強い抵抗により方針を転換し、その後はウクライナ東部を中心に攻撃を続けています。一方のウクライナは、欧米からの兵器や資金の提供を受けながら戦闘を続けており、領土奪還を果たすまで停戦しない構えです。

軍事侵攻の背景とその影響

　もともとロシアがウクライナに軍事侵攻した背景には、**ウクライナのゼレンスキー大統領が加盟を目指す北大西洋条約機構（NATO）(→P.158)の勢力の東方拡大が、ロシアの脅威となった**ことがありました。**そのNATOに2023年4月、フィンランドが加盟し、NATOの勢力がさらに広がりました。**

　ロシアの軍事侵攻に対し国際連合の安全保障理事会では、常任理事国であるロシアが拒否権を行使するために、ロシア軍の即時撤退を求める決議を出せずにいます。国連総会では、軍事侵攻から1年がたつのに合わせて緊急特別会合が開かれ、ロシア軍の即時撤退とウクライナでの永続的な平和を求める決議案が141か国の賛成で採択されました。この決議では、国際社会としてロシアを非難する姿勢は示せたものの法的な拘束力はありません。また、ロシアやベラルーシ、北朝鮮などの反対票や、中国やインドなどの棄権票、その他にも無投票があり、国際社会全体としても足並みはそろっていません。

　このような中、2023年3月には、G7の議長国を務める日本の岸田文雄首相がウクライナの首都キーウを電撃訪問し、ゼレンスキー大統領と首脳会談をおこなって、ロシアへのきびしい制裁とG7の結束を約束しました。

　ウクライナでは、軍事侵攻開始からこれまでに民間人の死者が2万人（2023年6月現在）を超えました。また、**戦火をのがれるためにウクライナから国外に避難した難民は630万人以上(→P.171)**（2023年6月現在）で、その多くは隣国ポーランドに避難しています。日本へも2000人以上が避難してきており、日本政府は難民条約の難民とは区別し、避難民として受け入れています。

軍事侵攻への国際社会の対応

　軍事侵攻以来、アメリカやEU、日本などは、ロシアに対する金融・経済制裁(→P.183 ヨーロッパ連合)を続けており、石炭や原油、天然ガスなどの輸入制限や、自動車や半導体などの工業製品の輸出の規制、ロシアの要人が外国にもっている資産の凍結などを続けています。これらの制裁は、国家の収入源を止めてプーチン政権を弱体化させるなどのねらいがある一方で、**エネルギー資源と穀物の国際価格の上昇を招きました。**

　一方でロシアは、世界の経済・貿易大国である中国との結びつきを強めています。また、北朝鮮はロシアへの全面的な支持と連携を示しています。このように、冷戦終結から30年あまりたった今、かつてよりも経済的な結びつきを強めたアメリカやEU、日本などの西側諸国と、ロシアや中国、北朝鮮との分断が深まっています。

ロシアとウクライナの関係

西暦	おもなできごと
1991年12月	ソ連崩壊。ウクライナ独立。クリミアはウクライナの領土に。
2004年11月～2005年1月	ウクライナで民主化運動「オレンジ革命」。→親欧米派のユーシチェンコ大統領が就任。
2014年2月	親ロシア派のヤヌコーヴィチ政権が崩壊。
3月	ロシアがクリミア併合。
2019年5月	親欧米派のゼレンスキー大統領が就任。
2021年4月	ロシア軍がクリミア、ウクライナ国境に兵力増強。
12月	ロシアがウクライナのNATO非加盟をアメリカに求める。
2022年2月21日	プーチン大統領が親ロシア派武装勢力の支配地域の独立を承認し、部隊派遣を決定。
2月24日	ロシアがウクライナへの攻撃を開始。
9月30日	ロシアがウクライナ東部と南部の4州の併合を一方的に宣言。
10月8日	ウクライナ軍がクリミアとロシアを結ぶクリミア橋を爆破。
11月11日	ウクライナ軍がウクライナ南部ヘルソンを奪還。
2023年2月24日	ロシアによるウクライナ侵攻から1年。

結束が強まる北大西洋条約機構（NATO）

北大西洋条約機構（NATO）は冷戦下の1949年につくられ、その勢力はソ連崩壊後に東方に拡大しています。**ロシアによるウクライナ侵攻を機に、これまでNATOともロシアとも同盟しない中立の立場をとっていたフィンランドとスウェーデンが加盟を表明し、フィンランドが2023年4月に加盟しました。**NATOへの加盟には全加盟国の承認が必要ですが、スウェーデンの加盟に難色を示していたトルコが同意したことで、スウェーデンの加盟も実現する見こみです。

一方で、NATOへの加盟を目指しているウクライナは、今のところ具体的な加盟の時期や道筋が示されていません。NATOでは加盟国のいずれかが攻撃を受けたら全体が攻撃されたとみなして防衛する集団的自衛権を行使することになっており、ロシアと戦争状態にあるウクライナの加盟が、欧米をまきこむ戦争に発展する懸念があるからです。

最近では、NATOはインド太平洋地域との連携も強化しています。パートナー国のひとつである日本とは、アジア初となるNATOの連絡事務所を東京に置くことを検討しています。一方で、2022年には、NATOは今後10年の防衛・安全保障の指針を改定してロシアを「直接の脅威」とし、初めて中国にもふれ、軍事・経済力を背景にした影響力に警戒感を示しました。

長期化する軍事侵攻は、NATOをはじめ、各国の安全保障への認識や、国際社会の秩序の枠組みなどに影響をあたえています。

もっとくわしく

北大西洋条約機構（NATO）

NATOは、第二次世界大戦後の東西冷戦下の1949年に、アメリカやヨーロッパの西側諸国によってつくられた軍事同盟。それに対抗して、1955年にソビエト社会主義共和国連邦（ソ連）は東ヨーロッパ諸国による軍事同盟であるワルシャワ条約機構をつくったが、冷戦終結後の1991年に解散した。ソ連崩壊後、1999年にはワルシャワ条約機構に加盟していたポーランドやチェコ、ハンガリーが、2004年にはかつてソ連を構成していたバルト3国（エストニア、ラトビア、リトアニア）が相次いでNATOに加盟し、その勢力が東方に拡大していった。

北大西洋条約機構の加盟国の移り変わり

1949年の原加盟国は12か国、2023年4月現在は31か国が加盟。

（外務省の資料をもとに作成）

□ 1949年の原加盟国
■ 2023年4月現在の加盟国

ウクライナと周辺諸国との関係は？

対立が続くロシアとウクライナは、もともとはひとつの国の下にあったこともあり、言語や文化がとても近い国です。しかし、1991年にソビエト社会主義共和国連邦（ソ連）が崩壊し、ウクライナが独立すると、ウクライナ国内では親ロシア派と親欧米派との間で政権が争われるようになりました。2014年に親ロシア派政権がたおれ、親欧米派政権になると、ロシアが反発、軍隊を出してウクライナ南部のクリミアを占領し、強引にロシアに併合しました。その後もロシアは、ロシアと国境を接するウクライナ東部の独立を目指す親ロシア派の武装組織を支援し、ウクライナ軍と小規模な戦闘を続けてきました。

ウクライナは、ロシアのほか、ベラルーシ、ポーランド、スロバキア、ハンガリー、ルーマニア、モルドバの7か国と陸で国境を接し、黒海をへだてて、ブルガリア、トルコ、ジョージアと向き合っています。このうち、トルコは、ロシアとウクライナとも良好な関係を維持し、2022年7月からの1年間、国連とともにウクライナ産の穀物をアフリカやアジアへ輸出する仲介をしました。一方、旧ソ連諸国の中でロシアの同盟国であるベラルーシ国内には、ロシアにとって国外初となる戦術核兵器の配備が進められており、ウクライナを支援するヨーロッパ諸国を核により威嚇しているかたちです。

かつてソ連を構成した15の国々

表記はいずれも現在の国名

ソビエト社会主義共和国連邦（ソ連）……1917年のロシア革命で史上初の社会主義政権がつくられ、1922年にロシアやウクライナなどの4つの国から成るソビエト社会主義共和国連邦が正式に成立。その後、次々に国が加わり15の国で構成されたが、冷戦終結後の1991年に崩壊した。

もっとくわしく

ウクライナ

9〜13世紀、現在の首都キーウを中心に、ロシア、ウクライナ、ベラルーシの源流になったキエフ大公国が支配した。このころ東スラブ人がロシア人、ウクライナ人、ベラルーシ人に分かれたとされる。その後、モンゴルの侵入により大公国が崩壊、それ以降はさまざまな国に支配され、ドニプロ川より西側がポーランドなどに、東側がロシア帝国などに支配された。1922年にロシアとともにソ連結成に参加し、「ウクライナ・ソビエト社会主義共和国」となる。1991年のソ連崩壊直前に独立した。

〔ウクライナの統計など〕

（『世界国勢図会2023/24』『通商白書』より）

● 首都　キーウ
● 面積　約60万㎢（2021年）
● 人口　約3970万人（2022年）
● さかんな産業
肥沃な黒土（チェルノーゼム）が広がり、小麦やとうもろこしなどの穀物の生産量は世界有数。
● おもな貿易品（2021年）
輸出：鉄鋼、鉄鉱石、ひまわり油
輸入：機械類、自動車、石油製品
● おもな貿易相手国（2021年）
輸出：中国、ポーランド、トルコ
輸入：中国、ドイツ、ロシア

2023年8月8日、マイナンバー情報総点検本部に出席した岸田文雄首相

首相官邸HPより
https://www.kantei.go.jp/jp/101_kishida/actions/202308/08mynumber.html

日本の政治について考えよう

▶確認問題は78ページ
▶総合問題は106ページ

岸田政権発足から2年

ニュースのポイント

●マイナンバーカードをめぐるトラブルで、岸田内閣の支持率は下落した。
●岸田首相は、防衛費の増額や「異次元の少子化対策」を打ち出したが、財源ははっきりしていない。
●岸田首相がいつ衆議院解散・総選挙にふみ切るのかが注目されている。

岸田内閣の支持率推移

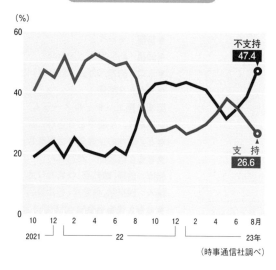

（時事通信社調べ）

低迷する内閣支持率

　岸田文雄氏が内閣総理大臣に就任したのは2021年10月4日のことでした。その後、岸田首相は衆議院を解散し、10月31日に衆議院議員総選挙がおこなわれました。この選挙で**自由民主党（自民党）は単独で過半数の議席を獲得して大勝しました**。岸田内閣の発足から9か月間、内閣支持率は高い水準で推移しました。そのような中、2022年7月10日におこなわれた参議院議員通常選挙でも自民党は大勝し、**参議院でも過半数の議席を維持しました**。

岸田首相の自民党総裁任期満了は2024年9月、次の参議院選挙は2025年夏、現在の衆議院議員の任期満了は2025年10月です。それまでは国政選挙の予定はなく、この時点で岸田首相は重要な政策や課題に腰をすえて取り組むことのできる安定期を手にしたといえます。しかし、2022年秋以降、自民党と宗教団体とのつながりや、大臣の相次ぐ辞任が逆風となり、岸田内閣の支持率は急落しました。

岸田内閣の動き

2023年3月に、尹錫悦大韓民国大統領の訪日による5年ぶりの日韓首脳会談、岸田首相のウクライナ訪問、5月にG7広島サミット（→P.165 主要国首脳会議）の開催と、2023年前半は外交で大きな動きがありました。一方、岸田内閣が内政で力を入れてきたこととして、マイナンバーカードの普及推進（→P.180）、防衛費の増額、少子化対策（→P.165）などがあります。

行政手続きの効率化や国民の利便性向上のために制定されたマイナンバー法（行政手続における特定の個人を識別するための番号の利用等に関する法律）が2023年6月に一部改正されました。これにより、**2024年秋に現行の健康保険証を廃止して、マイナンバーカードと健康保険証を一体化した「マイナ保険証」に一本化されることになりました。**しかし、マイナンバーカードをめぐっては、データのひも付け先を誤るなどのトラブルが相次いで発覚し、ひも付けミスによる誤入金も確認され、制度への信頼感がゆらいでいます。

防衛費の増額に関しては、近年の北朝鮮や中国の軍事的脅威を背景に、政府は自衛隊の防衛力を強化することが必要であるとしてきました。そして2022年12月に、**2023年度から5年間の総額を43兆円程度とすることを閣議決定しました。**増額分は約17兆円で、2023年度の防衛費は10兆円を超え（翌年度以降に使う防衛力強化資金をふくむ）、2022年度当初予算の5兆3687億円を大きく上回りました。従来の水準からの増額分の財源は、歳出改革や決算剰余金、増税でまかなうとみられています。政府は、法人税・所得税・たばこ税の2024年度以降（または2025年度以降）の増税を検討しています。

少子化対策に関しては、**岸田首相は「異次元の少子化対策」をかかげ、児童手当の支給額拡大や、子育て世帯への支援の拡充などを打ち出しました。**一連の給付政策には2024年度からの3年間に年3兆円台半ばが必要となります。しかし、その財源をどのように確保するのかは、防衛費の増額分と同様、はっきりとしていません。

今後の政権運営は？

岸田政権の発足から2年となりますが、2023年の夏には**マイナンバーカードをめぐるトラブルの影響などで、内閣支持率は落ちこみました。**岸田首相は、9月中旬に内閣改造・自民党役員人事をおこない、体制を立て直して政権浮揚につなげようとしています。岸田首相は2024年秋の自民党総裁選挙での無投票再選を目指しており、今回の人事はその布石となっています。

2023年の通常国会で、岸田首相は衆議院解散・総選挙をちらつかせ、結局は見送りました。岸田首相は、秋の臨時国会での衆議院解散を選択肢に残しつつ、外交日程などをふまえて最終判断をするとみられています。

マイナンバーカードの導入と現在

マイナンバーカード（個人番号カード）とは、数字12けたの個人番号が記載されたＩＣチップ付きのカードで、本人の顔写真、氏名、住所、生年月日なども記載されています。マイナンバーカードは公的な身分証明書となるので、地方自治体が発行する証明書をコンビニエンスストアなどから取得できるといった、各種のオンラインサービスに利用できます。(→P.156)

マイナンバー制度は、**社会保障、税、災害対策において、行政の効率化を図るなどの目的で導入されました。**2015年10月から住民に個人番号が通知され、2016年1月からマイナンバーカードの交付が始まりました。当初マイナンバーカードは、政府の思うように普及しませんでした。しかし、マイナンバーカードを作ると買い物などで使えるポイントを付与するマイナポイント事業が始まったり、マイナンバーカードに保険証の機能をもたせたマイナ保険証の運用が始まったりしたことから、交付率は大きく上昇しました。

マイナンバーカードの普及とともに、マイナンバーカードで他人の住民票が発行されたり、本人のものではない健康保険証がマイナンバーにひも付けられたりするトラブルが後を絶ちません。**2024年秋に健康保険証を廃止してマイナ保険証に移行する**ことについて、岸田首相は「マイナンバー制度の総点検とその後の修正作業の状況を見極めたうえで、廃止時期の見直しもふくめ、適切に対応する」としています。

> おぼえておこう
>
> **デジタル庁**
>
> デジタル社会の実現に向けた取り組みをおこなう行政機関として2021年9月に設置され、公共サービスのデジタル化などを推進している。デジタル庁の設置とともに、マイナンバーカードの所管が総務省からデジタル庁に移された。

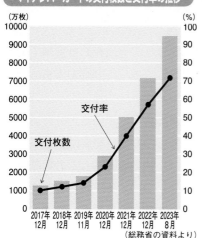

マイナンバーカードの交付枚数と交付率の推移

（総務省の資料より）

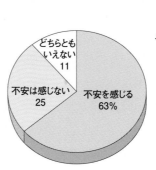

マイナンバー制度に不安を感じるか

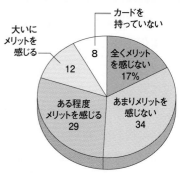

マイナンバーカードにメリットを感じるか

（毎日新聞世論調査、毎日新聞7月24日付朝刊より）

日本の防衛費の変化

明治時代以降、日本は戦争をくり返し、アジア地域への勢力拡大を図ってきました。そうした中で、国内の多くの人的・物的資源が戦争のために投入され、**戦前の国の歳出は軍事費のしめる割合がたいへん大きくなっていました。**

太平洋戦争後、日本国憲法の平和主義に基づき、防衛費の額はおさえられるようになりました。1976年には「防衛費はGNP の１％に相当する額を超えない」（→P.161 国民総生産）とする方針が閣議決定され、その後も**防衛費はほぼ１％の枠内（現在は対GDP比）で推移して**（→P.161 国内総生産）きました。

2022年２月、ロシアによるウクライナへの軍事侵攻が始まり、世界全体の安全保障体制は大きくゆらいでいます。力による一方的な現状変更を目指す動きがくり広げられる中、日本では自国への侵略を阻止するため、防衛力を強化すべきとの声が高まってきました。日本周辺では中国の軍備増強や北朝鮮の核開発が進んでおり、こうした事態を受けて、政府は2022年12月に防衛費の大幅な増額や反撃能力の保有などを盛りこんだ防衛力整備計画を決定しました。この計画により、**2027年度には防衛費がGDP比で２％にふくれ上がる**とみられています。

おぼえておこう

GNPとGDP

ある国の国民によって一定期間（ふつう１年間）に生産された財やサービスの価値額を合計したものを国民総生産（GNP）といい、国の経済規模を示す指標として使われた。2001年以降は、GNPに代わって、国内で生産された財やサービスの価値額を合計した国内総生産（GDP）が使われるようになった。

もっとくわしく

おもな国の軍事支出

2021年の軍事支出が多い国を順にあげると、アメリカ（8007億ドル）、中国（2934億ドル）、インド（766億ドル）、イギリス（684億ドル）、ロシア（659億ドル）、フランス（566億ドル）、ドイツ（560億ドル）、サウジアラビア（556億ドル）、日本（541億ドル）、韓国（502億ドル）となっている。日本の防衛費がGDPの２％になれば、日本は一気にアメリカ、中国に次ぐ第３位になるとみられている。

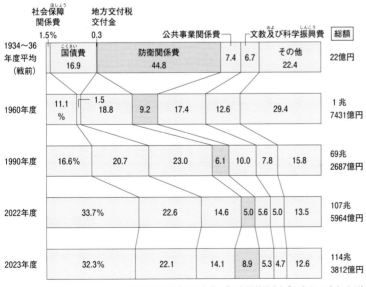

歳出の内訳の推移

	社会保障関係費	地方交付税交付金	国債費	防衛関係費	公共事業関係費	文教及び科学振興費	その他	総額
1934～36年度平均（戦前）	1.5%	0.3	16.9	44.8	7.4	6.7	22.4	22億円
1960年度	11.1%	1.5	18.8	9.2	17.4	12.6	29.4	1兆7431億円
1990年度	16.6%	20.7	23.0	6.1	10.0	7.8	15.8	69兆2687億円
2022年度	33.7%	22.6	14.6	5.0	5.6	5.0	13.5	107兆5964億円
2023年度	32.3%	22.1	14.1	8.9	5.3	4.7	12.6	114兆3812億円

（戦前の防衛関係費は軍事費。『日本国勢図会』『日本の100年』より）

震災で黒煙をふきあげて燃える東京電燈本社（東京・有楽町）

自然と生活の関連について考えよう

▶ 確認問題は79ページ
▶ 総合問題は110ページ

関東大震災から100年

ニュースのポイント

●2023年は、1923年に起きた関東大震災から100年目の節目にあたる。
●近年の日本では、線状降水帯による豪雨など、極端な気象現象が頻発している。
●南海トラフ巨大地震など、自然災害に対する備えが求められている。

関東大震災における各地の震度（1923年当時）

6	震度6	3	震度3
5	震度5	2	震度2
4	震度4	1	震度1

※当時の震度階級は、震度0から震度6までの7階級が用いられており、観測者の体感・建物の被害状況等から震度を決定していた。

（気象庁の資料より作成）

関東大震災から100年

　2023年は、関東大震災から100年の節目の年となります。1923（大正12）年9月1日午前11時58分、相模湾北西部を震源とするマグニチュード7.9と推定される地震（大正関東地震）（→P.181）が発生し、埼玉県・千葉県・東京都・神奈川県・山梨県では、当時の震度階級で最大の震度6を観測しました。また、**地震の発生が昼食の時間と重なったことで火事が多発して燃え広がり、大規模な火災となりました。**震災による死者・行方不明者は約10万5千人にのぼり、大きな被害をもたらしました。

近年の大きな地震

　4つのプレートが接する位置にある日本列島は、たびたび大きな地震に見舞われてきました。現在の震度階級で最も強い、震度7を気象庁が観測した地震として、1995年の兵庫県南部地震、2004年の新潟県中越地震、2011年の東北地方太平洋沖地震、2016年の熊本地震、2018年の北海道胆振東部地震があります。とくに、**兵庫県南部地震による阪神・淡路大震災**では、強い揺れにより多くの住宅が倒壊しただけでなく、**道路や水道などのライフラインにも大きな被害がもたらされました**。また、**東北地方太平洋沖地震による東日本大震災**では、**三陸海岸を中心に巨大な津波が発生**しました。津波による福島第一原子力発電所（→P.176）の事故では、原子力発電の安全性が大きな課題として浮き彫りになりました。

　また、2023年は、秋田県沖を震源とし、東北地方の日本海側を中心に大津波が襲った1983年の日本海中部地震から40年、北海道南西沖を震源とし、地震発生から短時間で大津波が奥尻島などを襲った1993年の北海道南西沖地震から30年という節目の年でもあります。

　2023年にも、最大震度5弱以上を観測する強い地震が、国内でたびたび発生しています。

極端化する気象

　自然災害の多い日本では、豪雨も頻発しています。2023年7月には、活発化した梅雨前線の影響で九州地方で線状降水帯が発生して記録的な大雨となり、気象庁は「大雨特別警報」（→P.168）を福岡県と大分県に発令しました。**線状降水帯とは、次々と発生する発達した積乱雲が列をなし、数時間にわたってほぼ同じ場所を通過または停滞することで、線状にのびる長さ50～300km程度、幅20～50km程度の強い降水をともなう雨域のことです**。また、同月に東北地方でも梅雨前線の影響で大雨となり、秋田市では川が氾濫し、警戒レベル5の「緊急安全確保」が発令されました。

線状降水帯の代表的な発生メカニズムの模式図

❹上空の風の影響で積乱雲や積乱雲群が線状に並ぶ

❸大気の状態が不安定で湿潤な中で、積乱雲が発達

❷局地的な前線や地形などの影響で空気が持ち上がり、雲が発生

❶低層を中心に大量の暖かくしめった空気の流入が持続

線状の強い降水域

（気象庁の資料より作成）

3つの大震災の比較

	関東大震災	阪神・淡路大震災	東日本大震災
発生年月日	1923（大正12）年9月1日 土曜日　午前11時58分	1995（平成7）年1月17日 火曜日　午前5時46分	2011（平成23）年3月11日 金曜日　午後2時46分
地震規模	マグニチュード7.9 （M7.9）	マグニチュード7.3 （M7.3）	マグニチュード9.0 （M9.0）
直接死・行方不明	約10万5千人 （うち焼死　約9割）	約5,500人 （うち窒息・圧死　約7割）	約1万8千人 （うち溺死　約9割）
災害関連死	－	約900人	約3,800人
全壊・全焼住家	約29万棟	約11万棟	約12万棟

（内閣府などの資料より作成）

南海トラフ巨大地震に備える

　日本列島は４つのプレートの上にあり、地震や火山の活動による災害が多いのが特徴です。近い将来に発生が予想されている南海トラフ巨大地震や首都直下地震などをはじめとした地震の発生や、火山活動の活発化にともなう災害に備えることが必要です。

　南海トラフは、駿河湾から九州東方沖まで海底で続く溝状の地形で、フィリピン海プレートとユーラシアプレートが接する境界にあたります。南海トラフやその周辺の地域では、四国沖の南海地震、紀伊半島沖の東南海地震、静岡県沖の東海地震などがくり返し発生してきました。南海トラフ巨大地震では、これらが連動してマグニチュード９クラスの大地震が起こり、強い揺れと巨大な津波によって、国民生活や経済活動にきわめて深刻な影響が生じる可能性が指摘されているのです。とくに大きな被害が予想される太平洋側の都道府県では、防潮堤の整備や住宅の高台への移転支援など、被害の軽減に向けた取り組みを進めています。

　日本列島の成り立ちと関係の深い自然現象と向き合っていくために、行政にはその対策が急がれるとともに、私たち自身も自然災害から身を守るために何ができるのかを考えていかなければなりません。

南海トラフ巨大地震の防災対策推進地域

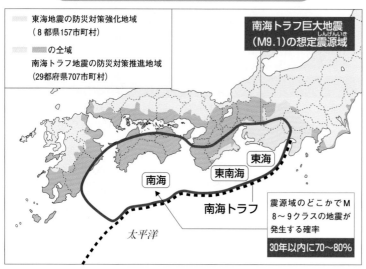

- 東海地震の防災対策強化地域（８都県157市町村）
- ■の全域
- 南海トラフ地震の防災対策推進地域（29都府県707市町村）

南海トラフ巨大地震（M9.1）の想定震源域

南海トラフ

東海

東南海

南海

太平洋

震源域のどこかでM８〜９クラスの地震が発生する確率
30年以内に70〜80%

おぼえておこう

日本のまわりにあるプレート
　日本列島は、４つのプレートが接する位置にある。

ユーラシアプレート

北米プレート

太平洋プレート

フィリピン海プレート

南海トラフ巨大地震が起こるしくみ

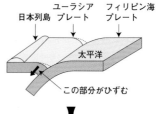

日本列島　ユーラシアプレート　フィリピン海プレート

太平洋

この部分がひずむ

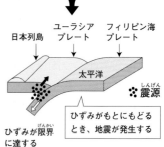

日本列島　ユーラシアプレート　フィリピン海プレート

太平洋

震源

ひずみが限界に達する

ひずみがもとにもどるとき、地震が発生する

もっとくわしく

首都直下地震
　首都圏の地下で起こるマグニチュード７程度の地震のことで、今後30年以内に70％の確率で起きると予測されている。政治や経済などの中枢機能が集中する首都圏での大地震の影響は、国内外に及ぶことが懸念される。

防災・減災への取り組み

相次ぐ自然災害に備え、国土交通省に属する気象庁は、緊急地震速報や特別警報を運用しています。（→P.158）緊急地震速報は、地震発生直後に強い揺れの到達時刻や震度を予想し、可能な限りすばやく知らせるものです。特別警報は、大雨・暴風・大雪・地震・津波・火山の噴火などで、数十年に一度という危険が予測される場合に、対象地域の住民に最大限の警戒をよびかけるもので、この警報が出たときには、住民はただちに命を守る行動をとらなければなりません。

2023年7月から8月にかけて、激しい雨により、各地で「避難指示」や「緊急安全確保」が出されました。これらは、おもに気象庁や都道府県が発表する「警戒レベル相当情報」を受けて、市町村がそれぞれ判断して出す避難情報です。

関東大震災が起きた9月1日は、「防災の日」に制定されています。これは、広く国民の一人ひとりが台風、高潮、津波、地震などの災害について認識を深め、これに対処する心がまえをもとうというねらいで1960年に制定されたものです。また、9月1日をふくむ1週間は「防災週間」とされています。

災害への備えとしては、ハザードマップで自分の住んでいる地域における危険性を調べること、避難経路や避難場所、災害時の連絡方法を確認しておくことなどがあげられます。こうした備えが防災・減災につながっていくのです。（→P.173）

5段階の警戒レベルと避難情報

警戒レベル	状況	避難情報	住民がとるべき行動内容
5	災害発生または切迫	緊急安全確保	命の危険 ただちに安全確保
	市区町村が発令　警戒レベル4までに必ず避難		
4	災害のおそれ高い	避難指示	危険な場所から全員避難
3	災害のおそれあり	高齢者等避難	危険な場所から高齢者等は避難
2	気象状況悪化	大雨・洪水・高潮注意報	自分の避難行動を確認（ハザードマップ等を確認）
1	今後気象状況悪化のおそれ	早期注意情報	災害への心がまえを高める

（2・1は気象庁が発表）

おぼえておこう

自助・共助・公助

自然災害に対して、公的機関から提供される防災・減災の取り組みは「公助」と位置づけられる。しかし、大規模な自然災害への対応は、公助にたよるのみでは不十分なものとなる。自分自身や家族を守る「自助」、同じ地域に暮らす人々が助け合う「共助」をふくめた3つがうまく機能しあうことが重要とされている。

おぼえておこう

災害用伝言板　災害用伝言ダイヤル

災害用伝言板は、災害時に安否情報と100文字以内の伝言を登録できる電子伝言板。災害用伝言ダイヤルは、災害時に電話を用いて音声の録音・再生ができるもので、ダイヤルは「171」。災害時には音声通話が集中し、電話がつながりにくくなるため、これらのサービスは、被災者が家族などに安否や居場所の連絡をすることなどに役立つ。

もっとくわしく

災害発生時の支援

避難所の設置や生活物資の支給、医療活動などは、国と都道府県・市区町村などの協力のもとでおこなわれる。また、自衛隊が救命活動などにあたることもある。

ボランティアの支援も、被災地の復旧や復興の後押しとなる。阪神・淡路大震災が起きた1995年は、過去にない多くのボランティアが駆けつけ、重要な役割を果たしたことから、「ボランティア元年」ともいわれている。

物価上昇の影響は日々の食材となる野菜・果物・魚介など生鮮食品の価格にもおよんだ

物価の動きとその原因に目を向けよう

▶確認問題は80ページ
▶総合問題は114ページ

41年ぶりの物価上昇率

ニュースのポイント

● 2022年末から2023年初めにかけて消費者物価指数は41年ぶりの上昇率となった。

● 物価上昇のおもな原因はエネルギー資源と穀物の国際価格の上昇と円安であった。

● 賃金も後追いで上昇してきているが、物価の上昇率には追いついていない。

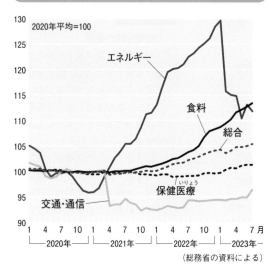

消費者物価指数の移り変わり

2020年平均=100

エネルギー
食料
総合
保健医療
交通・通信

（総務省の資料による）

エネルギーと食料の価格から

　昨年から今年にかけて、日本国内ではエネルギー関連や食料品を中心に多くの商品やサービスの価格が上昇しました。とくに2022年12月と2023年1月の生鮮食品をのぞく消費者物価指数（総合）の上昇率は前年同月比で4.0％を超え、**これは1981年12月の第二次石油危機終期以来、41年ぶりのこととなりました。**グループ別の費目で見ると、**とくにエネルギーと食料（季節変動の大きい生鮮食品をのぞく）の上昇ぶりが際立ちました**（エネルギーはその後、政府の補助金制度により下落）。

物価上昇をもたらしたもの

　2022年以前の日本の経済は、「デフレ」だと言われ続けてきました。実際、1991年以降、とくに2000年から2013年ごろまでは、消費者物価指数も名目賃金指数も横ばい、ないしは下落の傾向が続いていました。それが、**2022年になって消費者物価指数も名目賃金指数も一気に上昇するようになった**のです。この年に何があったのでしょうか。

　すぐに思い起こされるのは、2022年2月24日に**ロシアによるウクライナへの侵攻が始まった**ことです。もともとロシアはエネルギー資源や小麦の世界的な生産・輸出国で、ウクライナも小麦やとうもろこしのやはり主要な輸出国でした。そのため**この実質的な戦争の開始によって、エネルギー資源と穀物の国際価格が大きく上昇**しました。

　もうひとつ見落とせないのが、**このころから円安が急速に進んだ**ことです。そのため、ドル建てで輸入した商品の円に換算した価格がいっそう上がることになったのです。

不透明な賃金の行方

　このような要因によるエネルギー資源や穀物の輸入価格の上昇が、光熱費や原材料費に反映されることで、燃料や食料品以外の多くの商品の値上げにもつながったのです。

　こうした物価上昇は国民生活を直撃したため、政府もその対策に追われることになりました。まず、**産業活動や生活への影響がとくに大きいガソリン、電気代それに小麦などの価格上昇を補助金などでおさえる**こととし、**低所得世帯には生活支援金を支給する**こととしました。また、**各企業に対しては賃金の引き上げを要請**し、2023年の春には、これに応えるかたちで賃上げを実施した企業も多くありました。

　しかし、2023年8月現在でもまだ物価上昇の傾向は収まっておらず、企業の賃金引き上げも、今後どうなるかは不透明な状況です。そして、**政府や日本銀行もまだ「デフレからの脱却」（→P.172）を宣言できる状態にはないという見方**をしめしています。

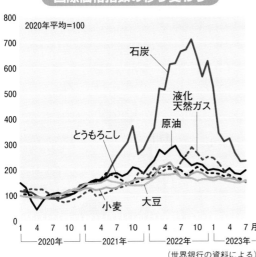

エネルギー資源と穀物の
国際価格指数の移り変わり

（世界銀行の資料による）

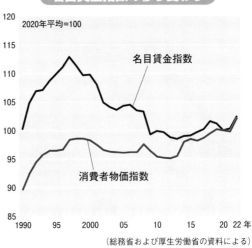

消費者物価指数と
名目賃金指数の移り変わり

（総務省および厚生労働省の資料による）

物価はモノの値段そのものではない？

　物価というと、文字通りモノの値段（ある商品やサービスの価格）という意味で使われることもありますが、**消費者物価などというときの「物価」は、特定の商品やサービスの価格ではなく、それらを総合したもの**をいいます。

　多くの商品やサービスは、それぞれ価格幅や家計の消費支出の中にしめる重要度が異なるので、それらを総合するときには指数というものを使います。**消費者物価指数とは、ある時点の各商品やサービスの小売り価格を100とし、比較する時点の価格をそれに対する割合で示すことでその上昇や下落の程度を見やすくした数値のこと**です。

　それぞれの商品やサービスは基準となる時点の1か月平均の消費支出にしめる割合によって重み付けをされ、それらを足し合わせて消費者物価指数（総合）が出されます。このとき計算に組みこまれるのは、すべての商品やサービスというわけではなく、基準となる時点での消費支出にしめる重要度によって選択されています。2020年を基準とする消費者物価指数ではその数は582品目になっています。

　この消費者物価指数が上昇し続ける状態を一般にインフレーション（インフレ）とよび、横ばいか下落の傾向にある状態をデフレーション（デフレ）とよんでいます。（→P.153）ただ、2022年から2023年にかけての物価上昇が日本経済のデフレからインフレへの移行となるのかは、まだ見通せない状況です。

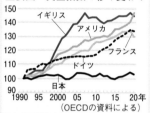

もっとくわしく

停滞する日本の賃金

　1991年のいわゆるバブル経済の崩壊以来、日本経済が長期にわたってデフレ状態にあったことは、下の1991年から2020年までの主要国の賃金指数の移り変わりを見てもわかる。

主要国の賃金指数の移り変わり

（OECDの資料による）

おぼえておこう

デフレとインフレ

　デフレのもとでは、経済活動が停滞し、物価や賃金が下落傾向になる。一方、インフレのもとでは、商品・サービスやお金のめぐりがよくなり、物価や賃金が上昇傾向になる。資本主義経済のもとでは一般に、デフレや極端なインフレはよくない状態で、ゆるやかなインフレが望ましい状態と考えられている。

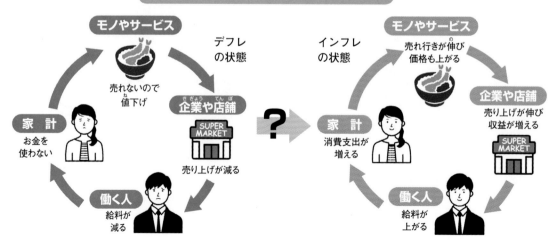

デフレーションからインフレーションへ？

2022年の貿易収支は過去最大の赤字に

ロシアのウクライナ侵攻によるエネルギー資源や穀物の国際価格の急上昇、および歴史的な円安は、日本の貿易収支にも直接的な影響をおよぼしました。**2022年の日本の貿易収支の赤字額は約20兆円と、過去最大だった2014年の赤字額約13兆円をも大きく上回る記録的なものとなりました。**2022年に前年比でとくに金額が増えた輸入品としては、石炭2.8倍（一般炭3.0倍）、原油1.9倍、液化天然ガス1.7倍、小麦1.7倍、大豆1.5倍、とうもろこし1.5倍などがあり、やはりエネルギー資源と穀物・大豆が伸び率の上位をしめました。

1970年代に起こった二度の石油危機を乗り切った日本は、その後の貿易で長く黒字が続いてきました。しかしそれが大きく転換するきっかけとなったのが2011年に発生した東日本大震災でした。**このとき引き起こされた福島第一原子力発電所の事故**（→P.176）**により、当時の日本の一次エネルギー供給で10%以上、電力供給で3割近くをしめていた原子力の分をおもに化石燃料あるいはそれによる火力発電で穴埋めせざるを得なくなり、エネルギー資源の輸入量が大きく増えました。そして、このときから日本の貿易収支は赤字基調に転換したといえます。**

世界的な資源高・穀物高は今後もさまざまな要因で起こり得ます。輸出額の大きな伸びも期待できない中、日本の貿易赤字体質からの脱却もなかなか見通せない状況です。

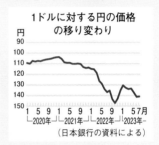

もっとくわしく

歴史的な円安

2022年3月以降、貿易収支の悪化に歩調を合わせるかのように歴史的な円安傾向が続いた。そのおもな原因は、日本銀行のこれまた歴史的な低金利政策にあるといわれている。

1ドルに対する円の価格の移り変わり

（日本銀行の資料による）

もっとくわしく

現在運転中の原子力発電所

発電所名	運転炉
美浜（福井県）	3号機
大飯（福井県）	3号機
高浜（福井県）	1・2・4号機
伊方（愛媛県）	3号機
玄海（佐賀県）	3・4号機
川内（鹿児島県）	1・2号機

2023年8月2日現在
（原子力規制委員会のHPより）

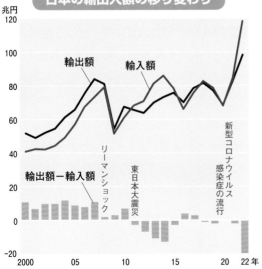

日本の輸出入額の移り変わり

輸出額

輸入額

輸出額−輸入額

リーマンショック

東日本大震災

新型コロナウイルス感染症の流行

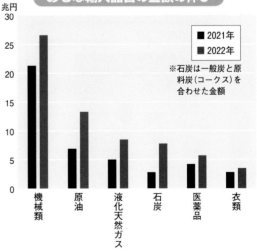

おもな輸入品目の金額の伸び

■ 2021年
■ 2022年

※石炭は一般炭と原料炭（コークス）を合わせた金額

機械類　原油　液化天然ガス　石炭　医薬品　衣類

（財務省貿易統計による）

AP 生成AIの強みはなんですか。

AIの強みは、高度な計算能力を持ちつつ、膨大なデータを素早く処理・分析することができる点です。また、パターン認識や予測能力などの面でも優れており、特定のタスクや問題に対して効率的かつ正確な解決策を提供することができます。

Send a message

Free Research Preview. ChatGPT may produce inaccurate information about people, places, or facts. ChatGPT August 3 Version

スマートフォンでChatGPTを使用している画面

技術の発展と社会の変化について考えよう

▶確認問題は81ページ
▶総合問題は118ページ

生成AIの流行と社会への影響

ニュースのポイント
- ●AIの発達にともない、自然な文章や画像を出力する生成AIが登場した。
- ●生成AIはさまざまな分野に応用され、仕事の効率を上げている。
- ●反面、フェイクニュースや個人情報漏えいなどの不安や懸念も生まれている。

生成AIのしくみ

企業の売り上げ　SNSの投稿写真

ビッグデータ

メールの文章　　昨日の天気

巨大なネットワーク

学習　　蓄積

学習済モデル

指示　探索

入力　生成AI　出力　文章　画像

生成AIの流行

　2022年11月、「ChatGPT」という生成AIがインターネット上で一般公開されました。ChatGPTは、アメリカのIT企業が開発した人工知能モデルのひとつで、入力した指示や質問に応じて、会話で返事をするかのように文章を出力します。また、「Stable Diffusion」など、指示に応じて画像を出力する人工知能モデルも公開されています。これまでは研究者など限られた人しか接点のなかった生成AIですが、インターネット上で多くの人が利用することができるようになりました。

生成ＡＩとは？

ＡＩ（Artificial Intelligence）とは人工知能と訳（やく）され（→P.154）、簡単（かんたん）にいえば「知的な機械やコンピュータプログラムを作る科学や技術」のことです。ＡＩは社会の中で広く利用されています。たとえば、お掃除ロボットのように、周囲のようすを自ら認識（にんしき）してルートを決定したり、スマートフォンのＡＩアシスタントのように、音声を認識して質問された内容に応じて返事をしたりするのも、ＡＩによるものです。

生成ＡＩはこの技術をさらに進化させたもので、質問や指示の内容に応じて、画像や文章など、さまざまなコンテンツを出力します。

ＡＩが多くの機能を果たせる背景（はいけい）として、ビッグデータの学習・蓄積（ちくせき）があります。ビッグデータとは、私（わたし）たちの周りで毎日生まれる膨大（ぼうだい）で多種多様な情報のことです。文章生成ＡＩの場合、事前にビッグデータを学習し、モデルを作成します。そして、入力された質問や指示に合う回答を文章で出力します。画像生成ＡＩの場合、入力された内容に合う画像や写真をデータから判別し、指示に沿（そ）って加工して出力します。たとえば下の画像は、「木の下で本を読む女の子」「映画風に」という指示で出力されたものです。

画像生成ＡＩが出力した画像

生成ＡＩの活用・期待

ＡＩの強みは、休むことなく、膨大（ぼうだい）な情報を高速で処理（しょり）し、まとめられることです。

香川県三豊市（みとよ）では、実験的に１か月間、家庭ごみの処分（しょぶん）方法などを案内するサービスにChatGPT（チャット）を導入しました。ごみの内容を入力すると、ＡＩが処分方法を表示します。24時間、50か国以上の言語に対応でき、処分に悩（なや）むようなごみの捨（す）て方も細かく表示します。ＡＩの導入により、市の職員の業務負担（ふたん）の軽減や、市民サービスの向上が期待されます。

医療の現場でも同様な活用が期待されます。海外の製薬会社では生成ＡＩを活用した新薬開発を進めており、治験も始まっています。患（かん）者のデータを学習したＡＩが、既存（きそん）の薬のデータをもとに新薬を設計します。これにより、従（じゅう）来の10分の１のコスト、３分の１の期間で新薬を作れるようになるといいます。

また、生成ＡＩの中には、大まかな構想をもとに小説を書いたり、指示したモチーフや画風をもとにイラストを描（えが）いたりできるものもあります。**創造的な活動をする新たな手法のひとつになる可能性もあります。**

生成ＡＩの職場における導入・検討状況（けんとうじょうきょう）

	業務で使用中	トライアル中	使用を検討中	
全体	3.0	6.7	9.5	19.2%
建設・工業	2.0	3.9	10.5	16.4%
製造業	4.5	6.5	9.2	20.2%
IT・通信	3.9	15.6	14.7	34.2%
運輸・物流	2.5	2.5	7.6	12.6%
卸売（おろしうり）・小売	1.3	6.5	6.9	14.7%
金融（きんゆう）・保険	4.1	4.9	8.1	17.1%
教育	1.6	12.9	11.3	25.8%
医療（いりょう）・福祉（ふくし）	2.4	6.8	7.2	16.4%

（NRI「AIの導入に関するアンケート調査」（2023年５月）より。野村総合研究所のデータをもとに日能研が作成）

生成ＡＩの課題と不安

　生成ＡＩはさまざまな場面で活躍が期待されていますが、反面、新たな課題や不安をもたらしています。**その課題のひとつが、個人情報漏えいの懸念です。**生成ＡＩはビッグデータをもとに学習するため、ビッグデータにふくまれる個人情報が、生成ＡＩの生成した回答に使われてしまうのではないかと不安視されています。また、生成ＡＩがインターネットなどから学習したデータには本やイラストなどの著作物もふくまれているため、ＡＩが生成したコンテンツを個人が発表し、それが既存のものと似ていた場合、**著作権を侵害する可能性があることも指摘されています。**

　偽の情報に関する課題もあります。生成ＡＩは、質問に対して「最もふさわしいだろう回答」を生成するため、事実ではない情報を生成してしまうこともあります。

　また、**意図的に偽の情報をＡＩに生成させることもできます。**2022年９月、台風15号の被害について、個人が画像生成ＡＩで水害のようすの画像を生成し、あたかも事実のようにSNSで発信したことで問題となりました。**ＡＩを利用した偽の写真や映像は「ディープフェイク」といい、国際的にも問題となっています。**ロシアによるウクライナ侵攻においても、ゼレンスキー大統領が国民に降伏をよびかけるディープフェイク動画が公開されるなど、ＡＩが戦争の道具としても使われています。今年５月に開催されたＧ７広島サミットでは、偽情報などのＡＩの課題に関する国際的なルールを議論する枠組み「広島ＡＩプロセス」が採択されました。(→P.165 主要国首脳会議)

　ＡＩは優れた技術ですが、できないこともあります。あたえられた情報が真実かを判断したり、指示の内容が道徳的、倫理的にふさわしいかを考えたりすることは現在の技術ではまだできません。**人間がメディアリテラシーを備え、ＡＩの長所・短所を把握し、利用することが大切です。**(→P.182)

（→P.154）

もっとくわしく

教育への影響は？

　教育の現場でも、生成ＡＩの活用方法や課題が大きな話題となっている。とくに、これから多くのことを学んでいく小・中学生の教育でのＡＩの利用について、2023年７月、文部科学省がガイドラインを作成した。

　その中で、使いこなす力を育てる姿勢が重要だとする一方、個人情報漏えいや偽情報の拡散ほか、学習意欲の低下や創造的な活動の阻害となることへの懸念もあげた。

　たとえば、読書感想文を生成ＡＩに書いてもらうと、本来自分で本を読み、文を書くことで得られたはずの能力が身につかなくなってしまう。

　また、先生の立場としても、生徒の課題が本当に自分で取り組んだものなのかＡＩによるものなのか、正しく評価ができないという懸念もある。

実際に投稿されたフェイク画像

ドローンで撮影された静岡県の水害。
マジで悲惨すぎる...

午前4:39・2022年9月26日

技術の発展と私たちの「仕事」

生成ＡＩが発展、流行していくことで、私たちのくらしはどのように変化するでしょうか。

石炭を用いた蒸気機関が発明され、第一次産業革命が起こった結果、紡績工場をはじめとした工場に機械が導入され、従来の手工業者は職を失いましたが、新たに多くの工場労働者が生まれました。その後も、重化学工業が発展し自動車が普及すると、馬車に乗る「御者」の仕事は一般的ではなくなった一方で、自動車製造や自動車運転手という新たな職業が生まれました。コンピューターが登場すると、これまで手作業でおこなっていた計算や処理が自動化され、多くの業務が省力化されました。このように、**技術の発展にともない、私たちの仕事のあり方は大きく変化します。**

19世紀の第二次産業革命、20世紀の第三次産業革命に続き、次に来る第四次産業革命では、ＩoＴ、ビッグデータ、ＡＩによる技術革新が起こり、**狩猟社会、農耕社会、工業社会、情報社会に** (→P.150) **続く新しい社会「Society5.0（ソサイエティ5.0）」が実現する**とされています。たとえば、ＡＩを利用して自動車の運転を完全自動化することで、事故や渋滞の少ない交通網が確立し、安全で利便性のある社会になります。その結果、従来の「運転手」という仕事はなくなり、新たに自動運転にかかわる職業が生まれると予測されます。

2023年はじめの予測では、ＡＩによる業務効率化により、今ある業務の25%がＡＩにとってかわられるとされています。一方で、ＡＩ技術を構築したりＡＩへ適切な指示（プロンプト）をしたりする職業が生まれてきています。また、小説家や画家といった技術が必要な仕事も、ＡＩの力を借りることでできるようになり、将来の選択肢が増えるかもしれません。ＡＩが社会にあたえる影響をふまえ、新たな知識・スキルの学び直しをしていくことが大切です。

おぼえておこう

ベーシックインカム

政府がすべての国民に、生活に必要な最低限のお金を支給する政策のことで、資産の有無や年齢・性別を問わない点で、現行の社会保障制度とは異なる。ＡＩの発展により今ある仕事の多くがなくなり生活ができなくなる人が増えると予想されるため、ベーシックインカムを導入すべきであるという意見があがっている。長時間・低賃金労働問題の解消や少子化対策という利点がある一方、財政を圧迫することや、働かなくても生活ができるため経済競争力が低下することなどが懸念されている。

各業種における、ＡＩによって自動化される可能性がある業務の割合

業種	割合
オフィス／事務サポート	46
法務	44
建築・エンジニアリング	37
金融オペレーション	35
ビジネス	33
社会福祉	32
マネジメント	31
営業	28
医療従事者	26
アート・デザイン・エンタメ・スポーツ・メディア	19
介護	12
調理・給仕	11
旅客・運輸	9
製造	6
建設・採掘	4
機械設置・修理・保守	1
ビル／路面清掃・メンテナンス	

全業種平均（25%）

決まったルールや過去の事例に基づいて実施する業務が多くとくに自動化の余地が大きい

意思決定や感情理解が求められる業種であっても一部業務（文書作成等）は一定の自動化の余地はある

クリエイティブな業種でも人間の指示に基づいてＡＩがアウトプット（アートやデザイン、記事の作成等）をおこなうことができ、一定の自動化の余地がある

物理的な業務を多くともなう領域では自動化の割合が低い

（経済産業省「第9回デジタル時代の人材政策に関する検討会」資料「デジタル／生成ＡＩ時代に求められる人材育成のあり方」より）

7

インドのガンジス川で沐浴をする人々。観光客も多く訪れる

世界の動きに目を向けよう

▶確認問題は82ページ

インドの人口、世界最多へ

ニュースのポイント

- ●インドの人口が、2023年の半ばに中国を上回る見通しと国連が公表した。
- ●インドはIT産業を中心にさらなる発展が予想される。
- ●国際社会でのインドの動きに注目が集まっている。

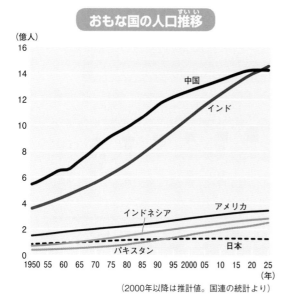

おもな国の人口推移

（億人）

（2000年以降は推計値。国連の統計より）

中国　インド　インドネシア　アメリカ　パキスタン　日本

1950 55 60 65 70 75 80 85 90 95 2000 05 10 15 20 25（年）

インドの人口、中国を追いぬく

　2023年4月19日、国連人口基金は「世界人口の現状」という報告書の中で、最新の人口推計値を公表し、インドの人口が今年半ばには中国を上回って世界最多となる見通しを示しました。推計では、**インドの人口は14億2860万人に達し、現在1位である中国の人口（14億2570万人）を290万人ほど上回る**とされています。

　中国の人口減少の要因のひとつとして、1979年から中国で実施されていた一人っ子政策があげられます。

36

中国政府は人口増加をおさえるために、夫婦1組につき子どもを1人とすることを推奨してきました。中国政府は2016年にこの政策を廃止し、現在では2人目、3人目の出産を奨励する政策をおこなっています。しかし出生数の低下は続いており、**2022年の出生数は約956万人で過去最少**となっています。

インドってどんな国？

インドは南アジアに位置し、国土のほとんどは大きな半島です。**世界で7番目に面積が大きい国で、首都はデリー（ニューデリー）**です。**北東部の国境地帯には世界最高峰のエベレストをふくむヒマラヤ山脈がある**ことで有名です。国土が広いため地域によって気候はさまざまで、山岳部が寒冷気候に属す一方、南部は熱帯気候となっています。

公用語はヒンディー語と英語です。仏教が誕生した土地ですが、**現在はヒンドゥー教徒が人口のおよそ8割**をしめています。また、生まれながらに身分が分けられるカーストという制度が社会に根付いています。1950年に制定された憲法によって否定されましたが、現在でも就職や結婚などにその影響がみられます。

インドは約90年間イギリスによる植民地支配を受けていました。イギリスは1858年にインドを植民地とし、現地で茶や綿花などの農産物を生産させ、それらを売買することによってばく大な利益を得ました。さらにイギリスはインドを足がかりとして中国侵略も進めていました。**第一次世界大戦後、インド独立の父とよばれるガンジーを中心に独立運動がおこなわれ、インドは第二次世界大戦後の1947年にイギリスからの独立を果たしました。**

世界が注目する新興国インド

インドはIT産業を中心に急速に発達し、それによって大きな経済成長をとげてきました。理由として、インドは生産年齢人口（15～64歳）が多いこと、IT企業の多いアメリカ西海岸とは約12時間の時差があるため、アメリカとインドで24時間体制のシフトが組めること、IT産業が新しい産業であるため、カーストのしばりを受けにくいことなどが考えられています。経済成長いちじるしい新興国として**グローバル・サウス**（→P.159）の中心的な存在であり、**インドの2022年の名目GDPはイギリスをぬき、日本の8割にせまっています。**

インドが経済成長をとげる中、国際社会ではインドの存在感が増しています。2022年に起きたロシアのウクライナ侵攻に際しては、**日本・アメリカ・オーストラリアが連携してロシアに対する経済制裁をおこなう一方で、インドはロシアからの原油の輸入を継続しています。**

インドはQUAD（→P.159）**の一員であり、インドの外交方針がインド太平洋地域の安全保障に大きく影響するため、日米豪はインドの立ち位置に注目しています。**

主要国のGDPと成長率

順位	国名	名目GDP（2022年）（百万USドル）	GDPのび率（％、2023年推定値）
1	アメリカ	25,464,475	1.6
2	中国	18,100,044	5.2
3	日本	4,233,538	1.3
4	ドイツ	4,075,395	-0.1
5	インド	3,386,403	5.9

（IMF（国際通貨基金）統計による）

8

こども家庭庁の発足式にて、記念撮影にのぞむ子どもたち（2023年4月）

日本がかかえる課題に目を向けよう

▶確認問題は83ページ

日本の出生数、過去最少

ニュースのポイント

- ●2022年に生まれた日本人の子どもは、過去最少の77万747人だった。
- ●2022年の総人口は前年から55万6千人減少して1億2494万7千人となった。
- ●こども家庭庁が2023年4月に発足、少子化対策や子育て支援などに取り組む。

合計特殊出生率と出生数の推移

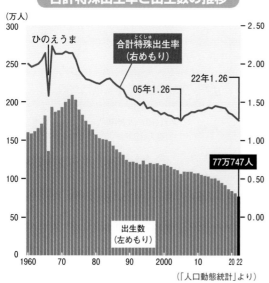

（万人）
ひのえうま
合計特殊出生率（右めもり）
05年1.26
22年1.26
77万747人
出生数（左めもり）
1960 70 80 90 2000 10 20 22

「人口動態統計」より

出生数・合計特殊出生率が過去最低

　2023年6月、厚生労働省が2022年の人口動態統計を発表しました。**2022年の出生数は77万747人で、前年より4万875人の減少です。**この出生数は統計を開始した1899年以降最少で、初めて80万人を下回りました。前回過去最少を更新した2021年は2020年から約2万9千人減だったので、減少の幅も広がっています。1人の女性が一生の間に産む平均の子どもの数である「合計特殊出生率」も1.26に低下しました。（→P.165 少子化）これはデータのある1947年以降、2005年と並ぶ過去最低の数字です。

自然増減・社会増減の動き

　４月に総務省が発表した、**2022年10月１日時点の人口推計**によると、日本の総人口は１億2494万７千人で、**前年と比べて55万６千人の減少**でした。これで12年連続の減少です。自然増減は73万１千人の減少で、一方、社会増減は17万５千人の増加でした。

　また７月に総務省が公表した住民基本台帳に基づく人口によると、2023年の日本人住民の人口は全都道府県で減少したこともわかりました。一方外国人住民は集計を始めた2013年以降最多で、全都道府県で増加しました。この背景には、**新型コロナウイルス感染症拡大**による入国制限が緩和され、国外からの転入が本格化したことなどがあるとみられます。

少子高齢化・人口減少による課題

　日本では、少子高齢化が急速に進んだ結果、（→P.160 高齢社会）2008年をピークに人口減少の時代に入りました。**人口減少は、国内で消費する人の減少、そして経済活動の停滞につながります。**また、生産年齢人口（15歳〜64歳）が減少することによって、**労働力が不足したり、国や地方の税収が減少したり**もします。このことは、社会保障制度の維持をむずかしくします。とくに

　2023年に人口が増加したのは東京都のみで、1972年（昭和47年）に日本に復帰して以降人口が増加し続けていた沖縄県も初めての人口減少となりました。人口の偏りはますます大きくなっており、人口が減少している地域では過疎化が進み、社会生活の維持がむずかしい限界集落となるところも増加します。（→P.160）

　このような課題が浮き彫りになる一方で、人口減少を「持続可能な社会」へ進む転換期だととらえる見方もあります。東京一極集中を見直し、ＩＣＴ（情報通信技術）やＡＩ（人工知能）などの活用によって、人やモノ、地域をつなぎ、新たな需要を生み出したり、**住民の生活圏を特定の地域に集めることで、行政サービスの充実や日常生活の利便性向上を目指す「コンパクトシティ」をつくったり**することがその一例です。（→P.162）

こども家庭庁始動

　2023年４月１日、こども家庭庁が内閣府の（→P.162）外局として発足しました。こども家庭庁は、少子化対策や、子育て支援など、各府省庁で横断的に取り組むべき子どもに関する政策の司令塔としての役割を担います。こうした動きが、出生率の上昇を後押しするかどうか、注目されています。

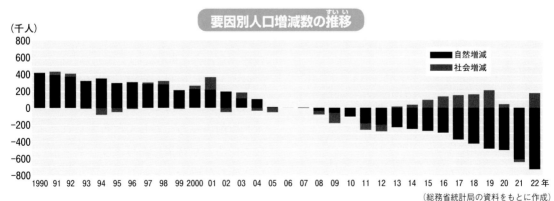

要因別人口増減数の推移

（千人）　凡例：自然増減（黒）、社会増減

横軸：1990 91 92 93 94 95 96 97 98 99 2000 01 02 03 04 05 06 07 08 09 10 11 12 13 14 15 16 17 18 19 20 21 22 年

（総務省統計局の資料をもとに作成）

9

200以上の島から成る、長崎県佐世保市沖の九十九島（群島）

日本の国土に目を向けよう

▶ 確認問題は84ページ

日本の島の数が約14000に

ニュースのポイント

●国土地理院は、日本の島の数が14125島になったと発表した。

●測量技術の進歩で海岸線がくわしくわかるようになったことがその背景にある。

●多くの島々から成る日本は、排他的経済水域が国土面積と比較して非常に広い。

江の島の島の数

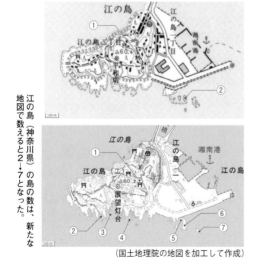

江の島（神奈川県）の島の数は、地図で数えると2→7となった。新たな

（国土地理院の地図を加工して作成）

国土地理院が島の数を14125島と発表

　2023年2月、日本の島の数を35年ぶりに数え直した結果、国土地理院はこれまでの6852島から14125島になったと発表しました。

　島の数を数える条件は1987年に海上保安庁が数えたときと同じだったにもかかわらず、今回島の数が倍増したのは、**地形を把握する測量技術が進歩したことにより、海岸線のようすを以前よりもくわしくとらえられるようになったことが背景にあります**。数え直しにより、新たな島が生まれたり、国土面積が増えたりしたわけではありません。

島の計数方法と、島の数が変化した背景

国土地理院が島を数えるときに使った電子国土基本図は、国土地理院が詳細な航空写真をもとにデジタル形式で作成しています。この地図を使い、前回計測時には不明だった海岸線の入り組んだようすを正確にとらえることができたことにより、日本全体での島の数が倍増しました。過去の計測時には1つの島だと思っていたものが、今回調べたら実際は2つ以上の島だった、というようなケースがたくさんあったのです。

海の憲法といわれる「国連海洋法条約」第121条では、「島とは、自然に形成された陸地であって、水に囲まれ、高潮時においても水面上にあるものをいう」と定義されています。

一方、島の計数方法については国際的なルールがないため、上の条約で島と定義されているもののうち、湖沼の中の島をのぞき、前回と同じ「周囲100m以上のものを対象とする」という基準で地図上の島の数をコンピューターで自動計測しました。なお、沖ノ鳥島のように海洋法で指定されている島は、この基準にかかわらず、島の数にふくまれています。

都道府県別に見た島の数

今回の数え直しによって、都道府県別の島の数は、1位長崎県、2位北海道、3位鹿児島県、4位岩手県、5位沖縄県となりました。

くわしく見ると、北海道は北方領土の地形が衛星写真で明らかになったなどにより、島の数が3倍となりました。また、岩手県は沿岸部にリアス海岸があり、海岸線が複雑に入り組んでいるところで島の数が増えました。

島がつくる国土の広がり

日本は四大島（本州、北海道、九州、四国）と、その他大小の多くの島から成る島国です。四大島以外の島を面積の大きい順にあげると、択捉島、国後島、沖縄島、佐渡島、奄美大島、対馬、淡路島、天草下島…となります。

日本の東西南北端にあるのも島です。北の端の択捉島、南の端の沖ノ鳥島、西の端の与那国島、東の端の南鳥島という広がりを持ちます。日本の排他的経済水域と領海は合わせて約447万km²となり、日本の国土の10倍を超えています。島国である日本にとって、島の広がりを把握したり保全したりすることは非常に重要な意味を持つのです。

都道府県別の島の数

地方名	都道府県	順位・島数	今までの順位・島数	地方名	都道府県	順位・島数	今までの順位・島数
北海道・東北	北海道	②1473	③508	近畿	三重県	⑩540	233
	青森県	264	114		滋賀県	0	0
	岩手県	④861	⑧286		京都府	111 (1)	49
	宮城県	⑥666	⑦311		大阪府	0	0
	秋田県	144	47		兵庫県	203 (1)	110
	山形県	82	29		奈良県	0	0
	福島県	18	13		和歌山県	⑦655	⑩253
関東	茨城県	13	7	中国	鳥取県	52	35
	栃木県	0	0		島根県	⑨600	④369
	群馬県	0	0		岡山県	102 (3)	87 (2)
	埼玉県	0	0		広島県	171 (2)	142 (3)
	千葉県	244	95		山口県	396 (1)	249 (1)
	東京都	⑧635	⑥330	四国	徳島県	206 (2)	88 (2)
	神奈川県	97	27		香川県	133 (2)	112 (2)
中部	新潟県	333	92		愛媛県	391 (1)	⑨270 (2)
	富山県	5	3		高知県	400 (1)	159 (2)
	石川県	251	110	九州	福岡県	115	62
	福井県	180 (1)	58		佐賀県	71	55
	山梨県	0	0		長崎県	①1479	①971
	長野県	0	0		熊本県	299	178
	岐阜県	0	0		大分県	285	109
	静岡県	243	106		宮崎県	403	179
	愛知県	61	41		鹿児島県	③1256	②605
					沖縄県	⑤691	⑤363
					本州・九州・四国	3	3

※（ ）内は内数で、2府県にまたがる島の数

（「理科年表」、国土地理院の資料より作成）

10

感染対策で設置していたレジ前のビニールカーテンを外すコンビニエンスストア

▶確認問題は85ページ

感染症流行とその社会的影響に目を向けよう

新型コロナウイルス感染症、5類へ

ニュースのポイント
- 新型コロナウイルス感染症の感染症法の位置づけが5類に変更された。
- 5類感染症となったため、感染対策は個人の判断にゆだねられることになった。
- 政府は内閣感染症危機管理統括庁を発足した。

感染症法に基づく分類とできる措置

分類とおもな感染症	医療費公費負担	入院勧告・強制入院	就業制限	無症状者への適用	濃厚接触者の外出自粛要請
新型インフルエンザ等感染症	○	○	○	○	○
1類 ・エボラ出血熱 ・ペスト など	○	○	○	○	×
2類 ・結核 ・SARS など	○	○	○	×	×
3類 ・コレラ ・細菌性赤痢 など	×	×	○	×	×
4類 ・デング熱 ・日本脳炎 など	×	×	×	×	×
5類 ・季節性インフルエンザ ・新型コロナウイルス など	×	×	×	×	×

新型コロナウイルス感染症、5類へ

感染症法では重症化リスクや感染力によって感染症を1～5類に分けています。政府は2023年5月8日より新型コロナウイルス感染症の分類を2類相当から5類感染症に変更しました。これにより、**感染症対策は個人の判断にゆだねられる**ことになりました。

また同月5日には世界保健機関（WHO）（→P.168）のテドロス事務局長が新型コロナウイルス感染症の「国際的な緊急事態」の終了を表明しました。

5類感染症とは

新型コロナウイルス感染症は2019年末に中国の武漢市で最初の患者が出て以来、世界中で感染が拡大しました。日本でも感染が拡大し始めた2020年2月、感染症法に基づく2類に相当する感染症（新型インフルエンザ等感染症と同様の扱い）となりました。

2021年末からの第6波・第7波で広がったオミクロン株は感染しやすいものの重症化しにくい特性があります。これを受け、**医療機関や保健所などの負担を減らすため、2022年12月から5類への移行が議論されてきました。**

今回、季節性インフルエンザなどと同じ5類となったことで、政府による一律の感染対策が求められなくなりました。マスクの着用は2023年3月13日から個人の判断にゆだねられるようになっていましたが、これからは感染時の外出自粛も個人の判断となります。これまで発熱外来など限られた医療機関でのみ可能だった診察なども、一般の医療機関でおこなうことができます。こういった規制の緩和がある一方、これまで国が公費で負担してきた検査や診察の費用は保険適応となり一部が自己負担になりました。

しかし、規制が緩和されても感染症がなくなるわけではありません。専門家は流行状況に応じた行動が必要だとしています。

5類への移行に伴う変更点

	これまで	5類移行後
発生件数	毎日発表	週に1度発表
行動制限	患者…最大7日間 濃厚接触者…最大5日間	外出自粛の要請をしない
診察	発熱外来中心	一般の医療機関も可能
医療費	全額公費で負担	自己負担(保険適応)
ワクチン	全額公費で負担	2024年3月31日まで無料

アフターコロナの世界

アフターは「〜のあとの」という意味で、アフターコロナとは新型コロナウイルス感染症の流行が終息した世界を示すことばです。

新型コロナウイルス感染症の世界的流行は人々の社会生活を大きく変容させました。日本政府が2020年4月に出した緊急事態宣言（→P.159）は国民の社会的な活動を制限しました。**第3次産業を中心とした国内の産業活動は大きな打撃を受けました。**

また、通信販売や宅配便の利用増加、テレワークやオンライン授業（→P.156）の普及など社会生活（→P.170）の変化も見られました。アフターコロナとなってもテレワークを希望するなど、働き方の変化にもつながっています。

行動制限の影響を強く受けた旅行・観光業は緊急事態宣言によって大きく収益が落ちこみましたが、2020年7月のGo To トラベルや2022年10月の全国旅行支援、また、社会情勢の変化などを受けて回復してきています。

しかし、2023年7月から第9波に突入し、9月1日には感染症対応の司令塔となる**内閣感染症危機管理統括庁が発足するなど、これからも感染症対策は続いていく**見込みです。

第3次産業活動指数の推移

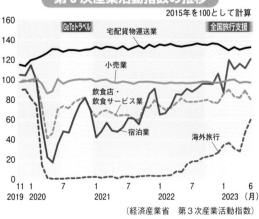

2015年を100として計算

（経済産業省 第3次産業活動指数）

11

大阪市長選で当選を決めた横山英幸氏（左）と大阪府知事で再選を決めた吉村洋文氏（右）

地方の政治に目を向けよう

▶確認問題は86ページ

統一地方選挙

ニュースのポイント

●第20回統一地方選挙が2023年4月9日と4月23日におこなわれた。
●日本維新の会は、今回大阪以外で初めて公認の知事を誕生させた。
●日本維新の会は目標を大きく上回る当選で、全国政党に向けての一歩をさらに進めた。

第20回統一地方選の日程と選挙の種類

	選挙の種類	投開票日
前半	道府県知事 政令指定都市の市長 道府県議会議員 政令指定都市の市議会議員	4月9日
後半	一般市長、市議会議員 東京23区の区長 東京23区の区議会議員 町村長 町村議会議員	4月23日

統一地方選挙とは

　第20回統一地方選挙が4月9日と4月23日におこなわれました。

　統一地方選挙とは、**4年ごとに、全国の地方公共団体の首長や議員の選挙を、まとめて4月におこなうしくみ**です。首長も議員も任期はみな4年であるため、辞任や解散・リコールなどがなければ、全国でまとめて選挙を実施することが可能となります。一斉に選挙をおこなう利点としては、バラバラにおこなうよりも事務的な作業の効率がよくなったり、有権者の関心を高めたりすることがあります。

統一地方選挙のおもな結果

今回は、4年ごとに実施される統一地方選挙に加え、衆議院議員と参議院議員合わせて5つの補欠選挙がおこなわれ、**岸田政権の「中間評価」** としての意味合いもありました。

前半戦で注目された選挙のうち、国政にも影響をあたえる可能性のある都道府県知事選挙で目立ったのは、日本維新の会から知事が誕生した奈良県知事選でした。国政政党である日本維新の会は、地域政党の大阪維新の会から生まれた政党です。大阪維新の会は、今回も大阪市長選、大阪府知事選を制し、大阪などでは一定の基盤を確保していますが、維新系としては、全国的には不十分な面がありました。今回維新系として初めて大阪以外で知事を誕生させたことになります。地方議員の数も大きく増やし、**維新系は全国政党に向けての勢力拡大にはずみをつけた形**です。

後半戦では、女性市長が新たに7人誕生し、これまでで最高となったほか、道府県議会議員では前回から79人増の316人で過去最多、市議会議員選挙では当選者の女性の割合が初めて2割を超えました。また、千葉県白井市や埼玉県三芳町などでは議員にしめる女性の割合が5割を超えました。

今回の選挙は2018年に候補者男女均等法（政治分野における男女共同参画推進法）が施（→P.167）

埼玉県行田市でも初の女性市長が誕生した。

行されて2回目の選挙ですが、前回の選挙が一時のブームでなかったことが証明された形です。

地方選挙の課題

近年、地方の選挙、とくに町村長選や町村議選などの選挙では、対抗馬がいない、または立候補者数が定数に達しないことから、選挙そのものが実施されず、無投票当選となる状態が進んでいます。今回の選挙でも、同様の現実を示す結果が見られました。たとえば、町村長選では50％以上、町村議選では30％以上の選挙が無投票当選となりました。中には、静岡県吉田町のように**県議員選挙の地元選挙区、町村長選、町村議選が無投票当選という「トリプル無投票」**となったところが全国で16町村もありました。また、北海道や長野県などの20の町村では定員に満たない状態（定員割れ）となりました。

政府が地方創生を目指している反面で、高齢化などさまざまな理由から生じるこうした（→P.160 高齢社会）「なり手不足」問題、そもそも突然の辞職や議会の解散で任期がずれるなど「統一」的に実施できる地方公共団体の選挙の数が減り続けている問題など、あらためて統一地方選挙のあり方が問われています。

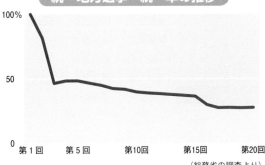

統一地方選挙　統一率の推移

（総務省の調査より）

12

新紙幣を見せる鈴木俊一財務大臣（中央）

日本の社会に目を向けよう

▶確認問題は87ページ

新紙幣いよいよ発行へ

 ニュースのポイント
●デザインが刷新された新紙幣が2024年7月、20年ぶりに発行される。
●新紙幣に描かれる人物は、渋沢栄一、津田梅子、北里柴三郎である。
●キャッシュレス決済の普及で硬貨の発行枚数が減少している。

お札に描かれた人物

		人物名	
日本銀行券	戦前	菅原道真 武内宿禰 聖徳太子 二宮尊徳	和気清麻呂 藤原鎌足 日本武尊 岩倉具視
	戦後	高橋是清 伊藤博文 新渡戸稲造 樋口一葉	板垣退助 聖徳太子 福沢諭吉 夏目漱石 野口英世
政府紙幣		神功皇后	板垣退助

（日本銀行ホームページの資料をもとに作成）

新紙幣が2024年7月に発行

財務省と日本銀行は6月28日、新しい日本銀行券について（→P.172）、2024年7月前半をめどに発行を開始すると発表しました。紙幣のデザインが刷新されるのは2004年以来20年ぶりとなります。新しい紙幣の肖像は、一万円札に日本の資本主義の基礎をつくった渋沢栄一を、五千円札に日本の女子教育を推進した津田梅子を、千円札に日本の細菌学の父とよばれる北里柴三郎をデザインしています。

紙幣のデザインの刷新は偽造防止がおもな目的とされています。コピー技術が年々高度

化する中、政府は偽造を防止するために、およそ20年ごとにデザインを変えてきました。新しい紙幣には、これまでより高精細なすき入れ（すかし）が入っており、また、最先端の３Dホログラムを世界で初めて紙幣に導入することで、偽造をよりむずかしくさせます。

また、視覚障がい者や外国人観光客がお札のちがいをより識別しやすいようユニバーサルデザインを取り入れているのも特徴です。(→P.183)指の感触で金額を識別するマークの形や位置を工夫したり、数字を大きくしたりすることでわかりやすくします。

紙幣の顔はどう決めているのか

紙幣のデザインは財務大臣が決め、紙幣の印刷や原版の製造は独立行政法人国立印刷局が担っています。日本銀行は国立印刷局から紙幣を受け取り、世の中に発行させます。

紙幣の肖像の人物には、①その業績が認められ広く知られている人物であること、②偽造防止のため精密な写真がある人物であること、③お札にふさわしい品格の人物であること、という条件が求められます。

お札に肖像が利用される理由は２つあります。１つは偽造防止のためです。私たちは人の顔を識別する能力があり、お札の肖像に不自然なところがあれば違和感を持つため、偽造防止につながります。２つ目は人びとに親近感を持ってもらうためです。その国でよく知られている人物を描き親近感を持ってもらうことで、お札についての認識を深めてもらうねらいがあります。お札に描かれた肖像として、これまでに１番多く登場したのは、聖徳太子（戦前２回、戦後５回）です。十七条の憲法を制定、仏教の保護、遣隋使の派遣など、

数多くの業績を残し、日本人に親しまれ、尊敬されていることが選ばれている理由です。

今回選定された３名には、現代の日本にも通じる普遍的な問題に取り組んだ人物であるという共通点があります。渋沢栄一は、500社にものぼる新会社を興す手助けをし、日本の近代化に大きく貢献しました。津田梅子は、日本の女性としては初めて海外留学をし、女子英学塾（後の津田塾大学）を創立して、教育を通して「女性の地位向上」を目指しました。北里柴三郎は、破傷風菌の純粋培養など医学の発展に貢献し、第一回ノーベル賞候補にもなっています。現在でも私たちが課題としている新たな産業の育成、女性が活躍できる社会づくり、医学の発展といった面からも、今回選ばれた３名は現代社会を象徴する分野をそれぞれ代表する人物ばかりということになります。

硬貨の製造枚数は減少

財務省は、2023年度の硬貨製造枚数が過去最少の５億8600万枚になるとの計画を発表しました。キャッシュレス決済の普及や銀行の硬貨取り扱い減少などを背景に硬貨の流通は減っており、製造枚数の減少が続いている状況です。

現金をほとんど使わなくてすむ社会のことをキャッシュレス社会とよびます。現在、現金を使わない決済方法はクレジットカードや(→P.158)電子マネーのほかに、インターネット上で取り引きがおこなわれる暗号資産（仮想通貨）とよばれているものもあります。キャッシュレス決済が普及すれば、現金を持ち歩く人が減り、硬貨を目にしなくなる日も、そう遠くはないかもしれません。

13

外観が姿をあらわした北陸新幹線敦賀駅（奥。手前は在来線）

交通の発達に目を向けよう

▶確認問題は88ページ

整備が進む交通網

ニュースの
ポイント

●2024年3月、北陸新幹線が福井県の敦賀まで延伸される。
●リニア中央新幹線は2027年開業予定だったが、むずかしい状況となっている。
●栃木県で、国内の路面電車としては75年ぶりに芳賀・宇都宮LRTが開業した。

新幹線の路線図

-------- 建設中の路線
-------- 計画中の路線

北海道新幹線
東北新幹線
秋田新幹線
山形新幹線
上越新幹線
北陸新幹線
西九州新幹線
山陽新幹線
九州新幹線

札幌
新函館北斗
八戸
新青森
秋田
盛岡
新庄
仙台
山形
福島
新潟
長野
高崎
大宮
金沢 富山
敦賀 東京
名古屋 静岡
京都
岡山
広島
小倉
博多
新大阪
新鳥栖
武雄温泉
長崎
新八代
鹿児島中央

東海道新幹線
リニア中央新幹線

（2023年10月現在）

北陸新幹線が敦賀まで延伸の予定

2024年3月に、北陸新幹線が福井県の敦賀まで延伸される予定です。北陸新幹線は、1997年に高崎から長野まで、2015年に長野から金沢まで開業しました。そして2024年に金沢から敦賀までの開業が予定されており、2046年に大阪までの全線開通を目指しています。

北陸新幹線が敦賀まで延伸されることで、東京から福井は乗り換えなしで結ばれ、乗車時間は3時間を切ります。そのため、延伸後の首都圏から福井県への年間来訪者は、現在の2倍の約71万人と推計されており、首都圏

の主要駅に観光地のポスターを掲示するなど、観光誘致のPRに力が入れられています。一方で、大阪や名古屋から北陸地方へ向かう特急は敦賀止まり、新幹線乗り換えとなり、北陸地方と結びつきが強い関西、中京圏との行き来が、今までよりも不便になります。そのため関西ばなれを懸念する声も上がっています。

今後の新幹線の展望

1964年に東京・新大阪間で東海道新幹線が開通して以来、新幹線の路線網は着実に広がってきました。2022年には西九州新幹線の武雄温泉・長崎間が開業、2024年に北陸新幹線が延伸、そして2027年にリニア中央新幹線の品川・名古屋間、2031年に北海道新幹線の新函館北斗・札幌間が、開業を予定しています。

しかし、リニア中央新幹線は2027年の開業がむずかしい状況となっています。JR東海は、2027年にリニア中央新幹線の品川・名古屋間を開業することを目指していました。ところが、静岡県内の南アルプストンネルとよばれるトンネルをつくるための工事が引き起こす、大井川の流量減少をはじめとする環境問題をめぐり、静岡県は着工を認めませんでした。JR東海と静岡県の協議は難航しており、2023年3月、JR東海は初めて、リニア中央新幹線の開業がおくれることを認めました。

人も物も運ぶ新幹線

新型コロナウイルス感染症の感染拡大によって利用客が激減すると、新幹線にとって貨物輸送を増やすことが重要な課題となりました。そこで2020年、新幹線を活用した本格的な物流がスタートしました。首都圏から地方

へ、地方から首都圏へ、鮮魚類やお弁当、和菓子など賞味期限が短い商品を輸送するものです。早く運べるという高速性や、時間どおりに運べるという定時性のある新幹線をいかして、その日に商品が運ばれ、店頭に並ぶことは、新鮮さが大切な商品にとっては大きな魅力です。利用客がもどりつつある今も、新たな物流手段としての新幹線に期待が寄せられています。

芳賀・宇都宮LRTが開業

2023年8月、栃木県で芳賀・宇都宮LRTが開業しました。LRT（次世代型路面電車システム）とは、「Light Rail Transit（ライト・レール・トランジット）」の略称で、各種交通との連携や低床式車両の活用、軌道や停留場の改良による乗降の容易性などの特徴がある、新しい交通システムのことです。国内の路面電車としては75年ぶりの開業で、路面電車がなかった都市でのLRTの新設・開業は国内初となります。

日本の各自治体では、少子高齢化に人口減少が加わるきびしい状況（→P.165 少子化・P.160 高齢社会）が続いています。そのため、車が運転できなくても地域内を移動できる公共交通ネットワークが必要となります。そこで宇都宮市と芳賀町では、LRTとバスや地域内交通を連携させ、公共交通での地域内の移動をスムーズにして、ネットワーク型コンパクトシティ（→P.162）の形成を目指しました。人が移動しやすく、移動時間の効率向上と外出機会の増加により、経済の停滞を防ぎ、地域の活気を維持するねらいがあります。今回のこうした取り組みに注目している自治体も多く、今後の日本の交通や街づくりのあり方にも影響をあたえそうです。

14

「LGBT理解増進法」の可決・成立を受けて記者会見する当事者団体

▶確認問題は89ページ

日本国内のできごとに目を向けよう

LGBT理解増進法が成立

ニュースの
ポイント

● 性的少数者の人々をめぐる偏見や差別、法的制度の不備などの問題が起きている。
● 性的少数者の人々への理解を広めることを目的に「LGBT理解増進法」が制定された。
● 世界では法的に同性婚を認める国もあるが、日本では認められていない。

「LGBT」ということばの認知度

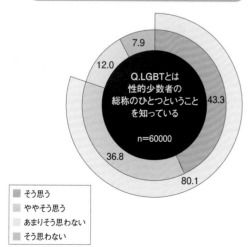

Q.LGBTとは性的少数者の総称のひとつということを知っている

n=60000

7.9
12.0
43.3
36.8
80.1

- ■ そう思う
- ■ ややそう思う
- ■ あまりそう思わない
- ■ そう思わない

（2020年、電通「LGBTQ＋調査2020」より）

協議が難航した末の法案成立

　2023年6月16日、性的少数者（性的マイノリティー）の人々への理解を広めることを目的とした、「LGBT理解増進法（性的指向およびジェンダーアイデンティティの多様性に関する国民の理解の増進に関する法律）」が参議院で可決・成立しました。本来、与野党7党の超党派の議員連盟により、2021年の東京オリンピック・パラリンピック開催前の成立が目指されました。しかし、「社会混乱を招く」といった慎重論が与党内に根強く、法案はまとまらず、今年のG7広島サミット開催を契

機に、度重なる協議の末、与党と国民民主党・日本維新の会の４党の案をもとに法案が提出され、今回の成立にいたりました。

LGBTとは―理解増進法が制定された背景

性的指向（どういった対象を好きになるか）や、性自認（ジェンダーアイデンティティ：自分の性別をどうとらえているか）といった性のあり方は、とても多様です。「LGBT」（あるいは「LGBTQ」、「LGBTQ+」など）とは、こうした性のあり方が少数派の人々を表す総称です。日本ではおよそ11人に１人が性的少数者であるという調査結果もあります。

日本社会には、“男女はこうあるべきだ”といった昔ながらの規範や、性的少数者の人々への偏見や差別、さらには戸籍や婚姻の制度、社会保障や公的サービスを受けるための基準は身体的な男女の性別が前提となっていることなどから、性的少数者の人々が日常生活の中で生きづらさを抱えやすい現状のあることがこれまで伝えられてきました。

「LGBT理解増進法」は、国民の理解を深めながら、性のあり方の多様性に寛容な社会の実現を目的としています。そのために、この法律では国・地方公共団体・事業主・学校が果たすべき役割について定めるとともに、国には、LGBT理解増進のための基本計画を定め、年１回その実施状況を公表することと、３年に１回を目安に計画を検討・変更することを求めています。

LGBT理解増進法　第3条

（この法律を通して行われる施策は）……全ての国民が、その性的指向又はジェンダーアイデンティティにかかわらず、等しく基本的人権を享有するかけがえのない個人として尊重されるものであるとの理念にのっとり……不当な差別はあってはならないものであるとの認識の下に、……行われなければならない。

世界の取り組みと日本の課題

世界各国においても性的少数者の人々の“生きづらさ”をめぐる問題が起きています。

国によっては、性のあり方を理由とする差別を明確に禁じる法律を定め、いわゆる同性婚を法的に認める、という取り組みも見られますが、まだ多くはありません。

一方、日本はどうでしょうか。今回制定された法律は、性のあり方を理由とする不当な差別はあってはならない、という理念を述べるにとどまり、差別そのものを禁止する法律ではありません。同性婚に関しても、2015年の渋谷区と世田谷区を皮切りに、現在までに300を超える地方公共団体で「パートナーシップ制度（同性どうしのカップルを婚姻と同じ関係にあると認め、証明書を発行する制度）」を条例で定めていますが、同性婚そのものは民法や戸籍法といった法律においては認められていません。日本国憲法では基本的人権における「法の下の平等」や「幸福追求の権利」を定めています。性的少数者の人々が不安や生きづらさを抱えている現状においては、こうした理念が実現していないことになり、性的少数者の人々の権利を保護し、差別をなくすことを定めた法律の制定を求める声も上がっています。

同性婚を認めている国・地域

デンマーク（1989年に登録パートナーシップ法、2012年に同性婚を法制化）、オランダ（2001年）、カナダ（2005年）、フランス（2013年）、イギリス（2014年）、アメリカ（2015年、連邦最高裁が全ての州で同性婚の権利を認める判断）、イタリア（2016年、同性カップルに結婚に準じた権利を認める法律が成立）、ドイツ（2017年）、台湾（2019年）、など

15

石炭火力発電所の閉鎖が、地元の雇用や経済に大きな打撃に（南アフリカ共和国）

▶確認問題は90ページ

環境・エネルギー問題に目を向けよう

脱炭素社会に向けて

ニュースのポイント

●2023年5月にGX（グリーントランスフォーメーション）推進法が成立した。
●パリ協定に基づく脱炭素化の動きは進んでいるが、目標の実現には遠い。
●石炭火力発電や自動車などの脱炭素化は、世界の足なみがそろっていない。

カーボンプライシングのイメージ

炭素税 = 二酸化炭素排出量に応じて税金を徴収

二酸化炭素排出量

少 → 少　多 → 多

炭素税

排出量取引

排出量取引 = 排出に上限を設定
超えたら「排出権」を買って埋め合わせる

排出権として売りわたす

A社の実際の排出量　上限を超えた分　上限

あまった分　上限
B社の実際の排出量

A社（目標を達成できなかった企業）　B社（目標を達成した企業）

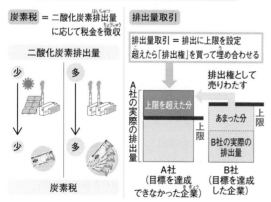

（毎日新聞2021年9月28日の記事をもとに作成）

GX推進法が成立

　脱炭素社会と経済成長の両立を目指し、2023年2月に「GX（グリーントランスフォーメーション）（→P.159）実現に向けた基本方針」が閣議決定され、5月にはGX推進法が成立しました。この法律では、**二酸化炭素の排出量に値段をつける「カーボンプライシング（炭素課金）」が導入**され、企業などに排出量に応じて負担を求めることができるようになります。また、2023年度から**新たな国債として「GX経済移行債（GX債）」**が10年間発行され、脱炭素に向けた投資が進められます。

脱炭素社会へ向けた世界の目標

　1992年にブラジルのリオデジャネイロで開催された国連環境開発会議（地球サミット）（→P.161）において、気候変動枠組み条約が採択され、1994年に発効しました。この条約を結んだ国々による会議はCOP（締約国会議）とよばれ、1997年の第3回で京都議定書、2015年の第21回ではパリ協定（→P.158）が採択されました。パリ協定（→P.174）では、「世界的な平均気温上昇を産業革命以前に比べて2℃より十分低く保つとともに、1.5℃に抑える」という目標がかかげられ、2018年のIPCC（気候変動に関する政府間パネル）（→P.158）の報告書では、この目標の達成のためには2050年までに二酸化炭素排出量を実質ゼロにする必要があるとされました。そのため多くの国や地域が2050年のカーボンニュートラル（→P.156）へ向けて舵を切り、日本でも、菅義偉首相（当時）が2020年の所信表明演説において、「2050年までに、温室効果ガスの排出を全体としてゼロにする」（→P.155）と表明して、これまでの目標を大きく前倒しにする宣言をしました。

　しかし、IPCCの2023年3月の報告書では、パリ協定の目標を達成するためには、温室効果ガスの排出量を2019年に比べて2030年には43％程度、2035年には60％程度、削減する必要があり、世界の脱炭素への道のりはまだ長そうです。

脱炭素化へ向けた世界の動き

　2021年のCOP26では、石炭火力発電を段階的に削減していくことが合意されました。しかし、石炭は資源が豊富で安いことから、主要なエネルギー源としている国が多くあります。またヨーロッパでは、ロシアからの天然ガスの供給が減ったことで、石炭火力発電を一時的に拡大する動きがあります。

　日本では、岸田内閣の打ち出したGX実現に向けた基本方針において、電源構成における火力発電の割合を2030年度までに41％まで引き下げるとともに、エネルギーの安定供給を実現するため、**最長60年とされている原子力発電所の運転期間の実質的な延長や、廃炉が決まった原子力発電所の敷地内での次世代型の原子炉の建設など、東日本大震災での原発事故後の方向性を転換させました。**

　自動車では、燃費の悪い自動車や、ガソリンを使用する自動車の販売規制、そして電気自動車などへの転換が世界的に進んでいます。日本でも環境にやさしい多種多様なエコカー（→P.154）の開発と導入が進められています。一方でEUは、2035年以降にガソリンなどによるエンジン車の新車販売を禁止する方針を示してきましたが、ドイツで雇用が失われる懸念の声が大きく、水素と二酸化炭素を原料としたe-fuelという合成燃料を使用する新車の販売を認める方針に転換しました。

　このように**脱炭素化への世界の足なみは、そろっていないのが現状です。**

カーボンニュートラルのイメージ

	2018年 12.4億トン	2050年 実質0トン
排出 その他 / エネルギー起源の二酸化炭素（非電力・電力）	1.8億トン / 国民生活 1.1億トン / 産業 3.0億トン / 運輸 2.0億トン / 電力 4.5億トン	削減 / 排出 / 吸収
吸収	炭素吸収	

国民生活 1.1億トン
排出量と吸収量の差し引きゼロ
全体としてゼロ

（資源エネルギー庁の資料をもとに作成）

16

福島第一原子力発電所の敷地内に並ぶタンク

原発と生活の関連について考えよう

▶確認問題は91ページ

福島原発処理水、海洋放出へ

ニュースのポイント

●2023年8月24日、原子力発電所の処理水の海洋放出が実施された。
●処理水放出による、漁業関係者への風評被害が心配されている。
●処理水の処分の完了まで、政府は責任をもつとしている。

処理水の海洋放出のイメージ

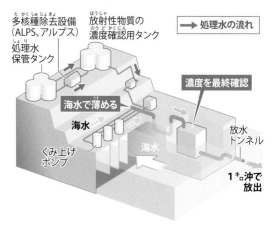

多核種除去設備（ALPS、アルプス）
処理水保管タンク

放射性物質の濃度確認用タンク

→ 処理水の流れ

濃度を最終確認

海水で薄める

海水

海水

くみ上げポンプ

放水トンネル

1㌔沖で放出

（毎日新聞デジタル 2023年8月22日より）

原子力発電所の処理水放出

　福島県の太平洋側にある東京電力福島第一原子力発電所（以下、福島第一原発）は現在、事故による廃炉作業を進めています。その廃炉作業の中で、発電所内では日々汚染水が発生しています。その汚染水を浄化処理したものを処理水といい、敷地内のタンクに保管しています。しかし、しだいに保管する場所を確保することが困難になったため、2023年8月24日より、海水で十分にうすめてから海底放水トンネルを通して、沖合約1㎞のところから放出することになりました。

処理水放出にいたる背景

処理水を放出する理由のひとつに、処理水がいつまでもたまり続けることがあります。その原因は東日本大震災にさかのぼります。

2011年3月11日に発生した東北地方太平洋沖地震による巨大な津波の影響で、福島第一原発は冷却装置を動かすことができなくなり、爆発事故を起こしました。

原子炉の燃料は運転を停止した後も「崩壊熱」を発し続けます。これを冷却できなくなると、やがて炉心が溶け出して水素爆発などの大きな事故につながる可能性があります。福島第一原発でも水素爆発が起き、原子炉内の燃料が構造物とともに溶け落ちました。それが冷えて固まったものを燃料デブリといいます。燃料デブリもまた「崩壊熱」を発するので、現在も水を注入し冷やし続けています。原子炉内の水や、建物の外から入りこんだ地下水や雨水は、この燃料デブリにふれることで「汚染水」となります。これら汚染水は、さまざまな放射性物質をふくむため、アルプスとよばれる除去設備で放射性物質の濃度を低くする浄化処理をおこないます。この浄化された水が「処理水」です。

処理水をめぐる国内外の状況

2021年4月、政府は2年後をめどに処理水を海洋放出することを決め、放出に向けた準備を進めてきました。処理水は海水で十分に濃度をうすめてから放出をおこないます。その基準は国際法や国際慣行に基づいたものですが、放出そのものに対する風評被害もあることから、地元で働く漁業者の中には強く反発する人もおり、政府はさまざまな風評被害

対策をおこなってきました。

そうした中、2023年7月にはIAEA（国際原子力機関）（→P.160）が、処理水の海洋放出は「国際安全基準に合致」し、「人及び環境に対する放射線影響は無視できるほどである」といった結論が盛りこまれた報告書を公表しました。また、EU（ヨーロッパ連合）（→P.183）は、事故後から実施していた、日本から輸入される食品や飼料などに対するすべての規制措置を撤廃すると公表しました。

国・地域別の賛否

オーストラリア	○	「日本の放出過程を信頼」
フィジー	○	「IAEAが環境悪化の懸念を払拭」
アメリカ	○	「日本の計画は安全」
太平洋諸島フォーラム	△	「国際社会には多様な見方がある」
フィリピン	○	「IAEAの技術的知見を認める」
EU	―	7月に日本産食品の輸入規制全廃発表
中国	×	8月24日から水産物全面禁輸
香港	×	8月24日から10都県産の水産物を禁輸
台湾	○	「国際安全基準に適合」
韓国	△	計画どおりの放出には理解。野党は反対
北朝鮮	×	生存をおびやかす反倫理的な行為

（朝日新聞 2023年8月25日朝刊より）

とはいえ、2015年における地元の漁業者との交渉の際の「関係者の理解なしにいかなる処分もおこなわない」とする約束が「破られてはいない、しかし、果たされてもいない。」（全国漁業協同組合連合会より）とされ、十分な理解を得られたとはいえない状態での政府の判断に、風評被害を懸念する声は収まりませんでした。政府は「処理水の処分にともなう風評影響や生業継続に対する不安に対処すべく、たとえ今後数十年の長期にわたろうとも処理水の処分が完了するまで、政府として責任をもって取り組んでいく」としています。放出期間は30年におよぶとみられ、今後どのように効果的な対策が講じられていくのかが注目されます。

17

強い日差しの中、日傘を差して歩く人たち（2023年7月18日東京都渋谷区）

地球の環境問題とその影響について考えよう

▶確認問題は92ページ

気候変動をめぐる世界の動き

ニュースのポイント

●世界の7月の月平均気温は、1880年以降で最も高くなった。

●世界各地で多発している熱波や風水害は、地球温暖化が大きな原因である。

●地球温暖化の影響は、全世界の人類の生活をおびやかしている。

世界の年平均気温の移り変わり

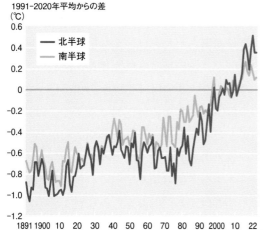

1991-2020年平均からの差
（℃）

- 北半球
- 南半球

（気象庁の資料による）

6〜8月の世界平均気温が観測史上最高

　WMO（世界気象機関）とEUの気象情報機関「コペルニクス気候変動サービス」は世界の平均気温について、2023年6〜8月は平年を0.66℃上回る16.77℃と観測史上最高となり、7月は16.95℃と観測史上最高、8月も7月に次ぐ史上2番目だったと発表しました。国際連合のグテーレス事務総長は7月に「地球温暖化の時代は終わり、"地球沸騰化"の時代が到来した」と強い危機感をあらわしており、今回の発表を受けた後にも改めて脱化石燃料を強調しました。（→P.157）

世界で起こった異常気象

ギリシャでは2023年7月に気温が40℃を超え、世界遺産であり観光名所でもある、パルテノン神殿のある地域が一時封鎖されました。ヨーロッパは比較的夏でも過ごしやすい地域で、エアコンが普及していません。しかし、地中海に近い南ヨーロッパを中心に猛烈な熱波が襲い、熱中症の被害が多く出ました。

アメリカの西部から南部にかけては、高気圧が暖かい空気にふたをするように停滞するヒートドーム現象が発生し、19日連続で43℃超となる地域もありました。熱中症だけでなく、高温になった地面などにふれて重度のやけどを負った人も多くいます。

アジアでも、4月から東南アジアなどで40℃超が記録されており、中国の北京では6月に3日連続で40℃を超えました。また、韓国では7月中旬に豪雨による土砂災害が発生するなど、大雨による被害も発生しています。

なぜ異常気象が増えているのか

このような異常気象の原因には、エルニーニョ現象などの影響もありますが、**根底として、年々進行する地球温暖化があります。**（→P.155）

地球の気温や気象は長期的なパターンで変化しており、これを気候変動といいます。その原因には自然現象によるものもありますが、人間活動、とくに温室効果ガスの排出が大きく関係しています。さらに森林破壊や砂漠化（→P.155）などが進行することで、二酸化炭素の吸収量も減少しています。**世界的に脱炭素化の取り組みが進められてはいますが、地球温暖化に歯止めはかかっていません。**

地球温暖化の影響

地球温暖化が進行して猛暑や熱波が増加すると、しだいに屋外で活動すること自体がむずかしくなっていきます。**現時点でも、世界各国でエネルギー資源や医療のひっ迫が問題となっており、地球温暖化のもたらす影響が現実のものとなっています。**

また、日照りが続いて乾燥すれば山火事が発生・拡大しやすくなり、今夏もヨーロッパや北アメリカで山火事や森林火災が相次いで発生しています。

水資源が乏しい地域では、水不足や干ばつが悪化するおそれがあります。乾燥地が拡大すると、大量の砂が砂嵐となって農地を襲い、農業が困難な土地が広がります。

気温が上昇すると、海などから蒸発する水分が多くなるため、激しい雨も増えます。ハリケーンやサイクロン、日本では台風の勢力が大きくなり、被害も拡大しています。

海水温が上昇することも、さまざまな影響をもたらします。水は温度が上がると体積が大きくなり、また南極の氷などが溶けることで海水面が上昇します。標高の低い沿岸地域や島では水没の可能性があり、南太平洋の島国ツバルなどでは、海面上昇によって水没するおそれがあると懸念されています。

生態系の変化も考えられます。変化に対応できない生物種が絶滅する一方で、害虫の生息範囲がこれまでよりも拡大することもあります。また、暖かい地域でのみ見られた感染症がその範囲を広げるおそれもあります。**結果として、農畜産物の生育に影響したり、私たち人間の健康にも影響したりするでしょう。**

18

政府は労働時間に上限を設け、生産性を向上させたいが…

▶確認問題は93ページ

日本国内のできごとに目を向けよう

どうなる？働き方改革

ニュースのポイント

● 働き方改革関連法の施行が進むことによる労働環境の改善が望まれている。

● 物流業界においては、今後ドライバー不足がさらに深刻になると予想されている。

● 人口減少社会において、労働力の確保と生産性の向上が課題となっている。

労働に関する主な法律

西暦	成立や改正
1945年	労働組合法　成立 ※1949年に全面改正
1946年	労働関係調整法　成立
1947年	労働基準法　成立
1985年	男女雇用機会均等法　成立 ※2020年までに4回改正
1991年	育児休業法　成立 ※2023年までに9回改正、1995年からは育児・介護休業法
2018年	働き方改革関連法　成立 ※2023年に時間外割増賃金率の引き上げ

「働き方改革関連法」順次施行

　2023年4月より、労働基準法が改正され、中小企業における月60時間を超える残業に対する割増賃金の割合が25%から50%に引き上げられ、すべての企業に適用されています。また、2024年4月からはトラックなどの自動車運転業務従事者や医師などを対象として、時間外・休日労働時間の上限規制が適用されます。この改正は「働き方改革」の一環です。

　今後日本国内で予想される生産年齢人口減少への対応や労働環境の整備、生産性の効率化などの実施に向け、課題は山積みです。

「働き方改革」が実施された背景

日本国憲法第27条では、「すべて国民は、勤労の権利を有し、義務を負う。」と定められています。戦後の日本では労働者の権利を守るために、1945年には労働組合法、1947年には労働基準法が制定されました。1960年代の高度経済成長期や1980年代後半のバブル経済の時期（→P.173）には景気もよく、働けばその分だけの収入を得ることが期待できました。しかし、バブル崩壊後、日本の経済は長期的に低迷しており、長時間働いたとしても、十分な収入が得られるとは限らなくなりました。また、企業としても会社を存続させるために、人件費をおさえるなどしてコストを削減し、利益を確保する必要にせまられるようになりました。そのような状況で、**賃金に見合わない長時間労働、過労やストレスが原因となり命を落としてしまう過労死**といった問題が次々と明らかになってきました。

2018年に安倍晋三政権下で働き方改革関連法が成立、2019年より順次施行されています。「働き方改革」は、限られた時間で高い成果を出し、生産性を向上させるとともに、**就業機会の拡大や、意欲・能力を十分に発揮できる環境づくりの実現**を目的としています。

労働三法と労働三権

労働三法	労働法の根幹を成すもの「労働基準法」「労働組合法」「労働関係調整法」
労働三権	労働者の基本的な権利のこと「団結権」「団体交渉権」「団体行動権」

2024年問題とは

2024年4月から全面的に実施される時間外労働の上限設定の目的は、労働者の健康や生命を守るためのものです。しかし、トラックなどの運転手（ドライバー）の収入は多くの場合、運送距離や配達個数に比例します。法律の施行によって時間外労働が制限され、労働時間が減る分、給料も下がる可能性があるため、重労働でなり手の少ない**ドライバー不足がさらに深刻化する**といわれています。2020年以降、コロナ禍もあり個人宅への宅配便取扱個数は増加の傾向にあり、慢性的に人手が不足している状況でさらにドライバーが減少するとなれば、日本の物流業界は立ち行かなくなるのではと懸念されています。

国内における課題

労働力不足を訴える企業がサービス業などで増えています。少ない人数で仕事をこなすことによる長時間労働、成果主義による行き過ぎた競争や賃金格差、十分な休息をとることができずに起こる過労死、正当な賃金が支払われないなどの課題があり、また、そうした**劣悪な労働環境を強要する「ブラック企業」や、仕事をしても十分な収入が得られない状態であるワーキングプアの増加**などの課題もあります。

対策として、外国人労働者の受け入れや女性の労働環境の改善、テレワークや高齢者の活用（→P.170）などが考えられます。人工知能の登場や進化（→P.154 AI）も、今後の労働環境に影響をおよぼすかもしれません。生産性の向上を目指し、多くの人が生きがいを持って健康に働くことができる社会の実現が望まれています。

19

今年5月、サミットが開催された広島にて、記念写真に納まる日米韓の首脳

日本と世界の関係に目を向けよう

▶確認問題は94ページ

日本をとりまく東アジア情勢

ニュースのポイント

●1978年の日中平和友好条約締結から2023年で45年となった。
●昨年就任した韓国の尹錫悦大統領は日韓関係の改善に前向きに取り組んでいる。
●北朝鮮の拉致問題、中国・韓国との領土の対立はまだ解決していない。

東アジアの国や地域の基本データ

	農林水産業就業人口（千人）(2021年)	対総就業人口比（%）(2021年)	防衛費のGDPにしめる割合(%)(2022年)	面積（千km²）(2021年)	人口（千人）(2022年)
日本	2,104	3.2	1.12	378	124,947
大韓民国	1,484	5.3	2.48	100	51,816
朝鮮民主主義人民共和国	6,600	43.5	—	121	26,069
中華人民共和国	183,533	24.4	1.20	9,600	1,425,887
台湾	576	4.8	1.95	36	23,893

（『世界国勢図会2023/24』より）

日中・日台関係

　2023年2月、上野動物園で生まれたジャイアントパンダ、シャンシャンが中国に返還されました。上野動物園のパンダは**1972年、日中共同声明によって国交が正常化された記念**に友好の証として日本に贈られました。1972年に初めて日本にやってきたパンダは、ランランとカンカンでした。その後、**1978年には日中平和友好条約が締結され、今年で45年に**なりました。2023年9月現在、日本では、9頭のパンダが飼育されています。

　日本と中国は地理的にも近いことから歴史

的にも関係の深い国です。そのためおたがいの政治・経済にも影響をおよぼし合ってきました。

現在、日本にとって**中国は輸出額・輸入額ともに第1位の、最大の貿易相手国**です。しかし、福島第一原子力発電所の処理水の海洋放出が開始された影響で、中国が日本の水産物の輸入を全面的に停止しており、日本の輸出額については今後減少するのではないかと考えられています。
(→P.176 福島第一原子力発電所事故)

また、**中国とは尖閣諸島の領有について意見の対立があります。**中国は、尖閣諸島周辺の日本の領海内を航行するなどの行為をしており、緊張が高まっています。

一方で、新型コロナウイルス感染症拡大防止のために規制されていた中国人旅行客の日本への団体旅行が、8月に解禁されました。今後はインバウンドによる国内消費の増加が予想されています。
(→P.153)

台湾では、親日派で知られる**蔡英文総統の任期が残り1年**となっています。貿易においても、台湾は日本にとって重要です。今後、政権がだれに引きつがれ、どのような日台関係になっていくのかに注目が集まっています。

日韓・日朝関係

韓国の尹錫悦大統領は2022年5月の就任後、日韓関係の改善を積極的に推し進めています。外交で成果を出す一方で、歴史認識において日本の主張に理解を示していることなどから、韓国国内での支持率はあまり高くありません。
(→P.185 歴史認識問題)

2023年3月、5年ぶりに韓国大統領が訪日し、5月には岸田文雄首相が訪韓して首脳会談をおこないました。このように首脳どうしがたがいの国を行き来することはシャトル外交とよばれ、日韓関係を改善させようという動きがみられます。G7広島サミットには、岸田首相の招待によって尹大統領が参加しました。
(→P.165 主要国首脳会議)

韓国は北朝鮮との休戦から70年をむかえましたが、現在も国交正常化にはいたっていません。北朝鮮の核・ミサイルの脅威に対抗するためにも、日韓関係の改善とともに、同盟国であるアメリカもふくめた日米韓での安全保障が今後の外交の焦点となっています。

一方で、**日本と韓国は竹島の領有について意見の対立があります。**これまでにも竹島周辺海域では韓国軍が軍事演習をおこなうなどの行為がみられ、対立が深まっています。

さらに、日本と北朝鮮の間には、拉致問題があります。北朝鮮は、拉致問題はすでに解決したとしており、日本との認識のちがいが問題になっています。さらに今年に入り、日本海などに向けて相次いでミサイルを発射していますが交渉の機会はなく、金正恩政権との関係は悪化の一途をたどっています。
(→P.184)

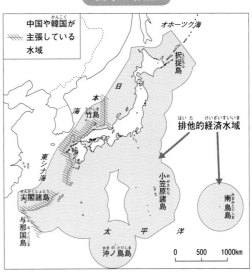

日本の領土

中国や韓国が主張している水域

オホーツク海
択捉島
日本海
竹島
排他的経済水域
東シナ海
小笠原諸島
尖閣諸島
南鳥島
与那国島
沖ノ鳥島
太平洋

0 500 1000km

輸出額で日本酒を追い抜いた「ジャパニーズウイスキー」

▶確認問題は95ページ

日本の食料事情に目を向けよう

国産農林水産物・食品の世界進出

ニュースのポイント

- ●日本の農林水産物・食品の輸出額が1兆4140億円に達した。
- ●攻めの農林水産業に向けての着実な歩みが進められてきた。
- ●一方で、日本の食料自給率が低いことがいろいろな問題点をはらんでいる。

農林水産物・食品輸出額の推移

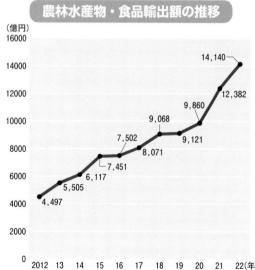

（億円）

年	金額
2012	4,497
13	5,505
14	6,117
15	7,502
16	7,451
17	8,071
18	9,068
19	9,121
20	9,860
21	12,382
22（年）	14,140

（農林水産省の資料より作成）

輸出額2年連続で1兆円を突破

　2022年の農林水産物・食品の輸出額（少額貨物輸出額をふくむ）は、1兆4140億円に達し、過去最高を記録しました。輸出相手国・地域では、中国・香港・台湾で47.5％と全体の半分近くをしめ、アメリカへの輸出も前年より増えています。**品目別では、アルコール飲料、畜産物、ホタテ貝の順に多く輸出されました。**アルコール飲料は中国やアメリカで日本産ウイスキーが人気だったこと、ホタテ貝は主要な産地のサロマ湖がある北海道での生産が順調であったことが輸出を牽引しました。

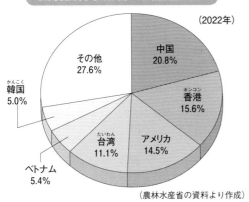

国別農林水産物・食品輸出額

（2022年）

中国 20.8%
香港 15.6%
アメリカ 14.5%
台湾 11.1%
ベトナム 5.4%
韓国 5.0%
その他 27.6%

（農林水産省の資料より作成）

輸出が増えた背景とは？

　今から10年前、安倍晋三元首相のもとでまとめられた「攻めの農林水産業」に向けての成長戦略、その一環で、2020年までに農林水産物・食品の輸出額を1兆円へ拡大するという目標が継続して推進されてきました。

　最大の輸出相手国である中国では、コロナ禍でネットスーパーなど食品のインターネット通販が拡大し、新型コロナウイルス感染症対策で行動が制限される中でも食品の小売りが順調でした。またその他のアジア諸国やアメリカでは、行動制限が解除されて外食産業が順調に回復してきました。加えて円安によって日本産食品の価格競争力が上がったことも、輸出に追い風となりました。

品目別農林水産物・食品輸出額

（2022年）

	品目	金額（百万円）
1	アルコール飲料 （ウイスキー／日本酒）	139,203 （56,060／47,489）
2	畜産物 （牛肉）	96,816 （52,019）
3	ホタテ貝	91,052
4	青果物	46,692
5	ぶり	36,256

（農林水産省の資料より作成）

輸入に頼る日本の食料事情

　このように輸出額を増やしてきた日本の農林水産物・食品ですが、**食料全体でみると、現在の食料自給率はカロリーベースで38%と、相変わらず低い状況にあります。**政府は食料安全保障のために、①**国内の農業生産を増やす、**②**輸入相手国との良好な関係をつくる、**③**米や小麦、飼料穀物などを備蓄する、**といったことを通して、2030年度までに食料自給率をカロリーベースで45%、生産額ベースで75%に高める目標をかかげています。

輸出が増えるとどんなよい影響が？

　今後、**世界規模での人口増加などにともない、世界の食料需要は大きく拡大することが見こまれています。**このため、輸出拡大により新たな海外市場を開拓することは、日本国内の農林水産業や食品産業のさらなる活性化にもつながることが期待できます。また、日本の食材の魅力を求めて、さらに多くのインバウンドの増加も見こまれます。（→P.153）しかし、海外の消費者のニーズはさまざまです。**そこで重要となるのが、「マーケットイン」という考え方です。**これは、海外の市場で求められる「日本ならでは」の産品を専門的、継続的に生産、販売することで、そのために、牛肉・ぶり・米・ぶどう・いちご・日本酒など28の「**輸出重点品目**」が設定されました。2030年までに輸出総額5兆円という目標に向けて、今後も政府が主導していきます。

　一方、福島第一原子力発電所からの処理水（→P.176 福島第一原子力発電所事故）の放出を受け**中国政府は8月24日、日本産の水産物を全面輸入停止しました。**この事態に、新しい市場を探る動きが求められています。

京都市上京区に整備された文化庁の新庁舎で開かれた除幕式のようす

Agency for Cultural Affairs moving to Kyoto
文化庁 京都へ

文化庁京都移転のロゴマーク

ニュースのポイント

● 3月に文化庁が京都に移転した。
● 中央省庁としては初の全面的な地方移転。
● 東京一極集中の是正と地方創生がねらい。

▶ 確認問題は96ページ

日本の政治に目を向けよう

文化庁が京都に移転

3月に文化庁が移転

2023年3月27日、文化庁が東京から京都に移転しました。**中央省庁が全面的に地方移転するのは初めてのこと**です。長官をはじめ、総務を担う政策課、文化財の保存や活用をおこなう文化資源活用課、美術品や建造物の国宝指定を担う文化財第一・二課、宗教法人に関する業務をおこなう宗務課が京都に移りました。東京には他省庁とのやりとりが多い課が残り、全職員のおよそ3分の2の職員が京都で業務にあたることになります。

移転先はなぜ京都に決まったの？

文化庁は、日本の文化や芸術を世界に発信し、次の世代へと伝えていく仕事をおこなう文部科学省の外局です。移転先として京都が選ばれた背景には、794年に遷都されてから1000年以上もの間、日本の都だったことがあります。歴史と文化が結びついた都市であり、文化財を活用した観光を強化できることなどが、文化庁の目的に適していると考えられたのです。京都での移転先となったのは、旧京

都府警察本部本館があった場所で、1927年に建てられた建物が改修・整備されました。

中央省庁が地方に移転するねらいは？

文化庁の機能を、京都に移した理由には、**東京への一極集中を是正し、地方創生を推し進めること**があります。京都移転がうまくいけば、続いてほかの省庁の移転計画も立てられる可能性があり、地方の活性化にもつながります。地域ごとの食文化の多様性、生活に身近な文化の保存が大きな課題となっていることからも、こうした地方創生への動きはこれまで以上に重要になってくるでしょう。

文化庁の京都移転のイメージ

京都（職員390人）		東京（職員590人→200人）
・長官		・次長（東京担当）
・次長（京都担当）※		・企画調整課
・長官戦略室	新設	・文化経済・国際課
・食文化推進本部		・国語課
・文化観光推進本部		・著作権課
		・政策課
移転	←	・文化資源活用課
		・文化財第一課
		・文化財第二課
		・宗務課※

※宗務課と京都担当次長は当面の間、東京に残ります。

ウィシュマ・サンダマリさんの遺影を手に記者団の取材に応じる妹のワヨミさん

ニュースのポイント

●外国人収容・送還の法律が改正された。
●日本の難民審査は外国に比べてきびしい。
●入管法改正は人権保護の点で課題が残る。

▶確認問題は96ページ

日本の人権問題に目を向けよう

改正入管法が成立

2年前に廃案になるも、可決成立

2023年6月9日、入管法の改正案が可決、成立しました。正式には「出入国管理及び難民認定法」（→P.171）といい、外国人が日本に在留するための許可や資格、不法入国した人への罰則、難民認定などのルールを定めています。政府が提出した改正案は、在留資格のない外国人を原則として収容することになっている上、収容期間に上限がないことなどから人権上の問題点が指摘されており、一度は廃案になっていました。**最初に提出された2021年も、再提出された今年も国連人権理事会から見直しを求められていて、立憲民主党や共産党などの野党も廃案を求めていました。**

改正された入管法の課題は？

法改正により、3回目以降の難民認定の申請者は送還（本国に送り返すこと）が可能になりました。日本は難民認定の審査がきびしく、2回目までに認定される保証はありません。2022年は3772人が申請し、認定されたのは202人でした。3回目以上だからといって送還したら、本当に保護が必要な難民が本国で迫害にあい、命を落とすかもしれません。また審査の透明性や公平性にも課題があり、改善が望まれています。

在留資格のない外国人を強制的に収容する入管施設では、スリランカ人女性のウィシュマさんが、体調が悪化して診療を求めたのに深刻に受け止めてもらえず死亡する事件がありました。今回、新しく監理措置制度ができましたが、収容ありきのしくみへの批判の声はまだまだあります。日本を訪れる外国人は日本のルールに従い、在留資格を得て暮らすことが前提です。しかし、**資格の有無にかかわらずすべての人権が尊重される必要があり、それが今後の大きな課題となっています。**

改正のおもな内容

難民申請者の送還	これまで申請中の送還は認められていなかったが、3回目以降の申請には「相当の理由」が必要となる。送還を妨害した者には罰則。
監理措置	収容の代わりに監理人（入管庁※が認める団体や弁護士など）のもとで生活する。収容者も3か月ごとに監理措置へ移行するかどうか見直し。
補完的保護	難民には該当しないものの、紛争などから逃れてきた人を受け入れる。ウクライナ避難民がこれにあたる。

※入管庁…出入国在留管理庁。法務省の外局。

朝、ヘルメットをかぶって自転車で通勤する人

ニュースのポイント

●自転車のヘルメット着用が努力義務化。
●自転車事故の致命傷は頭部が多い。
●電動キックボードが利用しやすくなる。

▶確認問題は97ページ

身近な交通ルールにも目を向けよう

変わる交通ルール

求められる事故を防ぐ意識

道路交通法が改正され、2023年4月より、すべての自転車利用者の**ヘルメットの着用が努力義務化**されました。努力義務なので罰則などはありませんが、警察庁によると、交通事故全体のうち自転車が関係する事故がしめる割合は年々増加しているとのことです。

交通事故全体にしめる「自転車関連事故」の割合

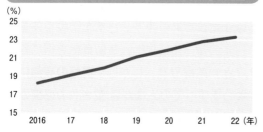

(%)
25
23
21
19
17
15
2016　17　18　19　20　21　22 (年)

自転車事故で致命傷となったおもな部位

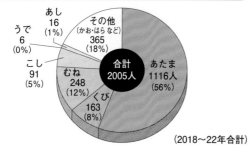

あし 16 (1%)
うで 6 (0%)
こし 91 (5%)
むね 248 (12%)
くび 163 (8%)
あたま 1116人 (56%)
その他 (かお・はらなど) 365 (18%)
合計 2005人

(2018〜22年合計)

(グラフ上下とも「自転車は車のなかま」(警察庁)を加工して作成)

警察庁では、ヘルメットの着用を進めることで、事故による被害を最小限におさえていきたいとしています。

電動キックボードの利用広がる

電動キックボードとは、モーターの動力で走行できるようにしたキックボードのことです。2023年7月より、一定の要件を満たしたものは、特定小型原動機付自転車として新しい交通ルールが適用されるようになり、**運転免許がなくても運転できるようになりました。**ただし、自転車と同じく、ヘルメットは着用が努力義務となっています。

(政府広報オンライン
https://www.gov-online.go.jp/useful/article/202306/2.html より)

24

宇宙飛行士候補者の選抜試験で選ばれた、諏訪さん（左）と米田さん（右）

ニュースのポイント

●2名の宇宙飛行士候補者が新たに選ばれた。
●最近ロケットのトラブルが続いた。
●自衛隊も宇宙へ目を向けている。

▶確認問題は97ページ

宇宙に向けた動きにも目を向けよう

日本の宇宙開発のこれから

2000倍を超える倍率から選抜

　宇宙航空研究開発機構（JAXA）（→P.153）が14年ぶりに宇宙飛行士候補者の選抜試験を実施し、過去最多の4127人の中から、国際機関に勤める諏訪理さんと医師の米田あゆさんの2名が選ばれました。これから訓練を経て宇宙飛行士に認定されれば、日本もかかわっている、アメリカ航空宇宙局（NASA）が進めるアルテミス計画（有人月面探査計画）での活躍が期待されています。

宇宙開発までの課題

　人材への期待がかかる一方で、**最近はロケット開発における失敗が続きました**。2023年3月には主力であるH3ロケットの打ち上げに失敗しました。また、これまでよりも高性能・低コストの小型人工衛星打ち上げ用ロケット・イプシロンでも、2022年10月に打ち上げに失敗しており、2023年7月には燃焼試験中に爆発を起こしました。それでも、9月には日本初の月面着陸を目指す探査機を搭載したH2Aロケット47号機の打ち上げを成功さ

せ、JAXAは「信頼回復に向けて引き続き気を引き締めて取り組む」としています。

航空宇宙自衛隊誕生へ

　2023年2月に防衛省は、**航空自衛隊の名称を「航空宇宙自衛隊」へと改称する**時期を2027年度とする方針を示しました。実現すれば、1954年に自衛隊が発足して以来、陸海空の各自衛隊で初めて名前が変わることになります。

　宇宙でのおもな活動としては、人工衛星をスペースデブリ（宇宙ゴミ）や電波妨害から守るための監視や、他国からの攻撃に対する防衛などがあります。そして、**宇宙での状況把握に関してはJAXAとの連携も強めてい**きます。

2022年に編成された航空自衛隊宇宙作戦群のHP
（https://www.mod.go.jp/asdf/ssa/）

2023年の おもなできごと

●2022年10月～2023年9月のおもなニュース年表●

	日本のできごと	世界のできごと
2022年10月	1日出生時育児休業（産後パパ育休）施行。	
	6日若田光一氏が搭乗する民間宇宙船が打ち上げ。宇宙飛行は日本人最多の5度目。	
	12日JAXAが小型固体燃料ロケット・イプシロン6号機の打ち上げに失敗。	
	14日日本で鉄道が開業して150年。	
	20日東京外国為替市場で円相場が1ドル150円台まで下落。	20日イギリスのトラス首相が就任から45日で辞任を表明。在任期間は国内最短。
		22日イタリア、右派連立政権が発足。極右政党のメローニ党首が初の女性首相に就任。
	24日日本最大のサンゴ礁「石西礁湖」の9割で白化現象、環境省が調査結果を発表。	25日イギリスの新首相に保守党の党首リシ・スナク氏が就任。
	28日兵庫県の野島断層と玄武洞が世界の「地質遺産100選」に選出。	29日韓国の梨泰院で、ハロウィーンの雑踏事故。日本人2名をふくむ159人が死亡。
		31日ロシア、ウクライナ全土にミサイル攻撃。
		31日中国の宇宙ステーション「天宮」が完成。
11月		3日北朝鮮がICBMをふくむ計6発の弾道ミサイルを発射。日本海に落下。
	6日第27回国連気候変動枠組み条約締約国会議（COP27）がエジプトで開催される。	
	8日皆既月食と天王星食が同時に発生。日本では442年ぶりに観測。	
	15日G20サミットがインドネシアのバリ島で開催される。	
	15日国連の推計で、世界の総人口が80億人に。	
	17日映画を短く編集したファスト映画投稿者に賠償を命じる判決。損害賠償は5億円。	16日NASAが国際協力有人月探査計画「アルテミス」の1号機となる新型ロケット・宇宙船「オリオン」の打ち上げに成功。
		18日APEC首脳会議、タイのバンコクで開催。

日本のできごと	世界のできごと
11月	
	30日アメリカの企業OpenAIが人工知能チャットボットであるChatGPTを公開。
30日民俗芸能「風流踊」が無形文化遺産に登録。	30日中国の第5代国家主席、江沢民氏死去。
12月	
1日新型コロナウイルス感染症、国内死者数が累計5万人を超える。	7日中国、全国に広がった抗議活動を受けてゼロコロナ政策を緩和。26日には完全放棄。
7日第15回国連生物多様性条約締約国会議（COP15）、カナダのモントリオールで開催。	
11日日本企業ispace（アイスペース）、月着陸船の打ち上げ。民間初の月面着陸をめざす。	11日アルテミス計画の宇宙船オリオン帰還。
18日世界遺産・厳島神社の大鳥居の改修工事が終了。	12日G7が「気候クラブ」の設立を決定。
23日強い冬型の気圧配置の影響で一部の地域に大雪警報。高知県では観測史上第1位となる14センチの積雪。	21日ウクライナのゼレンスキー大統領が訪米し、バイデン大統領と首脳会談。
23日自動車運転者の労働時間等改善のための基準を改正。2024年4月1日から適用。	
31日山形県鶴岡市で大規模な土砂崩れ発生。雪どけ水が原因の深層崩壊と見られる。	27日韓国の李明博元大統領に特別赦免（恩赦）決定。
2023年1月	
1日日本が国連の安全保障理事会の非常任理事国に。選出は12回目で、加盟国の中で最多。	
	8日ブラジルでボルソナロ前大統領の支持者が議会や大統領府、最高裁判所を襲撃。
9日岸田首相、フランス、イタリア、イギリス、カナダを歴訪。	
11日ニホンザリガニなど絶滅の恐れがある9種の売買や販売目的の捕獲が禁止に。	12日スウェーデン、ヨーロッパ最大のレアアース鉱床を発見。
13日岸田首相がアメリカを訪れ、バイデン大統領と日米首脳会談。「自由で開かれたインド太平洋」実現に向けた取り組みを強化。	
13日政府は福島第一原発の処理水を年内に100万トン以上海に放出する方針を示す。	14日中国、ゼロコロナ政策を緩和後、新型コロナウイルス関連死約6万人。
	17日中国、61年ぶりに人口が減少。
18日鳥インフルエンザの影響で、鶏卵の平均小売価格が上昇。農林水産省が発表。	19日フランスで年金制度改革による定年引上げに抗議し、100万人以上がデモに参加。
25日奈良市富雄丸山古墳で国内最大の銅鏡と鉄剣が出土。	25日世界遺産委員会臨時会合で、ウクライナ南部オデーサ歴史地区をふくむ3件が、世界文化遺産に登録、危機遺産にも指定された。

月	日本のできごと	世界のできごと
2月	3日農林水産省、2022年の農林水産物・食品の輸出額が過去最高の1.4兆円と発表。	4日アメリカ軍、中国の気球を撃墜。
		6日トルコ、シリアで大地震が発生。マグニチュード7.8、死者は両国で約6万人に。
	17日JAXAが新型主力機H3ロケット初号機の打ち上げを直前に中止。	17日第59回ミュンヘン安全保障会議、ウクライナ侵攻後の世界秩序を議論。
	21日上野動物園生まれのジャイアントパンダ、「シャンシャン」を中国に返還。	20日アメリカのバイデン大統領がウクライナの首都キーウを電撃訪問。
	28日JAXA、新しい宇宙飛行士候補者2名決定。	24日ロシアのウクライナ侵攻から1年。
	28日国土地理院は日本の島の数を数え直した結果1万4125島になったと公表。	
	28日厚生労働省は2022年の出生数が国の統計開始以来初めて80万人を下回ったと発表。	
3月	2日インドのニューデリーで、G20外相会合開催。林外相は国会会期中のため欠席。	
	3日作家の大江健三郎氏死去。	2日世界銀行が発表した190か国・地域の男女格差を法整備の面から評価した報告書で、日本は先進国で最下位。
	7日JAXA、H3ロケット初号機の打ち上げに失敗。	5日中国全国人民代表大会開催、習近平氏が3期目の国家主席に選出、新体制発足。
	10日気象庁、ラニーニャ現象の1年半ぶりの終息を発表。	
	16日韓国の尹錫悦大統領が来日、日韓首脳会談が行われ、シャトル外交など再開で合意。	
	17日1月に引退した車いすテニスの国枝慎吾氏に国民栄誉賞授与。パラスポーツ選手では初。	17日国際刑事裁判所（ICC）はロシアのプーチン大統領にウクライナでの戦争犯罪に責任があるとして逮捕状を発行。
	18日相鉄・東急直通の新横浜線が開業。	
	20日袴田事件、再審無罪。検察が特別抗告断念。	
	21日岸田首相、ウクライナの首都キーウを訪問し、ゼレンスキー大統領と会談。	
	22日侍ジャパン、3大会ぶりにWBCで優勝。	22日ニューヨークで、2023国連水会議開催。
	27日文化庁が京都に移転。	
	27日理化学研究所で初の国産量子コンピューターが稼働。	31日イギリスのTPP加盟に合意。経済圏がヨーロッパまで拡大。

日本のできごと	世界のできごと
1日こども家庭庁が発足。初代内閣府特命担当大臣は小倉將信議員、長官は渡辺由美子氏。	
1日自転車利用時のヘルメット着用が努力義務に。	4日フィンランドがNATOに正式加盟し、加盟国は31か国に。
9日統一地方選、大阪府・奈良県知事に関西で勢力を伸ばす日本維新の会の候補者当選。	
9日植田和男氏が日本銀行新総裁に就任。	
12日総務省が2022年人口推計を公表。総人口は1億2494万7千人で12年連続の減少。	
14日日本銀行、新紙幣のデザインを公開。	
15日岸田首相の衆議院議員補欠選挙の応援演説会場に爆発物が投げこまれる。	15日ドイツ、全原発停止へ。
15日G7気候・エネルギー・環境大臣会合、札幌市で開催。化石燃料の段階的廃止に合意。	
19日国連人口基金（UNFPA）が最新の世界人口推計を公表。インドの人口は14億2860万人に達し、世界最多となる見通し。	
26日日本の民間企業ispace（アイスペース）の月着陸船、着陸に失敗。	
5日石川県能登地方で震度6強の地震を観測。	6日イギリス、国王に即位したチャールズ3世の戴冠式が行われる。
6日世界保健機関（WHO）、3年3か月にわたる新型コロナ緊急事態宣言の終了を発表。	
7日岸田首相、韓国を訪問し尹大統領と会談。日韓新時代へ。	
8日新型コロナウイルス感染症、5類に移行。	
12日GX推進法が成立。	
18日与党がLGBT法案を衆議院に提出。	16日北朝鮮がICBMの発射訓練を実施。
19日G7サミットが広島市で開催される。原爆資料館などを各国首脳らがそろって訪問。	
19日経済産業省、電力7社の値上げを認可。6月使用分より。	
22日東京株式市場の日経平均株価の終値が3万1086円82銭でバブル経済崩壊後の最高値を更新。	
24日ユネスコ、石川県の「白山手取川」を世界ジオパークに認定。国内で10例目。	

4月

5月

	日本のできごと	世界のできごと
5月	24日ユネスコ、天台宗の僧・円珍が唐から持ち帰った史料群「智証 大師円珍関係文書典籍―日本・中国の文化交流史―」を「世界の記憶」に認定。国内で8例目。	
	26日北海道で新種の鉱物発見、「北海道石」と命名。紫外線を当てると鮮やかな黄緑の蛍光を発するのが特徴。	
6月	1日将棋の藤井聡太六冠、名人戦を制し、最年少記録を更新。史上2人目の七冠達成。	
	2日厚生労働省発表、2022年の合計特殊出生率1.26、出生数77万747人でともに過去最少。	
	3日台風2号の影響による大雨被害。8県23地点で24時間降水量の過去最多を更新。	
	5日吉野ヶ里遺跡の「石棺墓」から赤い顔料、邪馬台国の謎に迫る。	6日ウクライナ南部でカホフカ水力発電所のダムが決壊。下流地域の住人が避難。
	9日出入国管理及び難民認定法の改正法案が参議院で可決され、改正入管法が成立。	
	9日気象庁、エルニーニョ現象が発生したとみられると発表。	
	13日政府が児童手当拡充を盛りこんだ少子化対策の「こども未来戦略方針」を発表。年3.5兆円規模を投じる。	14日国連難民高等弁務官事務所（UNHCR）、世界の難民・避難民総数が過去最多の1億1千万人に達したことを発表。
	16日LGBT理解増進法、参議院で可決され、国会で成立。	19日欧州、世界最速ペースで温暖化進む。EUの気象情報機関発表。
		21日世界経済フォーラム発表の「ジェンダーギャップ指数」で日本は「ジェンダー平等の達成度」125位で過去最低に。
	28日財務省と日本銀行、新紙幣は2024年7月前半をめどに発行すると発表。	23日ロシアの民間軍事会社ワグネル、ロシア軍への反乱を宣言。
7月	1日電動キックボード、自転車並みのルールに緩和。	
	4日福島第一原発の処理水の海洋放出計画をめぐり、国際原子力機関（IAEA）は「国際的な安全基準に合致」とする調査報告書を公表。	
	10日九州北部で線状降水帯による集中豪雨が発生。河川の氾濫や土砂災害の被害。	11日NATO首脳会議がリトアニアで開催される。日本をふくむインド太平洋諸国との連携強調。

	日本のできごと	世界のできごと
7月	15日前線の影響で秋田などで記録的な大雨となり、停電や浸水などの住宅被害も。	13日EUが日本産食品に対する輸入規制を完全撤廃することを公表。
	19日マイナンバー問題をめぐり個人情報保護委員会がデジタル庁に立ち入り検査。	
	25日総務省が2023年1月1日時点の日本人の人口を公表。前年に比べ80万人強も減少し、初めて全都道府県で減少した。	27日北朝鮮、朝鮮戦争の休戦協定締結から70年のこの日を「戦勝記念日」として軍事パレードを実施。
8月	1日気象庁は7月の平均気温が平年を示す基準値を1.91度上回り、統計開始以来過去最高だったと発表。	
	7日国立科学博物館、クラウドファンディングによる資金集めを発表。開始9時間で目標額の1億円に。	8日アメリカのハワイ州マウイ島で山火事が発生。
	18日アメリカ・ワシントンで日本、アメリカ、韓国が首脳会談。日米韓の安保強化へ。	
	23日夏の全国高校野球で神奈川の慶應義塾が宮城の仙台育英を下し107年ぶりの優勝。	23日インドの無人探査機チャンドラヤーン3号が月面着陸に成功。
	24日福島第一原発の処理水の海洋放出が開始される。	24日サウジアラビア、イランなど6か国がBRICSに加盟へ。
	26日栃木県で芳賀・宇都宮LRTが開業。	25日処理水の海洋放出を受け、中国は日本産水産物の輸入全面停止を発表。
9月	2日バスケットボール男子日本代表が2024年パリ五輪の出場を決める。	
	4日米軍基地の辺野古移設の工事めぐる裁判で沖縄県の敗訴確定。	
	7日JAXAが月探査機SLIMなどを搭載したH2Aロケットの打ち上げに成功。	
	7日ジャニーズ事務所が故ジャニー喜多川氏の性加害の事実を認め謝罪。	8日モロッコ中部マラケシュでマグニチュード6.8の地震が発生、死者1千人以上に。
		9日インドのニューデリーでG20サミットが開催される。
	13日第2次岸田再改造内閣が発足。	11日リビア東部で大規模な洪水が発生。救助活動が難航し、被害が拡大。
		19日国連総会にウクライナのゼレンスキー大統領が対面出席し、演説。

2023年、2024年の ○年前のできごと

2023年

450年前	室町幕府が滅亡する。（1573年）
150年前	地租改正。ウィーン万国博覧会に明治政府が初参加。（1873年）
100年前	関東大震災が起こる。（1923年）
90年前	日本が国際連盟を脱退。（1933年）
80年前	学徒出陣が始まる。（1943年）
70年前	テレビ本放送が開始される。 朝鮮戦争の休戦が成立する。（1953年）
50年前	第一次オイルショックが起こる。（1973年）
30年前	55年体制が崩壊し、細川連立政権が誕生。 環境基本法が制定される。（1993年）
20年前	新型肺炎（SARS）が中国などで大流行。（2003年）

2024年

1300年前	聖武天皇が即位する。（724年）
900年前	中尊寺金色堂が建立される。（1124年）
800年前	親鸞が浄土真宗をひらく。（1224年）
400年前	徳川幕府がスペイン船の来航を禁止。（1624年）
200年前	シーボルトが長崎に鳴滝塾をひらく。（1824年）
150年前	板垣退助らが明治政府に民撰議院設立建白書を提出。（1874年）
100年前	第1回冬季オリンピック、シャモニー・モンブラン大会開催。（1924年）
70年前	自衛隊が発足する。（1954年）
60年前	東京オリンピック開催。 ／ 東海道新幹線が開業。（1964年）
50年前	佐藤栄作がノーベル平和賞を受賞。（1974年）
30年前	日本、子どもの権利条約を批准。（1994年）

第2編

中学入試対策 予想問題 編

●第1章〜第6章のニュースには「確認問題」と「総合問題」があります。

●第7章〜第24章のニュースには「確認問題」のみがあります。

確認問題

ニュースや社会科学習の基礎知識をチェックする問題です。穴埋め形式や一問一答が中心で、入試に必要なキーワードなどをおさえます。

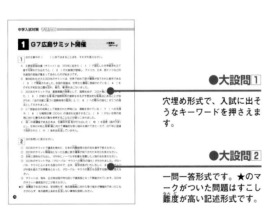

●大設問1

穴埋め形式で、入試に出そうなキーワードを押さえます。

●大設問2

一問一答形式です。★のマークがついた問題はすこし難度が高い記述形式です。

総合問題

知識と知識を組み合わせ、考えて解く、発展・応用問題です。ひとつひとつの知識が体系化して整理されます。実際の入試問題に多い形式です。

近年の入試では、細かすぎる知識を問う問題は少なくなり、記述や文章選択肢の正誤問題など「持っている知識を組み合わせて論理的に考える」ような問題が増えています。こうした問題にも対応しています。

1 G7広島サミット開催

▶解答は188ページ

1 次の文章中の（　　　）にあてはまることばを、それぞれ答えなさい。

A　主要国首脳会議（サミット）は、1973年に起きた（　1　）で混乱した世界経済を立て直す対策を打ち出そうと、（　2　）の大統領が提唱し、アメリカ、日本、西ドイツなどの先進国の首脳が集まって会合したのが始まりです。

B　第49回をむかえた2023年のサミットは、世界で初めて原子爆弾が投下された都市である（　3　）で開催されました。各国の首脳は、世界文化遺産に登録されている（　4　）をのぞむ平和記念公園を訪れ、献花、植樹をおこないました。

C　2023年のサミットでは、重要課題の背景として、国際社会が、コロナ禍に見舞われ、また、（　5　）が続ける侵略が国際秩序の根幹をゆるがす歴史的な転換点にあることがあげられ、「法の支配に基づく国際秩序の堅持」と「（　6　）への関与の強化」が2つの視点として示されました。

D　G7首脳会合の成果として発表された声明には、侵略を受けている（　7　）への支援や、（　8　）な開発目標（SDGs）の達成を加速させること、（　9　）のない世界の実現に向けた責任ある行動を表明することなどが盛りこまれました。

E　唯一の被爆国である日本は、佐藤栄作首相が打ち出した（　10　）を国是（国の方針）とし、世界の平和と核軍縮に向けて積極的な取り組みを続けてきた一方で、2017年に国連で採択された（　11　）条約は批准していません。

2 次の各問いに答えなさい。

①　2023年のサミットで議長を務めた、日本の内閣総理大臣の名を漢字で答えなさい。

②　2023年のサミット開催地となった広島に原子爆弾が投下された年月日を答えなさい。

③　非核三原則を打ち出し、1974年にノーベル平和賞を受賞した人物の名を答えなさい。

④　2023年のサミットでは、「グローバル・サウスへの関与の強化」が示されました。グローバル・サウスにふくまれる国々の中で、近年、経済成長がいちじるしく、また、その人口が中国を超えて世界最多となった、グローバル・サウスの盟主を自認する国の名を答えなさい。

⑤　サミットは、毎年、正式参加国が持ち回りで議長国となって開催されています。2024年のサミット議長国がどこか答えなさい。

★⑥　被爆国である日本は、官民問わず、核兵器廃絶に向けた取り組みが積極的であったにもかかわらず、核兵器禁止条約を批准しない事情を説明しなさい。

2 緊迫続くウクライナ情勢

▶解答は
188ページ

1 次の文章中の（　　）にあてはまることばを、それぞれ答えなさい。

A　2022年2月24日、ロシアの（　**1**　）大統領は、特別軍事作戦とよぶウクライナ侵攻を開始しました。これに対して、ウクライナは徹底抗戦し、1年半以上たつ現在も軍事侵攻が続いています。

B　今回のウクライナ侵攻の背景のひとつとして、ウクライナの（　**2**　）大統領が、1949年に西側諸国によってつくられた軍事同盟である（　**3**　）への加盟を目指したことが、ロシアの脅威となったことがあげられます。

C　2022年2月25日、国際連合の常任理事国と非常任理事国で構成される（　**4**　）で、ロシアのウクライナ侵攻への非難決議案が提出されましたが、ロシアが（　**5**　）を行使したために否決され、その後も有効な制裁手段がとれずにいます。

D　ウクライナから戦火をのがれるために国外へ避難した難民は630万人以上（2023年6月現在）となり、多くは隣国（　**6**　）にのがれています。日本もウクライナの人たちを難民条約でいう難民と区別して、（　**7**　）として受け入れています。

E　2023年のG7の議長国である日本の（　**8**　）首相は、2023年3月にインドから（　**6**　）を経由してウクライナを電撃訪問し、ウクライナの（　**2**　）大統領と首脳会談をおこないました。

F　軍事侵攻を機に、2022年に（　**3**　）への加盟を北欧の（　**9**　）と（　**10**　）が表明し、そのうち（　**9**　）が2023年4月に31番目の加盟国となりました。

G　旧ソ連諸国のうち、ロシアの隣国であり、ロシアの同盟国でもある（　**11**　）の国内に、ロシアにとって国外初となる戦術核兵器の配備が進められています。

2 次の各問いに答えなさい。

①　2014年、ウクライナで親ロシア派政権がたおれると、ロシアはウクライナ南部を併合しました。この地域の名を答えなさい。

②　ウクライナでは、ソ連時代の1986年に、原子力発電所で重大な事故が発生しました。この事故が発生した原子力発電所の名を答えなさい。

★③　2022年2月25日、国際連合の安全保障理事会では、ロシアに対する非難決議案を採決しましたが否決されました。それはなぜですか。説明しなさい。

★④　ロシアにとって、なぜ、西側諸国が結成した軍事同盟にウクライナが加盟することが脅威になるのですか。その理由をウクライナの位置にふれて説明しなさい。

3 岸田政権発足から２年

▶解答は
188ページ

1 次の文章中の（　　　）にあてはまることばや数字を、それぞれ答えなさい。

A　2021年秋の衆議院議員総選挙、2022年夏の参議院議員通常選挙で（　**1**　）党は単独で過半数の議席を獲得し、岸田首相は安定した政権運営をおこなえる基盤を築きました。

B　2022年秋以降、（　**1**　）党と宗教団体とのつながりや、大臣の相次ぐ辞職が逆風となり、岸田内閣の支持率は急落しました。しかし、2023年の前半に（　**2**　）大韓民国大統領の訪日による５年ぶりの日韓首脳会談、岸田首相の（　**3**　）訪問によるゼレンスキー大統領との会談、G7（　**4**　）サミットの開催と外交で大きな動きがあり、岸田内閣の支持率は持ち直しました。

C　2023年６月、マイナンバー法が一部改正され、2024年秋に現行の（　**5**　）を廃止して、マイナンバーカードと（　**5**　）を一体化した「マイナ保険証」に一本化されることになりました。

D　マイナンバーカードとは、数字（　**6**　）けたの個人番号が記載されたICチップ付きのカードで、本人の顔写真、氏名、住所、生年月日なども記載されています。マイナンバーカードをめぐっては、データのひも付け先を誤るなどのトラブルが相次いで発覚し、岸田内閣の支持率が急落する原因となりました。

E　岸田首相は、（　**7**　）費の増額や「異次元の（　**8**　）対策」を打ち出しましたが、これらの財源ははっきりしていません。

2 次の各問いに答えなさい。

①　現在の内閣総理大臣の氏名を漢字で答えなさい。

②　現在の与党の名をすべて答えなさい。

③　2021年９月に設置され、現在マイナンバーカードに関する業務をおこなう庁の名を答えなさい。

④　かつて日本政府は、防衛費をGNP（国民総生産）の何％以内におさえるという政策をとっていましたか。

⑤　2021年の軍事支出が多い国を順にあげると日本は第９位ですが、政府の計画どおりに防衛費が増額されると、2027年度には世界第３位になるとみられています。軍事支出が第１位の国と第２位の国の名をそれぞれ答えなさい。

★⑥　岸田首相は、日本国憲法を改正して、自衛隊を憲法に明記することに意欲を示しています。日本国憲法が改正されるためには、どのような手続きが必要なのかを説明しなさい。

4 関東大震災から100年

▶解答は
188ページ

1 次の文章中の（　　　）にあてはまることばや数字を、それぞれ答えなさい。

A　1923年（　1　）月（　2　）日、相模湾北西部を震源とするマグニチュード7.9と推定される大地震が発生しました。2023年はこの地震から100年の節目の年です。

B　関東大震災では、地震の発生が昼食の時間と重なったことで大規模な（　3　）が発生し、（　3　）による死者は9万人以上とされています。

C　関東大震災以降も、日本は大規模な震災に見舞われてきました。たとえば、（　4　）年に淡路島北部を震源として発生した地震による（　5　）大震災や、（　6　）年に三陸沖を震源として発生した地震による（　7　）大震災などがあげられます。

D　自然災害に見舞われることの多い日本ですが、2023年の夏は、豪雨が多く発生しました。九州地方では、7月に記録的な大雨に見舞われ、（　8　）省に属する（　9　）庁は、数十年に一度という危険が予測される場合に出される「大雨（　10　）」を発令しました。このような極端な大雨をもたらす原因のひとつに、積乱雲が次々と発生して線状に連なる（　11　）があげられます。

2 次の各問いに答えなさい。

①　地震の発生直後に、震源に近い地震計でとらえたデータを解析して地震の規模を推定し、それに基づいて各地の揺れの到達時刻や震度などを予測し、可能な限りすばやく知らせる予報（警報）を何といいますか。

②　①を運用している庁の名を答えなさい。

③　豪雨の発生には地球温暖化も関係しているといわれています。2015年のCOP21で採択された、地球温暖化防止のための新たな国際的枠組みを何といいますか。

④　地方公共団体などが作成して配布している、災害において危険な場所や避難場所などを示し、住民に災害への備えをうながすための地図を何といいますか。

⑤　「数十年に一度」といわれるような極端な気象がしばしば発生するようになっている中、公的機関から提供される防災・減災活動が「公助」といわれるのに対して、「自分自身や家族を守る」ことは何といわれますか。

⑥　国内で大規模な災害が発生したときに、被災した人が電話を用いて安否情報を録音し、安否を確認したい人はその音声を再生することができるサービスを何といいますか。

★⑦　災害はいつ起こるかわかりません。そのため、前もって備えをしておくことが重要になります。日ごろからどのような備えをしておけばよいか、考えたことを書きなさい。

5 41年ぶりの物価上昇率

▶解答は
188ページ

1 次の文章中の（　　）にあてはまることばや数字を、それぞれ答えなさい。

A　2022年12月から2023年1月にかけての消費者物価指数は、第二次石油危機終期の1981年12月以来（　1　）年ぶりの上昇率となりました。

B　グループ別の費目で見ると、とくに上昇率が大きかったのが電気代・ガス代とガソリン・灯油などをふくむ（　2　）で、次に大きかったのが季節変動の大きい生鮮食品を除く（　3　）でした。

C　電気代やガス代が上がったのは、2022年2月24日に始まった（　4　）による（　5　）侵攻により、（　2　）資源の国際価格がとくに大きく上昇したからです。

D　（　2　）資源の中でも国際価格がとくに上昇したのが、日本では火力発電の主要な燃料のひとつになっている（　6　）で、（　7　）と（　8　）がそれに続きました。

E　（　4　）と（　5　）は世界的な穀物輸出国であることから、2022年2月以降、パンなどの原料となる（　9　）や、家畜の飼料などに多く利用される（　10　）の国際価格も上がりました。

F　2021年までの日本では、経済活動の停滞によって消費者物価の横ばいか下落傾向が続く（　11　）の状態に長期間おちいっていました。しかし、2022年からの物価上昇を受けて働く人の（　12　）を上げる企業も増えてきており、これをきっかけとした（　11　）からの脱却を期待する声も出ています。

2 次の各問いに答えなさい。

① 1974年の日本では、消費者物価指数の対前年同月比の上昇率が毎月20％を超えるような物価上昇が起こりました。この経済的・社会的混乱は何とよばれましたか。

② 消費者物価指数の上昇が続き、企業の収益が上がって働く人の賃金も上昇傾向が続くような状態のことを何といいますか。

③ 2022年に円安が進んだ背景には、日本の中央銀行による大幅な金融緩和策もあったとされています。この金融政策をおこなってきた「日本の中央銀行」の名称を答えなさい。

★④ 円安が進むことは消費者にとって有利ですか、不利ですか。理由とともに答えなさい。

★⑤ 消費者物価指数を使って物価の上がり下がりを論じるときに、生鮮食品をのぞいた数値が使われることが多いのはなぜですか。

★⑥ 2022年から2023年にかけての物価上昇が、日本で長く続いてきたデフレからの脱却と言い切れないと考えられているのはなぜですか。

6 生成ＡＩの流行と社会への影響 ▶解答は189ページ

1 次の文章中の（　　）にあてはまることばを、それぞれ答えなさい。

A　ＡＩとは（　1　）をあらわす英語の頭文字をとったもので、近年、文章や画像を出力する（　2　）ＡＩが流行しています。

B　ＡＩは、私たちの周りで毎日生まれる膨大な情報である（　3　）を学習することで、モデルを作成、蓄積します。そして、モデルに基づき、利用者の質問や指示にふさわしい回答を出力します。

C　（　2　）ＡＩの利用について、学習する情報の中にある（　4　）が無断で使用され、漏えいしてしまうことが不安視されています。また、ＡＩの出力した小説やイラストがすでにある作品と似ていた場合、（　5　）を侵害する可能性も指摘されています。

D　ＡＩを利用して、意図的に偽の情報を作ることもできます。ＡＩを利用した精密な偽の写真や映像を（　6　）といい、悪用される事例が起きています。

E　今年（2023年）に開催されたG7（　7　）サミットで、ＡＩの課題に関する国際的なルールを議論する「（　7　）ＡＩプロセス」が合意されました。

F　ＡＩによる技術革新によって、第四次（　8　）が起こると、これまであった職業の多くがＡＩにとってかわられると考えられています。これにより、職を失った人が生活できるように（　9　）の制度を導入すべきだという意見があがっています。

2 次の各問いに答えなさい。

① 近年研究が進んでいる人工知能のことを、アルファベット２文字で何といいますか。

② ロシアのウクライナ侵攻において、人工知能を用いた偽の動画が作られた、ウクライナの大統領の名を答えなさい。

③ 人工知能を利用する際にも重要となる、情報を伝達するメディアを使いこなす力を何といいますか。

★④ 私たちが人工知能を利用する際、出力された情報に惑わされないために、どのようなことをするのが大切でしょうか。具体例をあげなさい。

⑤ 技術の発展と職業への影響を考えます。重工業の発達により自動車が普及したことで、社会から激減した職業と、反対に新たに生まれた職業をそれぞれ１つずつあげなさい。

★⑥ 人工知能の技術が発展することで、どのような職業が新たに生まれると考えられるでしょうか。説明しなさい。

7 インドの人口、世界最多へ

▶解答は189ページ

1 次の文章中の（　　）にあてはまることばや数字を、それぞれ答えなさい。

A　2023年4月19日、国連人口基金はインドの人口が今年半ばには（　1　）を上回って世界最多となる見通しを示しました。推計ではインドの人口は（　2　）億2860万人に達するとされています。

B　（　1　）の人口は減少傾向にあり、その要因のひとつとして1979年から実施されていた（　3　）政策があげられます。この政策では夫婦1組につき子どもを1人とすることが推奨されてきました。

C　インドは（　4　）アジアに位置し、国土のほとんどは大きな半島で、世界で7番目に面積が大きい国です。首都は（　5　）です。この国の北東部には世界最高峰のエベレストをふくむ（　6　）山脈があります。国民の多くは（　7　）教を信仰しています。

D　インドは、1858年から（　8　）による植民地支配を受けていましたが、第一次世界大戦後は（　9　）を中心として独立運動がおこなわれ、1947年に独立を果たしました。

E　インドの経済は（　10　）産業を中心に急速に発展してきました。経済成長いちじるしいインドは、その他のアジア・アフリカなどの南半球に多い新興国とともに（　11　）とよばれています。

2 次の各問いに答えなさい。

①　2023年9月現在、インドの首相の名前を答えなさい。

②　インドが発祥の地とされていて、朝鮮半島を通じて日本にも伝来した宗教は何ですか。

③　ヒンドゥー教とも結びついている、インド独自に発達してきた身分制度を何といいますか。

④　ロシアによるウクライナ侵攻の際には、日本・アメリカ・オーストラリアの3か国が、インドとの協力体制をつくろうとしました。日米豪印の4か国によるインド太平洋の安全保障を目的としたこの枠組みを、アルファベット4文字の略称で答えなさい。

⑤　2021年の日本の政府開発援助は、供与相手国としてインドが最大となりました。政府開発援助の略称をアルファベット3字で答えなさい。

★⑥　中国で実施されていた一人っ子政策の影響で、現在の中国の人口はどのようになっていますか。簡潔に答えなさい。

8 日本の出生数、過去最少

▶解答は189ページ

1 次の文章中の（　　　）にあてはまることばや数字を、それぞれ答えなさい。

A　厚生労働省の発表によると、2022年は、子どもの生まれた数である（　1　）数が約77万人となり、統計の開始以来、初めて80万人を下回り、減少の幅も過去最大を更新しました。また、2022年の合計特殊出生率は（　2　）となり、2005年と並ぶ過去最低となりました。

B　国のさまざまな統計をまとめている（　3　）省が発表した2022年10月1日時点の人口推計では、日本の総人口は1億2494万7千人と12年連続の減少となりました。生まれた人の数と亡くなった人の数の差である（　4　）増減は約73万人の減少、入国者数と出国者数の差である（　5　）増減は17万5千人の増加でした。

C　2023年の推計で人口が増加したのは47都道府県で（　6　）のみで、1972年に日本に復帰して以降人口が増加し続けていた（　7　）も初めての人口減少となりました。

D　日本人住民の人口は全都道府県で減少しましたが、外国人住民は、集計を始めた2013年以降で最多となり、全都道府県で増加しました。この背景には、（　8　）の感染拡大による入国制限が緩和されたことなどから、国外からの転入者が増えたことがあります。

E　少子化対策や、子育て支援などをおこなうことで出生率の上昇を後押しするため、2023年4月1日、内閣府の外局として（　9　）庁が発足しました。

2 次の各問いに答えなさい。

① 内閣の省庁のうち、子育てや福祉、介護、労働、年金などに関する仕事を担っている省の名を答えなさい。

② 1人の女性が一生の間に産む平均の子どもの数をあらわす数値を何といいますか。

③ 日本の人口が最も多かったのは、西暦で何年のことですか。

④ 日本の人口減少の原因となっている、子どもの数が減り、65歳以上の人口が増えていくことを何といいますか。

⑤ 地域の人口が減りすぎることで、その地域で暮らす人々の生活が不便になったり、地域の生産力が低下したりしている状態を何といいますか。

⑥ 行政サービスの充実や日常生活の利便性の向上のため、都市の中心部に都市機能を集約する都市の形や、その都市計画を何といいますか。

★⑦ 人口減少の中でも、とくに生産年齢人口（15歳〜64歳）が減少することで起こる問題を1つ説明しなさい。

9 日本の島の数が約14000に

▶解答は189ページ

1 次の文章中の（　　　）にあてはまることばや数字を、それぞれ答えなさい。

A　2023年2月、日本の島を一定の条件で（　1　）が数えた結果、島の数は（　2　）島となりました。これまで日本の島の数は6852島といわれてきましたが、これは1987年に（　3　）庁が海図をもとに計測したものです。今回の数値の変化の背景には、測量技術の進歩により、地図でより詳細な部分まで描かれるようになったことが影響しています。

B　海の憲法ともいわれる（　4　）条約では、「島とは、自然に形成された陸地であって、水に囲まれ、高潮時においても水面上にあるものをいう」と定められています。一方、島の計数方法には国際的なルールがないため、（　3　）庁が数えたときと同じ、「周囲100m以上」という基準が用いられました。

C　今まで都道府県別の島の数は、1位（　5　）県、2位鹿児島県、3位北海道、4位島根県、5位（　6　）県でしたが、今回の数え直しによって、1位（　5　）県、2位北海道、3位鹿児島県、4位（　7　）県、5位（　6　）県となっています。（　7　）県沿岸部にはリアス海岸が広がり、海岸線が複雑に入り組んでいるところで島の数が増えました。

D　日本の四大島は面積の大きい順に（　8　）、北海道、（　9　）、四国となっています。また、これに沖縄島を加え、5島を本土という言い方をすることもあります。四大島以外のおもな島を面積の大きい順にあげると、（　10　）島、国後島、沖縄島、（　11　）島、奄美大島、そして（　12　）となります。

2 次の各問いに答えなさい。

① 今回島の数を数え直した機関は、日本のすべての地図の基礎となる地図を作成しています。この機関の名称を答えなさい。

② ①で答えた機関が置かれている都道府県名を答えなさい。

③ ①で答えた機関が所属する省庁名を答えなさい。

④ 江戸時代後期に、全国を歩いて測量し、日本全土の地図を作成した人物はだれですか。

⑤ 1973年と2013年以降の海底火山の大噴火で噴出した溶岩などで大きくなった島があります。小笠原諸島に属するこの島の名を答えなさい。また、この島が所属する都道府県名を答えなさい。

★⑥ 日本の国土のようすを正確にあらわした地図を作ることは、どのようなことに役に立ちますか。具体例を1つ答えなさい。

10 新型コロナウイルス感染症、5類へ ▶解答は189ページ

1 次の文章中の（　　　）にあてはまることばを、それぞれ答えなさい。

A　2023年5月5日、（　1　）の（　2　）事務局長は新型コロナウイルス感染症の「国際的な緊急事態」の終了を表明しました。同月8日、日本政府は新型コロナウイルス感染症の（　3　）法での分類を（　4　）へ移行することを発表しました。

B　新型コロナウイルス感染症が（　4　）となったことで、季節性（　5　）などと同様の扱いを受けるようになり、政府による一律の感染対策が求められることはなくなりました。（　6　）の着用は2023年3月13日から個人の判断にゆだねられることになっていましたが、これからは感染時の外出自粛も個人の判断となりました。

C　新型コロナウイルス感染症の流行が終息した世界を（　7　）とよびます。

D　新型コロナウイルス感染症の流行は第三次産業に大きな打撃をあたえました。とくに（　8　）業は2020年4月からたびたび政府によって出された（　9　）などの影響もあって、大きく落ちこみました。しかし、その後の Go To トラベルや全国旅行支援もあって流行前の水準まで回復してきています。一方、家まで荷物を届けてもらう（　10　）などの利用はコロナ禍から増加してきました。

E　2023年7月からは第9波に突入し、9月1日には感染症対応の司令塔となる（　11　）が発足しました。

2 次の各問いに答えなさい。

① 日本で最初の新型コロナウイルス感染症の感染者が出たのは、西暦何年何月のことでしょうか。

② 感染症予防のための対策として、上下水道の整備をしたり、予防接種をしたりするなど環境衛生を改善しようとする活動を何といいますか。

③ 感染症の拡大防止のほか、雇用や労働、社会保障に関する仕事をおこなっている国の機関の名を答えなさい。

④ 「すべての人々が可能な最高の健康水準に到達すること」を目的として活動している、国際連合の保健分野の専門機関を何といいますか。

⑤ 感染症の世界的流行のことを何といいますか。カタカナで答えなさい。

★⑥ 政府や地方自治体によってとられた新型コロナウイルス感染症の拡大防止対策で、とくに大きな打撃を受けた産業には、どのような共通した特徴がありますか。

11 統一地方選挙

▶解答は189ページ

1 次の文章中の（　　　）にあてはまることばや数字を、それぞれ答えなさい。

A　統一地方選挙とは、（　1　）年に1度、地方公共団体の首長や地方議会議員の選挙を同じ日程でおこなうものです。

B　奈良県知事選では初めて（　2　）という政党から知事が誕生しました。これで維新系としては全国政党に向けて勢力拡大にはずみをつけた形です。

C　統一地方選挙での市長選挙では、女性市長が新たに（　3　）人誕生し、これまでで最多となりました。

D　市議会議員選挙では当選者の女性の割合が初めて（　4　）割を超えました。また、いくつかの市町議選では、議員にしめる女性の割合が（　5　）割を超えました。

E　町村長選や町村議選では、無投票当選が増え、中には県議会議員の選挙の地元選挙区選と合わせて「（　6　）無投票」となるところもありました。

F　無投票当選が進む町村長選や町村議選では定員に満たない（　7　）の状態になっているところもあり、「（　8　）不足」が深刻化しています。

G　統一地方選挙の統一率が下がる原因としては、首長・議員の辞職や議会の（　9　）などがあります。

2 次の各問いに答えなさい。

①　地方議会議員や首長の任期は何年ですか。

②　地方議会議員・市町村長・知事の被選挙権は、それぞれ何歳以上ですか。

③　地方公共団体において、選挙に関する事務をおこなう機関を何といいますか。

④　選挙に関するさまざまなことがらを定めた法律を何といいますか。

⑤　選挙で投票する資格を得るのは何歳以上ですか。

⑥　地方公共団体が国から受ける援助金で、住民サービスの格差をうめるためのものを何といいますか。

★⑦　統一地方選挙として、首長や議員の選挙をまとめておこなう利点を説明しなさい。

★⑧　イギリスの政治家ブライスは、「地方自治は民主主義の学校」といいました。なぜ地方自治が民主主義の学校であるのかを説明しなさい。

12 新紙幣いよいよ発行へ

▶解答は189ページ

1 次の文章中の（　　　）にあてはまることばや数字を、それぞれ答えなさい。

A　財務省と日本銀行は（　1　）年7月前半をめどに新しい日本銀行券を発行することを発表しました。紙幣のデザインが刷新されるのは20年ぶりとなり、新しい紙幣の肖像は、一万円札が（　2　）、五千円札が（　3　）、千円札が（　4　）に変わります。

B　一定期間で紙幣のデザインを刷新したり、硬貨の材質や製造方法を変えたりする大きな目的は（　5　）を防止するためです。また、視覚障がい者や外国人観光客も金額を識別しやすいよう、（　6　）デザインを取り入れることになっています。

C　お札に描かれた肖像として一番多く登場したのは、（　7　）です。十七条の憲法を制定、仏教の保護、遣隋使の派遣など、数多くの業績を残し、日本人に親しまれ、尊敬されていることが選ばれている理由です。

D　現金をほとんど使わなくてもよい社会のことを（　8　）社会とよびます。現在、ICカードを利用して、現金がなくても支払いができる（　9　）マネーや（　10　）カードが普及しています。

2 次の各問いに答えなさい。

① 日本の紙幣（銀行券）はどこが発行していますか。

② 2023年現在、日本で流通している一万円札、五千円札、千円札紙幣の肖像はそれぞれだれですか。

③ 新しい紙幣の肖像となる渋沢栄一は、幕臣（幕府の臣下）だった1867年、将軍の弟に随行してパリに渡り、一年以上滞在して西洋文明を吸収しました。このときの将軍の名を答えなさい。

④ 新しい紙幣の肖像となる津田梅子は、1871年遣米欧使節団に随行して満6歳にして渡米しました。この使節団のリーダー（特命全権大使）の名を答えなさい。

⑤ 新しい紙幣の肖像となる北里柴三郎は伝染病予防や細菌学の発展に大きく貢献しました。北里の指導のもと、赤痢菌を発見した医学者の名を答えなさい。

★⑥ 現在、キャッシュレス決済が普及しています。現金を使わずに支払いをすることの欠点を答えなさい。

13 整備が進む交通網

▶解答は
190ページ

1 次の文章中の（　　　）にあてはまることばや数字を、それぞれ答えなさい。

A　2024年3月に、（　1　）新幹線が延伸されます。現在は石川県の金沢まで開業しており、今回の延伸で（　2　）県の（　3　）までがつながることになります。

B　2022年9月に、西九州新幹線が、（　4　）・（　5　）間で開業しました。博多・（　4　）間は在来線の特急で運行されて、（　4　）・（　5　）間は新幹線で運行されています。

C　今後開業が予定されている新幹線の路線や区間には、2027年のリニア中央新幹線の（　6　）・（　7　）間、2031年の北海道新幹線の新函館北斗・（　8　）間があります。

D　リニア中央新幹線は、（　9　）県内の南アルプストンネルを建設する工事が引き起こす、（　10　）川の流量減少をはじめとする環境問題をめぐって、（　9　）県は着工を認めていません。そのため、2027年の開業がむずかしい状況となっています。

E　新幹線による輸送は、（　11　）く運べるという点や、（　12　）どおりに運べる点が、強みといえます。さらに、新型コロナウイルス感染症の感染拡大時期、（　13　）が減ってしまった新幹線にとって、貨物輸送を増やすことが重要となったのです。

F　2023年8月に、栃木県で芳賀・（　14　）LRTが開業しました。国内の路面電車としては75年ぶりの開業で、路面電車がなかった都市でのLRTの新設・開業は国内初となりました。

2 次の各問いに答えなさい。

①　日本で初めて鉄道が開通したのは1872年のことでした。開通した区間を答えなさい。

②　1964年にアジアで最初のオリンピックが東京で開催されました。この大会に合わせて東京・新大阪間に開業した鉄道路線を答えなさい。

③　東京から新函館北斗まで、東北・北海道新幹線が通る都道県を南から順に答えなさい。ただし、駅のない通過するだけの県もふくめて答えること。

④　東北新幹線と秋田新幹線の分岐点となっている駅の名を答えなさい。

⑤　上越新幹線と北陸新幹線の分岐点となっている駅の名を答えなさい。

★⑥　将来的に、日本の新幹線の路線網の中で、東京と大阪の間には3本のルートが整備されます。このように複数のルートを整備する目的を1つあげなさい。

★⑦　宇都宮市と芳賀町では、LRT（次世代型路面電車システム）が導入されました。これは、LRTとバスや地域内交通を連携させ、公共交通での地域内の移動をスムーズにしようというものです。このような新しい交通システムが導入された目的を1つあげなさい。

14 LGBT理解増進法が成立

▶解答は
190ページ

1 次の文章中の（　　）にあてはまることばをそれぞれ答えなさい。なお、（　3　）は
アルファベットや、記号を使ったことばで答えなさい。

A　2023年6月16日、すでに衆議院では可決されていたLGBT理解増進法が（　1　）でも
可決され、翌週の6月23日に公布・施行されました。

B　この法律では、国民の理解を深めながら、性のあり方の多様性に寛容な社会を実現して
いくために、国・都道府県や市町村などの（　2　）、事業者、学校が果たすべき役割につ
いて定めています。

C　性的指向や性自認（ジェンダーアイデンティティ）といった性のあり方は、とても多様
です。（　3　）は、こうした性のあり方が少数派の人々をあらわす総称です。しかし、日
本社会には、"男女はこうあるべきだ"といった昔ながらの規範や、偏見や差別があり、さ
らには日本国民であることや親族関係などを登録・証明する（　4　）や、婚姻などにつ
いて定める法律である（　5　）で同性婚が認められていないなど、性的少数者の人々が
さまざまな生きづらさを抱えやすい現状となっています。

2 次の各問いに答えなさい。

①　日本国憲法の第14条では、「すべて国民は、……人種、信条、性別、社会的身分または門
地により、……差別されない」ということが定められています。この条文で定められてい
るきまりを何といいますか。6字で答えなさい。

②　日本では同性婚は法的に認められていません。しかし、2015年、東京都の渋谷区・世田
谷区では、同性どうしのカップルを婚姻と同じ関係にあると認め、証明書を発行する制度
を始めました。このような制度を何といいますか。

③　②のような取り組みは、各都道府県や市区町村が定める独自のきまりに基づいておこな
われることになります。このようなきまりを何といいますか。漢字2字で答えなさい。

④　アラブ首長国連邦やサウジアラビアなどでは法律で同性愛が禁じられています。これら
の国々において、国教とされている宗教の戒律で同性愛が禁じられているためです。この
宗教の名を答えなさい。

★⑤　性自認（自分の性別をどうとらえているか）の多様なあり方に対応した取り組みは、日
常生活の中でもさまざまみられるようになってきました。このような取り組みの例を1つ
あげて説明しなさい。

15 脱炭素社会に向けて

▶解答は
190ページ

1 次の文章中の（　　　）にあてはまることばや数字を、それぞれ答えなさい。

A　脱炭素社会の実現に向けて、2023年2月に（　1　）実現に向けた基本方針」が閣議決定され、5月には（　1　）推進法が成立しました。

B　1992年にブラジルで開催された国連環境開発会議、いわゆる（　2　）では、気候変動枠組み条約が採択されました。この条約を結んだ国々による会議は、（　3　）とよばれています。

C　世界全体で気候変動に対応するため、1997年には（　4　）が、2015年には（　5　）が採択されました。（　5　）では、「世界的な平均気温上昇を（　6　）以前に比べて2℃より十分低く保つとともに、（　7　）℃に抑える」という目標がかかげられ、2018年IPCCの報告書では、この目標の達成のためには（　8　）年までに二酸化炭素排出量を実質ゼロにする必要があるとされました。

D　岸田内閣は、最長60年とされていた（　9　）発電所の運転期間の実質的な延長をするなど、2011年に起こった（　10　）での事故以降のこれまでの方向性を転換させました。

E　温室効果ガスの排出量を抑制するため、原油から精製される（　11　）を燃料として走行する自動車は世界的に規制が進められています。日本でも、電気自動車などの環境にやさしい（　12　）の開発や導入が進められています。

2 次の各問いに答えなさい。

① 脱炭素社会を目指す取り組みを通じて、社会や産業の構造を変革していこうという考え方である「ＧＸ」は、何ということばを略したものですか。カタカナで答えなさい。

② 1992年に開催された国連環境開発会議のスローガンとなった、「将来の世代の欲求を満たしつつ、現在の世代の欲求も満足させるような開発」のことを何といいますか。

③ 太陽光や水力、風力など、自然の中でくり返し起こる現象から取り出すことができる、半永久的に枯渇することのないエネルギーを何といいますか。

④ 二酸化炭素やメタンガスなど、大気中の熱を吸収する性質があり、地球温暖化の原因となっているガスを何といいますか。

⑤ 人間の活動によって排出される二酸化炭素の量が、植物が吸収する二酸化炭素の量と同じとなり、二酸化炭素排出量が全体としてゼロの状態にあることを何といいますか。

★⑥ エコカーのうち、ハイブリッドカーとはどのような自動車ですか、説明しなさい。

16 福島原発処理水、海洋放出へ ▶解答は190ページ

1 次の文章中の（　　　）にあてはまることばや数字を、それぞれ答えなさい。

A　（　1　）第一原子力発電所の事故により廃炉作業を進める中で、増え続ける（　2　）水を浄化し保管していた処理水が、2023年8月24日、海洋に放出されました。

B　処理水は（　3　）で十分にうすめてから、海底放水トンネルを通して沖合（　4　）kmのところから放出されました。

C　処理水が増え続けるおおもとの原因は、（　5　）年3月11日に発生した東北地方太平洋沖地震によって引き起こされた巨大な（　6　）によって、原子力発電所の冷却装置を動かすことができなくなり、爆発事故が起こったことです。

D　処理水の放出に関しては、（　7　）に合致していることから日本の取り組みに理解を示す国がある一方、中国のように日本産の（　8　）の輸入を全面禁止した国もあります。

E　政府は処理水の処分が完了するまでは漁業関係者への（　9　）被害に対しては、責任をもって取り組んでいくとしています。

2 次の各問いに答えなさい。

①　原子力発電所の事故で溶け出し、その後冷えて固まった燃料のことを何といいますか。

★②　原子炉の燃料や①で答えた燃料は、冷やし続けなければなりません。それはなぜですか。説明しなさい。

③　福島第一原発内で発生した汚染水の放射性物質を除去するための設備を何といいますか。

④　処理水は、2023年8月より海洋放出されました。このことにより生じると心配される漁業関係者への影響があります。その具体的なことがらを答えなさい。

⑤　処理水の海洋放出に関しては、国際原子力機関が「人及び環境に対する放射線影響は無視できるほどである」とする報告書を公表しました。また、ヨーロッパ連合は、日本産の食品などに対する輸入規制を撤廃すると公表しました。この国際原子力機関とヨーロッパ連合の名をそれぞれアルファベットの略称で答えなさい。

★⑥　今回、処理水を海洋放出した理由のひとつには、処理水がたまり続けることがあります。たまり続けた処理水をなぜ海洋放出することになったのでしょうか。簡潔に説明しなさい。

17 気候変動をめぐる世界の動き　▶解答は190ページ

1 次の文章中の（　　）にあてはまることばを、それぞれ答えなさい。

A　2023年6～8月の世界の平均気温が、観測史上最も高くなったと発表されました。国際連合の（　1　）事務総長は、7月には「地球温暖化の時代は終わり、"地球（　2　）化"の時代が到来した」と強い危機感を示していました。

B　ギリシャでは、7月14日に気温が40℃を超え、世界遺産であり観光名所でもある（　3　）神殿のある地域が一時封鎖されました。アメリカの西部から南部にかけては、高気圧が暖かい空気にふたをするように停滞する（　4　）現象が発生し、19日連続で43℃超となる地域もありました。

C　異常気象の原因には、赤道近くの海域で海面水温が平年よりも高くなる（　5　）現象などの影響もありますが、根底として、年々進行する地球温暖化があります。地球の気温や気象は長期的なパターンで変化しており、これを（　6　）といいます。

D　地球温暖化の原因には、とくに（　7　）やメタンガスなどの温室効果ガスの排出が大きく関係しており、さらに森林破壊や砂漠化などが進行することで（　7　）の吸収量が減少していることもあります。

E　地球温暖化の進行による影響のひとつに、ハリケーンやサイクロン、日本では列島に接近・上陸する（　8　）の勢力が大きくなることがあります。また、海水面が上昇することで、南太平洋の島国である（　9　）などでは水没のおそれがあると懸念されています。

2 次の各問いに答えなさい。

①　国際連合の専門機関のひとつである世界気象機関の略称をアルファベット3字で答えなさい。

②　現在の国際連合の事務総長の名を答えなさい。

③　気象庁が定義している、1日の最高気温が35℃以上の日のことを何といいますか。

④　猛烈な暑さの原因のひとつとなる、暖かくしめった空気が山をこえ、山の反対側に乾燥した高温の風が吹き下ろされることで気温が上昇する現象を何といいますか。

⑤　おもに降水量が少なく乾燥した地域で、土地が劣化して植物が育ちにくくなることを何といいますか。

★⑥　地球の気温や気象が変化する気候変動にはさまざまな原因があります。このうち、地球が温暖化する原因となる人間の活動には、どのようなことがありますか。説明しなさい。

★⑦　地球温暖化がこのまま続いた場合に起こる、人間にとって困ることを1つ答えなさい。

18 どうなる？働き方改革

▶解答は
191ページ

1 次の文章中の（　　）にあてはまることばや数字をそれぞれ答えなさい。

A　2018年の（　**1**　）内閣総理大臣の時に成立し、順次施行されている働き方改革関連法により、2023年には企業規模を問わずすべての企業で、月（　**2**　）時間を超える残業に対して割増賃金の引上げが適用されることになりました。

B　労働者の権利を守るために、労働三法が制定されています。1945年に制定され、労働者が（　**3**　）をつくり、会社と対等な立場での話し合いができることを定めた労働（　**3**　）法、1946年に制定された労働関係（　**4**　）法、1947年に制定され、労働条件の最低条件を示し労働者を保護するための労働（　**5**　）法です。

C　近年の日本では、なかなか収入が上昇していない現状があります。労働者の賃金が増え、好景気だったとされるのは、1960年代の（　**6**　）期と、1980年代後半の（　**7**　）経済の時期です。

D　2024年問題として取り上げられているのは、トラックなどの（　**8**　）不足による物流業界への影響です。労働時間に上限が設定され、これまでよりも収入が減ることが予想されることから、さらに（　**8**　）が減ってしまうのではないかといわれています。

2 次の各問いに答えなさい。

①　日本国憲法第27条には、国民は何の権利と義務を負うと規定されていますか。

②　労働者の権利を守るということは、日本国憲法における三原則のどれにあてはまる内容ですか。

③　国民の働き方や、労働条件、労働環境などに関する仕事をしている省庁の名を答えなさい。

④　年齢別人口割合を見るとき、15歳から64歳までの区分を何年齢人口といいますか。〇〇年齢人口という形にあてはまるように漢字2字で答えなさい。

⑤　過酷な労働などにより、体調を崩し命が失われてしまうことを漢字3字で答えなさい。

⑥　コロナ禍で広がりを見せた、職場に行かず自宅でICT（情報通信技術）を使って仕事をおこなうことを何といいますか。カタカナ5字で答えなさい。

⑦　「働く貧困層」ともいわれ、仕事をしても十分な収入を得ることができない状態を何といいますか。カタカナで答えなさい。

★⑧　低賃金での労働がおこなわれてしまう原因について、会社の立場から簡単に説明しなさい。

19 日本をとりまく東アジア情勢 ▶解答は191ページ

1 次の文章中の（　　　）にあてはまることばを、それぞれ答えなさい。

A　1972年に日中（　1　）によって国交が正常化された記念に、友好の証（あかし）として中国から日本にパンダが贈（おく）られました。その後、1978年には日中（　2　）が締結（ていけつ）され、今年で45年になりました。また、新型コロナウイルス感染症（かんせんしょうかくだい）拡大防止のために規制されていた中国人観光客の日本への団体旅行が解禁され、今後は（　3　）による国内消費の増加が予想されています。一方で、中国と日本は（　4　）の領有について意見の対立があります。

B　韓国（かんこく）の（　5　）大統領は就任後（しゅうにん）、日韓関係の改善（かいぜん）を積極的に推（お）し進めています。しかし、歴史認識（にんしき）において日本の主張に理解を示していることなどから、韓国国内での支持率はあまり高くありません。2023年3月には5年ぶりに（　5　）大統領が訪日（ほうにち）し、5月には（　6　）首相（しゅしょう）が訪韓して日韓首脳会談（しゅのう）をおこないました。このように首脳どうしがたがいの国を行き来することは（　7　）外交とよばれ、日韓関係を改善させようという動きがみられます。G7（　8　）サミットには、（　6　）首相の招待によって（　5　）大統領が参加しました。一方で、日本と韓国は（　9　）の領有について意見の対立があります。これまでにも（　9　）周辺海域（かいいき）では韓国軍が軍事演習をおこなうなどの行為（こうい）がみられ、対立が深まっています。

2 次の各問いに答えなさい。

①　現在の中華（ちゅうか）人民共和国の国家主席と朝鮮（ちょうせん）民主主義人民共和国の総書記の名を答えなさい。

②　日本と中国の国交正常化を果たしたときの声明を答えなさい。また、当時の中国の首相（しゅしょう）と日本の内閣（ないかく）総理大臣の名を答えなさい。

③　後に日中戦争に拡大（かくだい）していった、1937年に北京郊外（ペキンこうがい）で起こった日中両軍の衝突（しょうとつ）事件を何といいますか。

④　朝鮮半島は、かつて日本が植民地として支配していました。朝鮮半島が日本の植民地になったのは何年のことですか。西暦（せいれき）で答えなさい。

⑤　朝鮮半島は太平洋戦争後に再び戦場になりました。朝鮮戦争の開戦は何年ですか。西暦で答えなさい。また、休戦時に決められた韓国と北朝鮮の軍事境界線は北緯（ほくい）何度ですか。

★⑥　中国や韓国と、日本との関係を悪化させる原因のひとつに日本政府要人（やすくに）の靖国神社参拝（さんぱい）があげられます。なぜ靖国神社への参拝が問題となるのか説明しなさい。

★⑦　日本と中国、韓国との間には領土について意見の対立があり、各国の排他的（はいた）経済水域（けいざいすいいき）にもかかわる問題となっています。排他的経済水域とはどのような水域か、説明しなさい。

20 国産農林水産物・食品の世界進出　▶解答は191ページ

1　次の文章中の（　　　　）にあてはまることばや数字を、それぞれ答えなさい。

A　2022年の農林水産物・食品の輸出額（少額貨物輸出額をふくむ）は、（　1　）兆4140億円に達し、過去最高を記録しました。輸出相手国・地域では、（　2　）・香港・（　3　）の合計が47.5％と全体の半分近くをしめています。

B　品目別では、アルコール飲料が最も多く、中国やアメリカで、日本産の（　4　）が根強い人気を集め、また伝統的な日本酒の輸出も前年より大きく伸びています。ホタテ貝については、主要な産地である（　5　）湖をかかえる北海道での生産が順調であったことがそれぞれ輸出を牽引しました。

C　輸出が増えた背景としては2013年（　6　）元首相のもとでまとめられた「攻めの農林水産業」に向けての成長戦略が継続しておこなわれてきたことがあげられます。また世界的に（　7　）感染症が一段落して、各国での（　8　）産業での需要が回復したこともその背景として考えられます。

D　農林水産物・食品の輸出額が増えている一方で、日本の食料自給率はカロリーベースで（　9　）％にとどまっており、食料安全保障の面から多くの課題があります。

E　今後、輸出拡大にあたり、海外の市場で求められる「日本ならでは」の産品を専門的、継続的に生産、販売していく（　10　）という考え方が重要になってきます。

2　次の各問いに答えなさい。

①　「食料の輸送量」×「輸送距離」で求める数字で、食料の輸入などによってかかる環境への負荷をあらわすものを何といいますか。

②　①を減らすための取り組みとして、国内の地域で生産された農水産物を、その生産された地域内で消費することを何といいますか。

③　農林水産業（1次産業）と食品加工（2次産業）、そして流通や販売（3次産業）を組み合わせることで、農林水産業を活性化させ、農山漁村の経済を豊かにしていこうという取り組みを何といいますか。

★④　海外への食料輸出を増やせば、日本の食料自給率は上昇するのではないか、と考えました。その理由としてどのようなことが考えられますか。

★⑤　いかなる時でも命や健康的な生活を維持するために食料を安定して供給できるように、日本政府は3つの取り組みを進めています。その中から1つ答えなさい。

21 文化庁が京都に移転

▶解答は
191ページ

 次の文章中の（　　　）にあてはまることばや数字を、それぞれ答えなさい。

A　2023年3月27日、文化庁が（　1　）から京都に移転しました。（　1　）には他省庁とのやりとりが多い課が残り、文化庁をひきいる（　2　）をはじめ、全職員の3分の（　3　）が京都で業務にあたります。

B　文化庁は、日本の文化や芸術を世界に発信し、次の世代へと伝えていく仕事をおこなう、（　4　）省の外局です。京都が移転先に選ばれた背景には、京都が（　5　）年以上もの間、日本の都だったことがあります。歴史と文化が結びついた都市であり、文化財を活用した（　6　）を強化できることなどが、文化庁の目的に適していると考えられています。

C　文化庁の機能を、京都に移した理由には、東京への（　7　）を是正し、（　8　）創生を推し進めることがあります。京都移転がうまくいけば、これに続いてほかの省庁の移転計画も立てられる可能性があり、（　8　）の活性化にもつながります。

D　文化庁は今後、地域ごとの（　9　）文化の多様性、生活に身近な文化の保存が大きな課題であるとしています。

22 改正入管法が成立

▶解答は
191ページ

 次の文章中の（　　　）にあてはまることばや数字を、それぞれ答えなさい。

A　2023年6月、入管法の改正案が可決・成立しました。正式には「（　1　）管理および（　2　）認定法」といい、外国人が日本に在留するための許可や資格、（　3　）入国した人への罰則、（　2　）認定などのルールを定めています。

B　政府の改正案は、在留資格のない外国人の（　4　）期間に（　5　）がないことなどから、最初に提出された2021年も、再提出された今年も国連（　6　）理事会から見直しを求められており、立憲民主党や共産党などの（　7　）党は廃案を求めていました。

C　法改正により、（　8　）回目以降の（　2　）認定の申請者は（　9　）が可能になりました。日本は認定のための審査がきびしく、2回目までに認められる保証はありません。

D　在留資格のない外国人を強制的に（　4　）する入管施設では、体調が悪化して診療を求めた外国人が、病状を深刻に受け止めてもらえず死亡するという事件がありました。今回、新しく（　10　）制度ができましたが、しくみへの批判の声はまだ消えていません。

23　変わる交通ルール

▶解答は191ページ

◆　次の文章中の（　　　）にあてはまることばを、それぞれ答えなさい。

A　（　1　）法が改正され、2023年４月より、すべての自転車利用者に（　2　）の着用が（　3　）化されました。

B　自転車の事故で致命傷となった身体のおもな部位のうち、最も割合が高い部位は（　4　）です。

C　（　5　）庁は、自転車利用者のヘルメットの着用を進めることで、交通事故における自転車による事故の被害を最小限におさえていきたいとしています。

D　モーターのついたキックボードである（　6　）キックボードには、2023年７月より新しい交通ルールが適用され、（　7　）がなくても運転できるようになりました。

 24　日本の宇宙開発のこれから

▶解答は191ページ

◆　次の文章中の（　　　）にあてはまることばや数字を、それぞれ答えなさい。

A　（　1　）とよばれる宇宙航空研究開発機構が14年ぶりに宇宙飛行士候補者の選抜試験を実施し、国際機関に勤める諏訪理さんと医師の米田あゆさんの２名が選ばれました。

B　宇宙飛行士候補者に選ばれた２名は、訓練を経て宇宙飛行士に認定されれば、（　2　）とよばれるアメリカ航空宇宙局が進める（　3　）計画（有人月面探査計画）での活躍が期待されています。

C　日本のロケット開発では、最近は主力の（　4　）ロケットだけでなく、新型の（　5　）ロケットでも打ち上げ失敗が続いていましたが、2023年９月にはＨ２Ａロケットの打ち上げに成功しました。

D　防衛省は、航空自衛隊の名称を「（　6　）」とする時期を2027年度とする方針を示しました。これが実現すれば、（　7　）年に自衛隊が発足して初めて名前が変わることになります。

E　自衛隊の宇宙でのおもな活動としては、（　8　）とよばれる宇宙ゴミや電波妨害から人工衛星を守ることや、他国からの攻撃に備えることなどがあります。

1 Ｇ７広島サミット開催

▶解答は
193ページ

1 2023年5月、広島で第49回主要国首脳会議が開催されました。このことについて、次の文章を読んで、あとの各問いに答えなさい。

　₁主要国首脳会議は、当時のフランス大統領のよびかけに応じた先進国の首脳が集まって、1975年に初めて開催されました。それから、毎年、参加国が持ち回りで議長国となって開かれています。第1回には6か国の首脳が、そして、第2回からはカナダが加わって正式参加国がＧ７とよばれる7か国となりました。また、第3回からは、現在の（　2　）の前身であるＥＣの代表も参加しています。

　₃主要国首脳会議は、もともと、自由民主主義国の集まりとして始まりましたが、冷戦終結後はロシアも正式参加国となりました。そして、2006年には議長国となったロシアのサンクトペテルブルクが開催地ともなりました。しかし、再びロシアが議長国となっていた2014年には、国際世論に反してロシアが（　　4　　）を併合したため、開催地はベルギーのブリュッセルに変更され、それ以来、ロシアの参加資格は停止されています。

　₅日本での開催は、今回で7度目です。₆今回の開催にあたって、日本政府は「法の支配に基づく国際秩序の堅持」と「グローバル・サウスへの関与の強化」を話し合いの重要課題の視点としてあげ、その成果は「Ｇ７広島首脳コミュニケ」という声明として発表されました。

問1　文章中の下線部1について、(1)・(2)の問いに答えなさい。
　(1)　主要国首脳会議の略称をカタカナ4字で答えなさい。
　(2)　このときのおもな議題となったことを次の中から選び、記号で答えなさい。
　　ア　石油危機で混乱した世界経済を回復させること。
　　イ　冷戦対立で激化した軍拡競争に歯止めをかけること。
　　ウ　世界各地で多発するようになったテロ対策を進めること。

問2　文章中の（　2　）には、ヨーロッパ連合の略称があてはまります。その略称をアルファベット2字で答えなさい。

問3　文章中の下線部3について、国際連合安全保障理事会の常任理事国である五大国であっても、自由民主主義国家ではないために、主要国首脳会議の正式参加国となっていない国があります。現在、参加資格を停止されているロシアのほかに、五大国でありながら、サミットの正式参加国ではない国の名を答えなさい。

問4　文章中の（　　4　　）にあてはまる地名を次の中から選び、記号で答えなさい。
　　ア　アフガニスタン　　イ　ジョージア　　ウ　クリミア　　エ　ベラルーシ

問5　文章中の下線部5について、右の地図には、これま
　　で日本で開催された主要国首脳会議の場所が示されて
　　います。これらの開催地について、(1)・(2)の問いに答
　　えなさい。

(1)　今回、主要国首脳会議の開催地となった広島の位
　　置を地図中から選び、記号で答えなさい。

(2)　次の①～③は、これまでの開催地について説明し
　　ています。①～③で説明されている開催地の位置を
　　地図中から選び、それぞれ記号で答えなさい。

　　①　2000年の開催地。この年に発行された二千円札
　　　には、開催地にある世界文化遺産を象徴する首里
　　　城の守礼門が描かれた。

　　②　2008年の開催地。地球環境問題が議題となるにあたり、火山が生み出した雄大な
　　　自然に恵まれていることが、開催地として選ばれた理由のひとつとなった。

　　③　2016年の開催地。主会場となった英虞湾内の賢島は警備がしやすく、今年も関係
　　　閣僚会議のひとつであった交通大臣会合の会場となった。

問6　文章中の下線部6について、(1)・(2)の問いに答えなさい。

(1)　「法の支配に基づく国際秩序の堅持」に関しては、「G7広島首脳コミュニケ」に、次
　　に抜粋する内容が盛りこまれました。

　　┌─────────────────────────────────────┐
　　│●ロシアの違法な侵略戦争に直面する中で、必要とされる限り□□□□を支援する。│
　　│●自由で開かれたインド太平洋を支持する。　　　　　　　　　　　　　　　　　　│
　　└─────────────────────────────────────┘

　　①　上の抜粋中の□□□□にあてはまる国の名を答えなさい。

　　②　上の抜粋中の波線部について、これは、問3で答えた国による海洋進出が意識さ
　　　れた声明であり、今回の主要国首脳会議には、その海洋進出に、アメリカ、日本、イ
　　　ンドとともに協同して取り組むQUADと略される4か国戦略同盟の構成国も招待さ
　　　れていました。その招待国を次の中から選び、記号で答えなさい。

　　　ア　アゼルバイジャン　　イ　イスラエル

　　　ウ　ウズベキスタン　　　エ　オーストラリア

(2)　「グローバル・サウスへの関与の強化」に関しては、グローバル・サウスの国々の盟
　　主を自認するインドから首相が招待されました。招待されたインドの首相の名を次の
　　中から選び、記号で答えなさい。

　　　ア　マクロン　　イ　ジョコ　　ウ　スナク　　エ　モディ

1 G7広島サミット開催

2 次に示すのは、2023年の広島サミットに参加したウクライナのゼレンスキー大統領がおこなった記者会見内容からの抜粋です。これを読んで、あとの各問いに答えなさい。

ご列席のみなさま、日本国民のみなさま、平和を尊重する世界中のみなさま。

私は、₁戦争によって歴史の石に影を残すのみになってしまったかもしれない国からここに参りました。ですが、わが国の英雄的な人々は、戦争そのものを"影"にするために歴史を巻き戻そうとしています。

…中略…

₂敵が使っているのは核兵器ではありませんが、ロシアの爆弾や砲撃によって焼き尽くされ廃墟となった私たちの街は、私がいまここ（原爆資料館）で見てきたばかりのものと似ています。

₃広島の原爆資料館を訪れることができたことを光栄に思います。

…中略…

戦争がひとたび起これば、私たちの命はひとしく灰と化してしまいます。

戦争が石に影を残すのは歴史の中だけになるように、それが博物館でしか見られないようにするために、₄世界中のすべての人ができる限りのことをしなければなりません。

…後略…

（「NHK国際ニュースナビ」に掲載された訳文より）

問1 ゼレンスキー大統領の写真を次の中から選び、記号で答えなさい。

ア　　　　　　イ　　　　　　ウ　　　　　　エ

問2 下線部1について、これは、広島平和記念資料館（訳文中では「原爆資料館」）に展示されている、広島に原爆が投下されたときにすわっていた人の影が残った「人影の石」に、侵攻を受けているウクライナを重ねた表現です。これについて、(1)・(2)の問いに答えなさい。

(1) 広島に原爆が投下された月日を答えなさい。

(2) 広島に原爆が投下された1945年には、とくに市民・住民を巻きこむ戦禍が続きました。次の1945年のできごとを起きた順に並べかえ、記号で答えなさい。

ア　広島への原爆投下　　イ　一夜で10万人が死亡したとされる東京大空襲

ウ　長崎への原爆投下　　エ　沖縄本島へのアメリカ軍の上陸開始

オ　ソ連による対日参戦の開始

問3　下線部2について、広島サミットが開催されていたとき、ロシアは核兵器の使用にまではいたっていませんでした。しかし、ロシアは世界最大の核兵器保有国であり、6月にはウクライナに近いベラルーシに、戦場で使用することを目的とした戦術核兵器を搬入しました。これに関連して、(1)〜(3)の問いに答えなさい。

(1)　核兵器保有国を5か国以外に許さないことを定めた条約の略称を次の中から選び、記号で答えなさい。

ア　CTBT　　イ　NPT　　ウ　新START

(2)　(1)で答えた条約の体制を維持していくために、核燃料施設を国際的に監視する「保障措置」を担当している国際機関の略称を次の中から選び、記号で答えなさい。

ア　IAEA　　イ　NATO　　ウ　OECD

(3)　核兵器に関して、日本は非核三原則を国是（国の方針）としています。非核三原則の内容を書きなさい。

問4　下線部3について、ゼレンスキー大統領以外の各国の首脳も、広島サミット開催にともなって広島平和記念資料館を訪問しました。これについて、(1)〜(3)の問いに答えなさい。

(1)　各国の首脳を広島平和記念資料館に案内した日本の首相の名を答えなさい。

(2)　(1)で答えた人物は、2016年の伊勢志摩サミット終了後にアメリカ大統領が広島を訪問することを外相として主導しました。これによって、初めて広島平和記念資料館を訪れたアメリカ大統領の名を答えなさい。

(3)　(1)で答えた人物は、G7の国々と広島サミットに招待した8か国（オーストラリア、ブラジル、コモロ、クック諸島、インド、インドネシア、韓国、ベトナム）すべての首脳を広島平和記念資料館へと案内しました。今回、広島平和記念資料館を首脳が訪れた15か国のうち、核兵器を保有している、または、保有が疑われている国の名をすべて答えなさい。

問5　文章中の下線部4について、将来、あなたが世界から戦争をなくしていくための取り組みをするときには、どのようなことをしたいと考えていますか。それに取り組みたい理由と、その将来の取り組みに向けてどのようなことに力を入れて中学・高校での時間を過ごそうと考えているか、自由に述べなさい。

2 緊迫続くウクライナ情勢

▶解答は
194ページ

1 次の文章を読み、あとの各問いに答えなさい。

2022年2月24日にロシアがウクライナに侵攻を開始してから、1年半以上が経過しました。侵攻開始当初は、ウクライナに軍事力で勝るロシアが、短期でウクライナの首都キーウを攻略するものとみられていましたが、欧米各国から武器や資金の支援を受けているウクライナが抵抗を続け、侵攻が長期化しています。軍事侵攻は一般市民の生活にも影響をおよぼし続けており、₁ウクライナでは2万人以上（2023年6月現在）もの民間人が命を落とし、630万人以上（2023年6月現在）が国外に避難しています。

そもそも、ロシアのウクライナ侵攻の背景には、₂ウクライナのゼレンスキー大統領が北大西洋条約機構（NATO）への加盟を目指したことがありました。ウクライナはNATO加盟国とロシアとの間にある緩衝地帯となっていたのが、ウクライナがNATOに加盟するとNATOの勢力が東方に拡大し、それがロシアの脅威となるからです。そのため、ロシアはウクライナの加盟を阻止し、ロシアの勢力圏内にとどめたいのです。

侵攻開始からちょうど1年の節目に合わせて、国際連合では、2023年2月24日に緊急特別会合が開かれ、ロシア軍の即時撤退などを求める決議が、欧米各国や日本などの141か国の賛成で採択されました。決議では、国際社会としてロシアへの非難の姿勢を示しましたが、決議に法的な拘束力はありません。また、国際連合の₃安全保障理事会でも、常任理事国のひとつにロシアがふくまれるために、ロシア軍の即時撤退を求めるなどの有効な制裁手段がとれずにいます。

問1 下線部1について、

(1) 国際連合では、難民問題の解決をはかるための活動を国連難民高等弁務官事務所がおこなっています。

① 国連難民高等弁務官事務所の英語の略称を答えなさい。

② 国連難民高等弁務官事務所で、1991年から2000年までの10年間、女性として初めて、また日本人で初めて国連難民高等弁務官として活躍した人物の名を次の中から選び、記号で答えなさい。

ア 津田梅子　　イ 黒柳徹子　　ウ 緒方貞子　　エ 中満泉

(2) 次の資料を見て、難民条約で定義されている難民にあたるものをあとのア～エから選び、記号で答えなさい。

難民の地位に関する条約（難民条約）
第1条A　この条約の適用上、「難民」とは、次の者をいう。

> ……人種、宗教、国籍もしくは特定の社会的集団の構成員であることまたは政治的意見を理由に迫害を受けるおそれがあるという十分に理由のある恐怖を有するために、国籍国の外にいる者であって、その国籍国の保護を受けることができない者またはそのような恐怖を有するためにその国籍国の保護を受けることを望まない者……

ア　自分が生まれ育った国から、農場や工場、会社などで働いたり、新たに土地を開拓して農業を営んだりするために他の国に移動した人。

イ　父や母が病気や戦争などによって命を落とし、他に保護する大人がおらず、生活をしていくのがむずかしくなった子ども。

ウ　干ばつや台風、火山噴火や地震などの自然災害によって、住んでいた家がなくなったり、生活が苦しくなったりして他の国に逃亡した人。

エ　人種や宗教、政治的意見などの理由で迫害を受けるなど、命の安全をおびやかされて他の国に逃亡した人。

(3)　ウクライナから多くの避難民を受け入れている、ウクライナの隣国の名を答えなさい。

問2　下線部2について、右の地図はNATOの加盟国を示したものです。

(1)　2023年4月に新たにNATOに加盟した地図中の　　A　　の国の名を答えなさい。

(2)　　A　　とともにNATOへの加盟を表明し、加盟の手続きが進められている　　B　　の国の名を答えなさい。

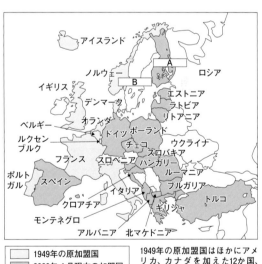

1949年の原加盟国
2023年4月現在の加盟国

1949年の原加盟国はほかにアメリカ、カナダを加えた12か国、2023年4月現在は31か国が加盟。
（外務省の資料をもとに作成）

問3　下線部3について、

(1)　安全保障理事会は、常任理事国5か国と、非常任理事国10か国から成っています。このうち、常任理事国の5か国の名をすべて答えなさい。

(2)　拒否権とは何かを説明しなさい。また、ロシアが拒否権を行使することで浮きぼりとなった、拒否権の問題点を説明しなさい。

2 緊迫続くウクライナ情勢

2 次の地図を見て、あとの各問いに答えなさい。

ソビエト社会主義共和国連邦(ソ連)を構成していた国々とウクライナの拡大図

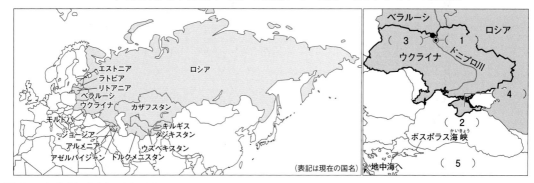

(表記は現在の国名)

問1　ウクライナについて、

(1)　地図中の（　**1**　）にあてはまるウクライナの首都の名を答えなさい。

(2)　次の雨温図は、東京（日本）と、ウクライナ、インド、ブラジルのいずれかの首都のものです。このうち、ウクライナの首都の雨温図を選び、記号で答えなさい。

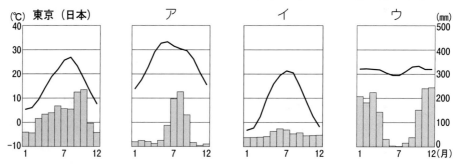

(3)　地図中の（　**2**　）にあてはまる海の名を次の中から選び、記号で答えなさい。

ア　カスピ海　　イ　黒海　　ウ　地中海　　エ　インド洋

(4)　地図中の（　**3**　）にあてはまる、1986年に重大な事故を起こした、ウクライナの原子力発電所の所在都市の名を答えなさい。

(5)　次のア・イのグラフは、ウクライナで生産がさかんなとうもろこしと小麦のいずれかについて、それぞれ生産量が上位の国を示したものです。ア・イのうち、小麦を示す方を選び、記号で答えなさい。

				フランス	ウクライナ	
ア	中国 17.8%	インド 14.2	ロシア 9.9	アメリカ 5.8	4.7　4.2	その他 43.4

			アルゼンチン	ウクライナ	インド	
イ	アメリカ 31.7%	中国 22.5	ブラジル 7.3	5.0　3.5	2.6	その他 27.4

(2021年、重量による割合。『日本国勢図会2023/24』をもとに作成)

問2 104ページの左上の地図中には、ソ連を構成していた国々が示されています。

(1) 第二次世界大戦後、アメリカ（西側）を中心とする資本主義諸国と、ソ連（東側）を中心とする社会主義諸国の二大勢力が対立しました。これらの対立は、直接戦火を交えなかったことから、何とよばれていますか。

(2) 西側諸国は、1949年にソ連に対抗する軍事同盟を結成しました。この軍事同盟の名を答えなさい。

(3) 東側諸国は、(2)で答えた軍事同盟に対抗して、1955年に軍事同盟を結成しました。この軍事同盟の名を答えなさい。

(4) (1)の対立は、1989年にマルタでアメリカの大統領とソ連の書記長による会談が開かれ、終結が宣言されました。このときのアメリカの大統領の名とソ連の書記長の名を次の中から選び、それぞれ記号で答えなさい。

　　ア　ゴルバチョフ　　イ　ウィルソン　　ウ　ブッシュ　　エ　レーニン

問3 1991年、ソ連の崩壊の直前にウクライナも独立を果たしました。その後は、ロシアと親しくしようとする人々（親ロシア派）と、欧米諸国と親しくしようとする人々（親欧米派）が対立してきました。

(1) 2014年にウクライナで親ロシア派政権がたおれると、ロシアは地図中の（　4　）を併合しました。

　① （　4　）にあてはまる地域の名を答えなさい。

　② （　4　）をロシアが併合したことに対して、主要国首脳会議はロシアの参加資格を停止しました。この主要国首脳会議は何とよばれていますか。カタカナで答えなさい。

(2) 現在、ロシアを率いるプーチン大統領と、ウクライナを率いるゼレンスキー大統領の写真を次の中から選び、それぞれ記号で答えなさい。

　　　　　ア　　　　　　　イ　　　　　　　ウ　　　　　　　エ

問4 地図中の（　5　）は、2022年7月に国連とともにロシアとウクライナの話し合いの仲介をし、（　2　）におけるウクライナの穀物輸送に関する合意を成立させました。（　5　）にあてはまる国の名を答えなさい。

3 岸田政権発足から2年

▶解答は
194ページ

1 次の文章を読んで、あとの各問いに答えなさい。

　₁岸田内閣が誕生したのは2021年10月4日のことでした。同年10月31日におこなわれた衆議院議員総選挙、₂翌年7月10日におこなわれた参議院議員通常選挙で、自由民主党（自民党）はともに単独で過半数の議席を獲得して大勝しました。国政選挙で2連勝したことで、岸田首相は₃重要な政策や課題に腰をすえて取り組むことのできる安定期を手にしたといえます。

　しかし、2022年秋以降、自民党と宗教団体とのつながりや、大臣の相次ぐ辞任が逆風となり、岸田内閣の支持率は急落しました。さらに2023年には（　4　）カードをめぐるトラブルが相次いで明らかになり、政府は対応に追われてきました。

　岸田首相の自民党総裁としての任期は2024年9月までです。低迷する支持率に歯止めをかけ、体制を立て直して政権を維持するために、岸田首相がいつ₅衆議院解散・総選挙にふみ切ってもおかしくないといわれています。

問1　文章中の下線部1について、内閣に関して規定された次の日本国憲法条文の（　あ　）
　　　～（　え　）にあてはまることばをそれぞれ答えなさい。

　　　第67条　内閣総理大臣は、国会議員の中から（　あ　）の議決で、これを（　い　）す
　　　　　　　る。この（　い　）は、他のすべての案件に先だって、これを行う。

　　　第68条　内閣総理大臣は、国務大臣を（　う　）する。但し、その（　え　）は、国会
　　　　　　　議員の中から選ばれなければならない。

問2　文章中の下線部2について、この選挙は、投開票の2日前に演説中の元内閣総理大臣
　　　が銃撃されて亡くなるという異常事態の中でおこなわれました。

　(1)　この元内閣総理大臣の名を答えなさい。

　(2)　(1)の人物は、歴代内閣総理大臣の中で最も在職日数が長くなっています。次の表は、
　　　在職日数が長い内閣総理大臣を示したものです。表中の在職期間を参考にして、A～
　　　Cにあてはまる内閣総理大臣の名をそれぞれ答えなさい。

内閣総理大臣	在職日数	在職期間
(1)の人物	3188日	2006年9月26日～2007年9月26日 2012年12月26日～2020年9月16日
桂太郎	2886日	1901年6月2日～1906年1月7日 1908年7月14日～1911年8月30日 1912年12月21日～1913年2月20日
A	2798日	1964年11月9日～1972年7月7日

B	2720日	1885年12月22日～1888年 4 月30日 1892年 8 月 8 日～1896年 8 月31日 1898年 1 月12日～1898年 6 月30日 1900年10月19日～1901年 5 月10日
C	2616日	1946年 5 月22日～1947年 5 月24日 1948年10月15日～1954年12月10日

問3 文章中の下線部 3 について、岸田首相は「早期の憲法改正を目指す」としています。

(1) 自民党が考える憲法改正の内容としてふさわしくないものを次の中から選び、記号で答えなさい。

ア 憲法第 9 条に自衛隊の存在を明記する。

イ 大地震などの大規模な災害が起こり、国会が機能しない場合、内閣の権限を強化する。

ウ 人口が少なく、となり合う 2 つの県を 1 つの選挙区とする「合区」を導入する。

エ 経済的な理由にかかわらず、教育を受けられる環境を整備するよう国に努力義務を課す。

(2) 憲法改正の手続きについて規定された、次の日本国憲法第96条の（ あ ）～（ お ）にあてはまる数字やことばをそれぞれ答えなさい。

第96条 　この憲法の改正は、各議院の総議員の（ あ ）分の（ い ）以上の賛成で、国会が、これを発議し、国民に提案してその承認を経なければならない。この承認には、特別の（ う ）又は国会の定める選挙の際行われる投票において、その（ え ）の賛成を必要とする。

　　 2 　憲法改正について前項の承認を経たときは、（ お ）は、国民の名で、この憲法と一体を成すものとして、直ちにこれを公布する。

問4 文章中の（ 4 ）にあてはまることばを答えなさい。

問5 文章中の下線部 5 について、衆議院の解散に関して規定された次の日本国憲法条文の（ あ ）～（ う ）にあてはまる数字をそれぞれ答えなさい。

第54条 　衆議院が解散されたときは、解散の日から（ あ ）日以内に、衆議院議員の総選挙を行い、その選挙の日から（ い ）日以内に、国会を召集しなければならない。

第69条 　内閣は、衆議院で不信任の決議案を可決し、又は信任の決議案を否決したときは、（ う ）日以内に衆議院が解散されない限り、総辞職をしなければならない。

2 日本の歳出について、次の文章を読んで、あとの各問いに答えなさい。

1国の予算は、内閣が作成し、国会で議決されます。2023年度当初の、国の一般会計の歳出は約（　2　）兆円で、多い順に3社会保障関係費、国債費、4地方交付税交付金などに使われ、これらで約7割をしめています。そのほか、5防衛関係費や公共事業関係費、文教及び科学振興費などにも予算があてられています。

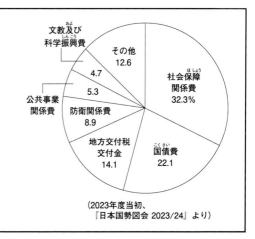

（2023年度当初、
『日本国勢図会 2023/24』より）

問1 文章中の下線部1について、

(1) 予算作成の仕事を中心となっておこなう省の名を答えなさい。

(2) おもに次の年度の予算案を審議する国会の種類を次の中から選び、記号で答えなさい。

ア　通常国会　　　イ　臨時国会　　　ウ　特別国会　　　エ　緊急集会

(3) 予算の成立過程の説明としてふさわしくないものを次の中から選び、記号で答えなさい。

ア　予算案は、閣議で決定して、国会へ送られる。

イ　予算は、本会議の前に、委員会で審議される。

ウ　国会での予算の審議は、衆議院または参議院でおこなわれてから、もう一方の議院へ送られる。

エ　衆議院と参議院とで異なる議決をしたときは、衆議院の議決が優先される。

問2 文章中の（　2　）にあてはまる数字を次の中から選び、記号で答えなさい。

ア　84　　　イ　94　　　ウ　104　　　エ　114

問3 文章中の下線部3について、

(1) 日本の社会保障制度の土台となっている、次の日本国憲法第25条の条文中にあることばを、（　あ　）は漢字2字、（　い　）は漢字4字でそれぞれ答えなさい。

第25条　すべて国民は、（　あ　）で文化的な（　い　）の生活を営む権利を有する。

(2) 日本の社会保障制度の4つの柱（社会保険・社会福祉・公的扶助・公衆衛生）の説明としてふさわしくないものを次の中から選び、記号で答えなさい。

ア　社会保険には、医療保険や年金保険、生命保険、災害保険などがあり、病気やけ

がをしたとき、高齢になったとき、死亡したとき、災害を受けたときなどに給付が
受けられる。

イ　社会福祉は、高齢者や障がいのある人、保護者のいない児童や一人親の家庭など
に、国が必要な援助をおこなう。

ウ　公的扶助には、収入が少なく、日常生活を営むのが困難な人に対して、生活費な
どを給付する生活保護などの制度がある。

エ　公衆衛生には、病気の予防や地域社会の衛生状態を改善し、生活の基礎を整える
役割がある。

(3) 近年、歳出にしめる社会保障関係費の割合が大きくなっています。その理由として
ふさわしくないものを次の中から選び、記号で答えなさい。

ア　平均寿命が長くなったことで、年金や医療などへの給付金が多くなっているから。

イ　高齢化が進んでいることで、介護を必要とする人が増え、介護保険の支給額が増
えているから。

ウ　経済的な格差が大きくなってきたので、生活保護家庭1世帯あたりの支給額を大
幅に増やしたから。

エ　少子化に歯止めをかけるための対策として、保育所の整備や子育て支援などを強
化しているから。

問4　文章中の下線部4について、地方交付税交付金の説明としてふさわしいものを次の中
から選び、記号で答えなさい。

ア　地域ごとの公共サービスの格差をなくすために、国が地方公共団体に配分し、使用
目的が決められていない資金。

イ　国が地方公共団体に仕事をまかせるかわりに、その仕事に対して国が負担する資金。

ウ　道路やダムの建設・整備、公立の学校の建設、港湾の整備などをおこなうための資
金。

問5　文章中の下線部5について、2023年度の予算
から、防衛関係費が大きく増えました。政府は
防衛費の増額分の財源として、法人税・所得税・
たばこ税の増税を検討しています。

　　右のグラフは、国税の内訳を示したものです。
グラフ中のア～エから、法人税・所得税・たば
こ税にあたるものを選び、それぞれ記号で答え
なさい。

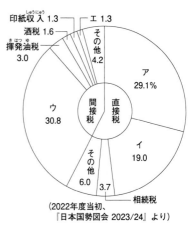

印紙収入 1.3　　エ 1.3
酒税 1.6
揮発油税 3.0
その他 4.2
ア 29.1%
ウ 30.8
間接税
直接税
イ 19.0
その他 6.0
3.7
相続税

(2022年度当初、
『日本国勢図会 2023/24』より)

4 関東大震災（しんさい）から100年

▶解答は195ページ

1 次の表は、日本で発生した３つの震災（しんさい）をまとめたものです。これを見て、あとの各問いに答えなさい。

震災名	発生年	マグニチュード	震源地（しんげん）
関東大震災	1923年9月1日	M7.9	相模湾北西部（さがみわん）
阪神・淡路大震災（はんしん あわじ）	1995年1月17日	M7.3	淡路島北部
東日本大震災	2011年3月11日	M9.0	三陸沖（さんりくおき）

（気象庁のホームページなどより）

問1 表中のマグニチュードの数値（すうち）が示しているものを次の中から選び、記号で答えなさい。
　　ア　地震の規模（きぼ）　　イ　震源（しんげん）からの距離（きょり）　　ウ　揺（ゆ）れの強さ　　エ　震源の深さ

問2 表中の３つの震源地の緯度（いど）・経度を次の中から選び、それぞれ記号で答えなさい。
　　ア　北緯34度36分、東経135度02分　　　イ　北緯32度45分、東経130度46分
　　ウ　北緯38度06分、東経142度52分　　　エ　北緯35度20分、東経139度08分

問3 関東大震災が起こった９月１日は、地震や台風などの災害に対する認識（にんしき）を深め、それらの災害に対処する心がまえ（たいしょ）をもつために「（　　　）の日」に制定されています。
　　（　　　）にあてはまることばを答えなさい。

問4 阪神（はんしん）・淡路（あわじ）大震災が発生した当時の状況（じょうきょう）の説明としてふさわしくないものを次の中から選び、記号で答えなさい。
　　ア　この地震により、首都圏で500万人以上の帰宅困難者（きたくこんなん）が出たと推計（すいけい）されている。
　　イ　この地震により、高速道路の高架橋（こうか）や鉄道の複数の駅が倒壊（とうかい）した。
　　ウ　この地震では液状化現象などにより、配水管が被害（ひがい）を受け100万戸（こ）以上が断水した。

問5 2011年の東日本大震災では、発電所の事故が問題となりました。その発電所の名と、事故の原因となった自然現象の名を答えなさい。

問6 次の①・②は、災害を防いだり、災害が起きたときに避難（ひなん）したりするための施設（しせつ）の写真です。これらの施設の役割（やくわり）をそれぞれ説明しなさい。なお、①は渡良瀬遊水地（わたらせ）です。

①

②

問7 日本で近年起きた大きな地震や、その影響について説明した①〜⑤について、あてはまる地震をあとのア〜オから選び、それぞれ記号で答えなさい。

① 奥尻島をはじめ、日本海側に大きな被害をあたえた津波は、韓国やロシアの沿岸にもおよんだ。

② 加藤清正が築いた城が被災し、国の重要文化財に指定されている城の建造物が倒壊したり、城の石垣が崩れたりした。

③ 地震発生地点に近い支笏湖周辺は火山による噴出物の堆積している地域であったことから、土砂崩れや液状化現象が起きた。

④ 震源地付近は信濃川が運んだ堆積層からなり、台風の影響で地盤がゆるんでいたこともあって、地すべりなどの被害を大きく受けた。

⑤ 男鹿半島沖から津軽海峡の西側にかけての広い範囲が震源域となり、北海道から九州にかけての日本海沿岸を中心に津波が観測された。

ア　熊本地震　　　　　イ　新潟県中越地震　　　ウ　日本海中部地震

エ　北海道胆振東部地震　　オ　北海道南西沖地震

問8 近年、日本はたびたび大規模な震災に見舞われています。その日本で以前から警戒されているのが、南海トラフ巨大地震です。南海トラフ巨大地震では、南海地震、東南海地震、東海地震が連動して起こる可能性が指摘されています。

(1) 南海地震、東南海地震、東海地震が発生すると想定される場所を右の地図中から選び、それぞれ記号で答えなさい。

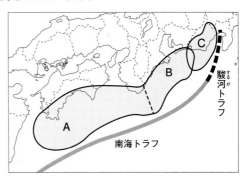

(2) (1)の3つの地震のうち、とくに東海地震は「いつ起こってもおかしくない」といわれています。予想される東海地震の震源付近のプレートのようすを次の中から選び、記号で答えなさい。

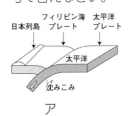

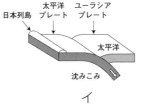

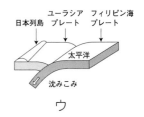

4 関東大震災から100年

2 次の文章は、日本における自然災害について書かれたものです。これを読んで、あとの各問いに答えなさい。

　日本は大部分が温帯に位置し、₁世界の中でも降水量が多い国のひとつです。とくに降水が集中する梅雨と₂台風の時期に加え、積乱雲が次々と発生して帯状に連なる現象である[　　3　　]による記録的な大雨に見舞われることもあり、河川の増水や土砂災害などに注意が必要です。近年は、地球温暖化にともなう気候変動の影響で、こうした災害の頻発化や激甚化が心配されています。

　心配されているのは、気象災害だけではありません。環太平洋火山帯の一部になっている日本には、世界の活火山のおよそ７％が集中していることから、₄火山の噴火などにも注意が必要です。また、日本列島は₅４つのプレートが接するところに位置しているため、世界の中でも₆地震の被害にあいやすい国だといえます。

　このようにして見ると、日本は実に多くの自然災害の危険にさらされているといえます。そのため、₇国や地方自治体が防災対策を強化するのはもちろんのこと、₈私たち一人ひとりが高い防災意識をもって、日ごろから災害に備えておくことが必要不可欠となります。

問1　文章中の下線部１について、日本の年間平均降水量として最も近いものを次の中から選び、記号で答えなさい。

　　ア　2700mm　　イ　2200mm　　ウ　1700mm　　エ　1200mm

問2　文章中の下線部２について、次の文章は台風の発生や被害について説明したものです。文章中の（　①　）～（　④　）にあてはまることばをあとから選び、それぞれ記号で答えなさい。ただし、同じ番号には同じことばがあてはまります。

> 　台風は（　①　）付近で多く発生します。これは、水温が高い海上では、多くの水蒸気をふくんだ（　②　）気流が生まれるためです。この（　②　）気流によって、次々と発生した積乱雲がまとまり、渦を形成します。渦の中心付近は気圧が下がり、さらに発達して（　③　）となります。この（　③　）が台風です。台風は、暴風や（　④　）などによる被害をもたらします。

　　ア　赤道　　　　　　イ　北極や南極　　ウ　上昇　　エ　下降
　　オ　温帯低気圧　　　カ　熱帯低気圧　　キ　津波　　ク　高潮

問3　文章中の[　　3　　]にあてはまることばを漢字５字で答えなさい。

問4　文章中の下線部４について、過去に噴火した火山と、その火山が属する都道府県の組み合わせとしてふさわしくないものを次の中から２つ選び、記号で答えなさい。

　　ア　雲仙岳――鹿児島県　　　　　イ　阿蘇山――熊本県　　　ウ　有珠山――北海道
　　エ　御嶽山――愛知県・岐阜県　　オ　霧島山――鹿児島県・宮崎県

問5　文章中の下線部5について、右の地図は日本付近のプレートのようすをあらわしたものです。A～Dにあてはまるプレートの名を次の中から選び、それぞれ記号で答えなさい。

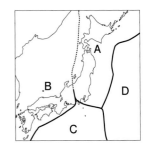

　　ア　フィリピン海プレート　　イ　太平洋プレート
　　ウ　ユーラシアプレート　　　エ　北米プレート

問6　文章中の下線部6について、￪￪￪￪￪は地震の被害を軽減する目的で、緊急地震速報を運用しています。￪￪￪￪￪にあてはまる省庁を次の中から選び、記号で答えなさい。

　　ア　消防庁　　イ　気象庁　　ウ　総務省　　エ　環境省

問7　文章中の下線部7について、近年、行政がおこなった新たな防災対策には、特別警報の運用や新たな地図記号の作成・決定などがあげられます。

⑴　2013年、国は特別警報の運用を開始しました。特別警報は、大雨・暴風・大雪・地震・津波・火山の噴火などで、数十年に一度という危険が予測される場合に出されるものです。この警報が出されたときには、対象地域の住民はただちに￪￪￪￪￪行動をとらなければなりません。

　　　　￪￪￪￪￪にあてはまることばを答えなさい。

⑵　2014年、国は災害時の緊急避難場所や避難所をわかりやすく表示するために、それぞれの地図記号を新たに定めました。緊急避難場所と避難所をあらわす地図記号を次の中から選び、それぞれ記号で答えなさい。

　　ア　　　　　　　イ　　　　　　　ウ　　　　　　　エ

⑶　過去の自然災害のようすを伝え、その教訓を活かすため、2019年から地形図などに掲載されるようになった「自然災害伝承碑」の地図記号をかきなさい。

問8　文章中の下線部8について、日ごろから災害に備える例としてふさわしくないものを次の中から選び、記号で答えなさい。

　　ア　家族とはなれたときの連絡手段や集合場所などを事前に話し合っておく。

　　イ　ハザードマップを活用して、安全性が高そうな避難経路を調べておく。

　　ウ　災害用伝言ダイヤルや災害用伝言板を、体験利用日に実際に体験し、使い方を確認しておく。

　　エ　非常用持ち出しグッズを点検し、野菜やレトルト食品、水などをそろえておく。

41年ぶりの物価上昇率

▶解答は
195ページ

◆　次のⅠ・Ⅱの新聞記事を読んで、あとの各問いに答えなさい。

Ⅰ　12月の物価上昇、41年ぶり4％台

　　総務省が20日発表した昨年12月の消費者物価指数（2020年＝100）は、値動きの大きい生鮮食品をのぞいた総合指数が104.1で、前年同月より4.0％上がった。上昇率が4％台となるのは、第2次石油危機のあった1981年12月（4.0％）以来、41年ぶりだ。

　　分野別では、生鮮食品をのぞく食料が7.4％上昇し、46年4か月ぶりの伸びとなった。エネルギー関連は15.2％上昇し、伸び率は前月の13.3％から拡大した。そのうち電気代は21.3％、都市ガス代は33.3％それぞれ上がった。上昇は16か月連続で、日本銀行が物価安定目標として掲げる2％を超えるのは9か月連続だ。

　　総務省が同日発表した22年平均の指数は102.1で、前年より2.3％上がった。上昇は3年ぶりで、消費増税のあった14年以来の上げ幅となった。消費増税の影響をのぞけば、91年以来31年ぶりの高い伸びとなった。

（朝日新聞デジタル　2023年1月20日）

問1　消費者物価指数について説明した次の文章中の（　1　）～（　3　）にあてはまることばや数字をそれぞれ答えなさい。

　　消費者物価指数とは基準となる時点のそれぞれの（　1　）や（　2　）の価格を（　3　）として、比較する時点の価格の変動を割合で示し、総合したものです。

問2　Ⅰの新聞記事から、2022年の物価上昇についてわかることとしてふさわしいものを次のア～エから選び、記号で答えなさい。

　ア　2022年12月の消費者物価総合指数は、41年ぶりの高い上昇率となった。

　イ　1981年12月に高い物価上昇率をもたらしていたのは、第四次中東戦争から起こった石油危機だった。

　ウ　2022年12月の物価上昇率は、日本銀行が安定目標として掲げてきた物価上昇率に9か月連続で達しなかった。

　エ　2022年の平均の物価指数は102.1で、3年連続の上昇となった。

問3　次のページのグラフ1は2021年1月から2022年12月までの消費者物価の総合指数（季節変動の大きい生鮮食品をのぞく）の移り変わりを、グラフ2は同期間の消費者物価の費目別指数の移り変わりを、それぞれ示したものです。

(1)　グラフ1の左軸には目盛の数値がありません。Ⅰの新聞記事も参考にして、ここにある8本の横線におく数値の最低値～最高値としてふさわしいものを次のア～エから選び、記号で答えなさい。

ア　88〜95　　イ　93〜100　　ウ　98〜105　　エ　103〜110

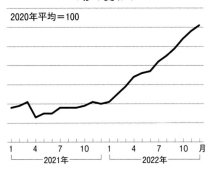

グラフ１　消費者物価指数（総合）
の移り変わり

2020年平均＝100

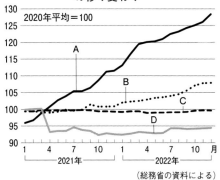

グラフ２　消費者物価指数（費目別）
の移り変わり

2020年平均＝100

（総務省の資料による）

(2)　グラフ２中のＡ〜Ｄの４本の折れ線は、次のア〜エのいずれかの費目を示しています。Ⅰの新聞記事も参考にして、ＡとＢの折れ線の費目にあたるものを選び、それぞれ記号で答えなさい。

ア　交通・通信　　イ　食料（生鮮食品をのぞく）　　ウ　保健医療　　エ　エネルギー

Ⅱ　貿易赤字、最大19.9兆円　昨年、資源高・円安響く

2022年の貿易統計（速報）で、輸出額から輸入額を差し引いた貿易収支はマイナス19兆9713億円となり、赤字幅は比較できる1979年以降で過去最大となった。資源価格の高騰や記録的な円安が影響し、輸入額が大きく増えた。23年も赤字基調は続く見通しだ。

財務省が19日発表した。赤字は２年連続だが前年より10倍以上増え、これまで過去最大だった2014年の赤字額12兆8160億円も大きく上回った。

最大の要因は、エネルギーの輸入額が大幅に増えたことだ。（　１　）と（　２　）は前年比２倍弱、（　３　）は2.8倍になった。元々上昇傾向だった資源価格が、ロシアのウクライナ侵攻などの影響でさらに高騰。加えて、一時は１ドル＝150円台になった記録的な円安が価格を押し上げた。

輸入額は39.2％増の118兆1573億円。輸出額も18.2％増の98兆1860億円でいずれも過去最大だった。最近では円安はやや落ち着き、資源価格も一時の高騰は収まっている。ただ、エネルギーを輸入に依存する構図は変わらない。22年12月の貿易赤字も１兆4484億円で12月として過去最大となり、当面は赤字基調が続くとみられる。

（朝日新聞デジタル　2023年１月20日）

問4　Ⅱの記事中の（　１　）〜（　３　）には、それぞれ石炭、原油、液化天然ガスの３つのエネルギー資源のうちのいずれかがあてはまります。（　１　）〜（　３　）にあてはまるエネルギー資源の名をそれぞれ答えなさい。

問5　次のグラフ3は、2000年以降の日本の輸出額・輸入額とその差額の移り変わりを示したものです。

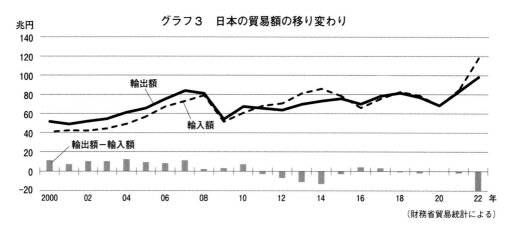

グラフ3　日本の貿易額の移り変わり

(財務省貿易統計による)

(1)　Ⅱの記事やグラフ3から、2022年の日本の貿易額についてわかることとしてふさわしくないものを次のア〜エから選び、記号で答えなさい。

ア　2022年の貿易収支は、1979年以降で赤字幅が過去最大の約20兆円となった。

イ　2022年の輸入では、とくにエネルギー資源の金額の伸び率が大きかった。

ウ　2022年の輸出では、機械類や自動車の輸出が伸びなやみ、金額は減少した。

エ　2022年の貿易収支に大きな影響をあたえたのは、資源高と円安であった。

(2)　グラフ3からわかる、2000年から2022年までの日本の貿易額の移り変わりについて説明した文としてふさわしくないものを次のア〜エから選び、記号で答えなさい。

ア　2000年から2010年までの貿易収支は、黒字が続いていた。

イ　2009年の輸出額・輸入額の落ちこみは、前年のバブル経済の崩壊が原因である。

ウ　2011年から貿易収支の赤字が続いたのは、化石燃料の輸入増加が原因である。

エ　2020年の輸出額・輸入額の減少は、世界的な感染症流行が原因と考えられる。

問6　次の3つのグラフは、石炭、原油、液化天然ガスのおもな輸入相手国を示したものです。3つのグラフ中のA〜Cにあてはまる国の名をそれぞれ答えなさい。

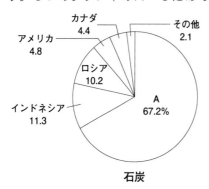

石炭

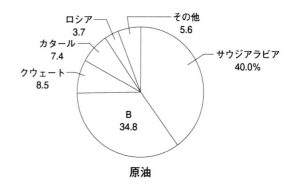

原油

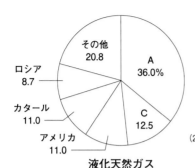

その他 20.8
ロシア 8.7
カタール 11.0
アメリカ 11.0
A 36.0%
C 12.5

液化天然ガス

（2021年、金額による割合、『日本国勢図会2023/24』による）

問7 次の２つの表は、2022年にエネルギー資源に次いで国際価格が上昇した農作物のうち、小麦ととうもろこしの輸出量が多い国を示したものです。表中の（　**1**　）・（　**2**　）には、2022年の小麦やとうもろこしの国際価格の上昇に関係の深い国の名があてはまります。それぞれの国の名を答えなさい。

小麦

国名	輸出量（万トン）
（　1　）	2736.6
オーストラリア	2556.3
アメリカ	2401.4
カナダ	2154.6
（　2　）	1939.5
フランス	1609.1

とうもろこし

国名	輸出量（万トン）
アメリカ	7004.1
アルゼンチン	3691.2
（　2　）	2453.9
ブラジル	2043.0
ルーマニア	690.4
フランス	430.3

（2021年、『日本国勢図会2023/24』による）

問8 円高・円安について述べた次の文章中の①（　　　）～③（　　　）の**ア・イ**からふさわしいものを選び、それぞれ記号で答えなさい。

円とドルの交換比率が、１ドル＝120円から１ドル＝130円に変わったとき、円がドルに対して①（**ア**高くなった　**イ**安くなった）といいます。このようなとき、一般に輸入品の価格は②（**ア**高くなる　**イ**安くなる）ので、とくに消費者には③（**ア**有利　**イ**不利）になります。

問9 Ⅰの記事の内容と、Ⅱの記事の内容は、たがいにつながっていると考えられます。これまでの問いをふまえ、この２つの新聞記事の内容がどのようにつながっているかを、次の２つのことばを使って説明しなさい。

【　物価　　貿易収支　】

6 生成ＡＩの流行と社会への影響 ▶解答は196ページ

1 次の文章を読み、あとの各問いに答えなさい。

　私たちの生活に、インターネットはかかせないものになっています。₁通信技術の発展にともない通信端末の形も多様化し、普及の助けになりました。しかし、インターネットが普及するにつれ、その利用についての危険性も指摘されてきました。インターネット上では〈　Ａ　〉という特徴があるため、ときには誤った情報が発信されてしまうことがあります。情報を読み取る側が、₂自分で情報を取捨選択する力を養うことが大切です。

　また、近年は₃生成ＡＩという、文章や画像を出力する技術が発達し、広く利用されるようになりました。生成ＡＩは₄身の回りのさまざまな情報を学習し、モデルとして蓄積します。そして、利用者の入力した指示や質問に応じてモデルを探索し、ふさわしい回答を出力します。一見すると、生成ＡＩはどんなことでもわかっており、まちがった回答はしないと思ってしまうかもしれません。しかし、ＡＩはデータをもとに「ふさわしそうな」回答をしているだけなので、ＡＩが入力内容の読み取りをまちがえたり、学習元の情報に誤りがあったりした場合は、出力される回答も正しくないものになってしまいます。

　さらに、　Ｂ　や　Ｃ　にかかわるトラブルも可能性が指摘されています。生成ＡＩの利用者が、ＡＩが出力した回答から特定の人物に関することがらを知ってしまった場合、それは　Ｂ　の漏えいにあたるのか、また、利用者の指示をもとに小説やイラストを生成するＡＩが、すでにあるだれかの作品に似ていた場合、それは　Ｃ　の侵害にあたるのか、などが議論されています。現在の技術では、ＡＩに倫理的、道徳的な判断はくだせません。利用者が、₅ＡＩの特性を理解し、適切に活用することが重要です。

問1　下線部1について、右下のグラフは、おもな情報通信機器の保有状況の10年間の推移を示しています。これを見て、次の(1)・(2)に答えなさい。

(1)　グラフ中の①〜③にあてはまる通信機器を次から選び、それぞれ記号で答えなさい。
ア　パソコン
イ　スマートフォン
ウ　タブレット型端末

(2)　グラフ中の「ウェアラブル端末」とは服や体に取りつけて利用する端末のことです。ウェアラブル端末の例としてふさわしくないものを次から選び、記号で答えなさい。
ア　手首に巻いて使うスマートウォッチ

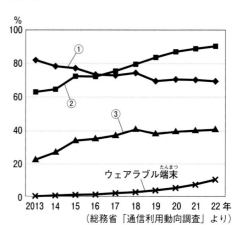

（総務省「通信利用動向調査」より）

イ　声で操作^{そうさ}ができるスマートスピーカー

　　ウ　眼鏡^{めがね}のように顔にかけるスマートグラス

問2　文中の〈　Ａ　〉にあてはまる文としてふさわしいものを次の中から選び、記号で答えなさい。

　　ア　専門家^{せんもん}の審査^{しんさ}を通った情報のみが発信される

　　イ　発信されたデータは書きかえることができない

　　ウ　だれでも自由に情報を発信することができる

問3　下線部2について、次の(1)・(2)に答えなさい。

　(1)　このような力を「メディア＿＿＿＿＿」といいます。＿＿＿＿＿にあてはまることばをカタカナ5字で答えなさい。

　(2)　受け取った情報が正しいかどうかを確かめることを「ファクトチェック」といいます。ファクトチェックをする際に重要なこととしてふさわしくないものを次から選び、記号で答えなさい。

　　ア　情報の発信者や発信団体を確認^{かくにん}する。

　　イ　ひとつの情報だけでなく、複数の情報を比較^{ひかく}する。

　　ウ　自分の考え方と内容が似ている情報だけを受け入れる。

問4　下線部3について、「ＡＩ」とは、Artificial Intelligenceという英語の頭文字をとったものです。日本語ではどのように訳^{やく}されるか、漢字4字で答えなさい。

問5　下線部4について、ＡＩの学習に利用するデータの例としてふさわしくないものを次の中から選び、記号で答えなさい。

　　ア　個人がＳＮＳに投稿^{とうこう}した日記の内容

　　イ　友人から手渡^{わた}された手紙に書いてある内容

　　ウ　政府が発表した新たな政策^{せいさく}の内容

問6　文章中の＿＿Ｂ＿＿と＿＿Ｃ＿＿にあてはまることばをそれぞれ答えなさい。

問7　下線部5について、次の(1)・(2)に答えなさい。

　(1)　ＡＩの強みとしてふさわしくないものを次の中から選び、記号で答えなさい。

　　ア　利用者の意図をくみ取り、必ず正しい回答を出すことができる。

　　イ　電気が供給^{きょうきゅう}されていれば、休むことなく稼働^{かどう}できる。

　　ウ　持っているデータを高速で処理^{しょり}することができる。

　(2)　文章全体を通して、生成ＡＩの利用方法としてふさわしいものを次の中から選び、記号で答えなさい。

　　ア　自分の学習の際に、答えを教えてくれる先生としてたくさん質問をする。

　　イ　アイデアをもとにイラストをかいてもらい、自分の絵として発表する。

　　ウ　膨大^{ぼうだい}なデータを整理、要約してもらい、見落としていた情報を見つけてもらう。

6 生成ＡＩの流行と社会への影響

2 次の表は、これまで起きた産業革命をまとめたものです。表を見て、あとの各問いに答えなさい。

	第一次産業革命	第二次産業革命	第三次産業革命
時代	18世紀後半〜 19世紀はじめ	19世紀後半〜 20世紀はじめ	20世紀後半
起こった 国・地域	（　Ａ　）	アメリカ・（　Ｂ　）	アメリカ・ヨーロッパ・日本
大きな変化	・（　Ｃ　）による蒸気機関の 　発明 ・₁手工業から機械工業へ	・エネルギー源の中心が 　（　Ｃ　）から（　Ｄ　）へ ・₂鉄鋼、機械による重工業の 　発展	・₃コンピュータの導入

問1　表中（　Ａ　）・（　Ｂ　）にはともにヨーロッパの国があてはまります。近代工業の発達の早いおそいを考え、それぞれにあてはまる国の名を答えなさい。また、それらの国の位置を右の地図中から選び、それぞれ記号で答えなさい。

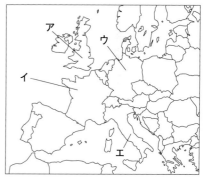

問2　表中（　Ｃ　）・（　Ｄ　）にあてはまる資源の名を次の中から選び、それぞれ記号で答えなさい。

ア　石炭　　イ　石油　　ウ　天然ガス　　エ　原子力

問3　表中の下線部1について、この結果、（　Ａ　）国内ではどのような変化がありましたか。ふさわしくないものを次の中から選び、記号で答えなさい。

ア　生産力が格段に上昇し、「世界の工場」とよばれるまでに成長した。

イ　多くの工場労働者が職を失い、抵抗として機械を壊す運動が広まった。

ウ　資本家と労働者の間での経済格差が大きくなった。

エ　自動車の輸出が大幅に伸び、大きな貿易黒字となった。

問4　日本は、第一次産業革命の波に乗るのが大幅に遅れました。その理由を説明しなさい。

問5　表中の下線部2について、この変化は、日本国内にも大きな影響をあたえました。第二次産業革命ごろのできごととしてふさわしくないものを次の中から選び、記号で答えなさい。

ア　福岡に八幡製鉄所が建設された。

イ　日本初の新幹線である東海道新幹線が開通した。

ウ　日本初の公害とされる足尾銅山鉱毒事件が問題となった。

エ　日露戦争が起き、多くの国産の鉄砲が使われた。

問6　表中の下線部3について、社会にコンピュータが導入されたことで、どのような変化が起こりましたか。ふさわしいものを次の中から選び、記号で答えなさい。

ア　細かい作業も可能になったため、これまでは手作業でおこなうしかなかった伝統工芸品の大量生産が進んだ。

イ　すべての情報の保存を紙から電子データに変えたため、多くの会社で紙をまったく必要としなくなった。

ウ　人間にはないアイデアを提案してくれるようになったため、斬新な製品が多く生み出された。

エ　複雑な計算を人間に代わってやってくれるようになったため、多くの会社で事務仕事の省力化が進んだ。

問7　将来起こるとされている第四次産業革命は、AI技術の発展によるものとされています。AI技術の発展について、次の(1)〜(4)に答えなさい。

(1)　第四次産業革命によって起こると考えられる変化としてふさわしくないものを次の中から選び、記号で答えなさい。

ア　膨大なデータを高速で計算できるようになるため、天気予報の精度が増す。

イ　AIによる自動運転が可能になり、渋滞や事故などの交通問題が減少する。

ウ　消費電力量が少なくなり、エネルギー問題が解決する。

エ　思いこみや偏見をもたずに判断ができるため、医療現場での誤診が減る。

(2)　AI技術の発展により、多くの人が職を失う可能性が指摘されています。そういった事態に備えるため、国民全員に一律で、生活に必要な最低限のお金を支給するべきであるという意見があります。この、国民全員に支給するお金のことを何といいますか。

(3)　AI技術の発展にともなう、新たな社会は「Society5.0（ソサイエティ5.0）」とよばれます。「Society」とは社会という意味で、「5段階目の社会」を目指すためにつくられたことばです。次のア〜エは、「Society1.0」から「Society4.0」のいずれかの社会です。ア〜エをむかえた時期の早いものから順に並べかえ、記号で答えなさい。

ア　情報社会　　イ　農耕社会　　ウ　工業社会　　エ　狩猟社会

(4)　「Society5.0」では、IoT（モノのインターネット化）が進み、身の回りのあらゆるものがインターネットでつながる社会になるといわれています。AIやIoTなどの情報通信技術を活用した都市計画を何といいますか。

●表紙の写真の記事

▲G7広島サミット開催（P.12）

▲岸田政権発足から2年（P.20）

▲41年ぶりの物価上昇率
（P.28）

▲緊迫続くウクライナ情勢（P.16）

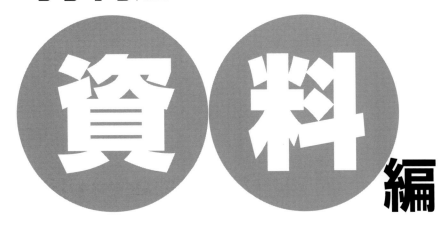

第3編
時事問題
資料編

紛争　原子力　さばく化

高度成長

かいご

政治

現代社会では、いろいろな地域や制度の情報をすばやく知ることができます。しかし、今起きている事件には歴史や地理をはじめさまざまな要素がからみ合っているので、その発端や背景などを知らなければ深く理解することはできないでしょう。ここでは、時事問題を深く理解しようとするときに役立ついろいろな「資料」や「用語」をまとめています。

時事問題を理解するための資料集

歴代の内閣総理大臣

日本に内閣制度ができたのは1885年のことです。伊藤博文が初代内閣総理大臣に就任してから現在の岸田文雄首相までの約140年の間、日本の政治はどのような道すじを歩んできたのでしょうか。

（2023年9月現在）

❶ 1885.12〜1888.4
伊藤博文① （長州）
内閣制度ができる

❷ 1888.4〜1889.10
黒田清隆 （薩摩）
大日本帝国憲法発布

❸ 1889.12〜1891.5
山県有朋① （長州）
第1回帝国議会

❹ 1891.5〜1892.8
松方正義① （薩摩）

❺ 1892.8〜1896.8
伊藤博文② （長州）
日清戦争，三国干渉

❻ 1896.9〜1898.1
松方正義② （薩摩）

❼ 1898.1〜1898.6
伊藤博文③ （長州）

❽ 1898.6〜1898.11
大隈重信① （憲政党）
初の政党内閣（隈板内閣）

❾ 1898.11〜1900.10
山県有朋② （長州）

❿ 1900.10〜1901.5
伊藤博文④ （立憲政友会）

⓫ 1901.6〜1906.1
桂 太郎① （陸軍）
日露戦争

⓬ 1906.1〜1908.7
西園寺公望① （政友会）

⓭ 1908.7〜1911.8
桂 太郎② （陸軍）
韓国併合

⓮ 1911.8〜1912.12
西園寺公望② （政友会）

⓯ 1912.12〜1913.2
桂 太郎③ （陸軍）

⓰ 1913.2〜1914.4
山本権兵衛① （薩摩）

⓱ 1914.4〜1916.10
大隈重信② （同志会）
第一次世界大戦

⓲ 1916.10〜1918.9
寺内正毅 （陸軍）
米騒動

⓳ 1918.9〜1921.11
原 敬 （政友会）
初の本格的政党内閣

⓴ 1921.11〜1922.6
高橋是清 （政友会）
ワシントン軍縮会議

㉑ 1922.6〜1923.8
加藤友三郎 （海軍）

㉒ 1923.9〜1924.1
山本権兵衛② （薩摩）

㉓ 1924.1〜1924.6
清浦奎吾 （官僚）

㉔ 1924.6〜1926.1
加藤高明 （憲政会）
普通選挙法

㉕ 1926.1〜1927.4
若槻礼次郎① （憲政会）

㉖ 1927.4〜1929.7
田中義一 （立憲政友会）

㉗ 1929.7〜1931.4
浜口雄幸 （民政党）
世界恐慌

㉘ 1931.4〜1931.12
若槻礼次郎② （民政党）
満州事変

㉙ 1931.12〜1932.5
犬養 毅 （立憲政友会）
五・一五事件

㉚ 1932.5〜1934.7
斎藤 実 （海軍）
国際連盟脱退

㉛ 1934.7〜1936.3
岡田啓介 （海軍）
二・二六事件

㉜ 1936.3〜1937.2
広田弘毅 （文官）

㉝ 1937.2〜1937.6
林銑十郎 （陸軍）

㉞ 1937.6〜1939.1
近衛文麿① （公家）
日中戦争

㉟ 1939.1〜1939.8
平沼騏一郎 （官僚）

㊱　1939.8〜1940.1
阿部信行（陸軍）

㊲　1940.1〜1940.7
米内光政（海軍）

㊳㊴　1940.7〜1941.10
近衛文麿②③（公家）

㊵　1941.10〜1944.7
東条英機（陸軍）
太平洋戦争

㊶　1944.7〜1945.4
小磯国昭（陸軍）
本土空襲

㊷　1945.4〜1945.8
鈴木貫太郎（海軍）
ポツダム宣言受諾

㊸　1945.8〜1945.10
東久邇宮稔彦（皇族）
戦後処理

㊹　1945.10〜1946.5
幣原喜重郎（進歩党）
GHQからの改革指令

㊺　1946.5〜1947.5
吉田　茂①（自由党）
日本国憲法公布

㊻　1947.5〜1948.3
片山　哲（日本社会党）

㊼　1948.3〜1948.10
芦田　均（民主党）

㊽〜㊶　1948.10〜1954.12
吉田　茂②〜⑤（民主自由党・自由党）
サンフランシスコ平和条約
日米安全保障条約

㊷〜㊹　1954.12〜1956.12
鳩山一郎①〜③（日本民主党・自由民主党）
55年体制

㊵　1956.12〜1957.2
石橋湛山（自由民主党）

㊷㊸　1957.2〜1960.7
岸　信介①②（自由民主党）
新安保条約

㊹〜㊶　1960.7〜1964.11
池田勇人①〜③（自由民主党）
高度経済成長期
東京オリンピック

㊶〜㊸　1964.11〜1972.7
佐藤栄作①〜③（自由民主党）
日韓基本条約，沖縄返還

㊹㊶　1972.7〜1974.12
田中角栄①②（自由民主党）
日中共同声明

㊶　1974.12〜1976.12
三木武夫（自由民主党）
ロッキード事件

㊸　1976.12〜1978.12
福田赳夫（自由民主党）
日中平和友好条約

㊹㊶　1978.12〜1980.6
大平正芳①②（自由民主党）

㊸　1980.7〜1982.11
鈴木善幸（自由民主党）

㊹〜㊸　1982.11〜1987.11
中曽根康弘①〜③（自由民主党）

㊹　1987.11〜1989.6
竹下　登（自由民主党）
消費税（3％）導入

㊹　1989.6〜1989.8
宇野宗佑（自由民主党）

㊹㊷　1989.8〜1991.11
海部俊樹①②（自由民主党）
湾岸戦争

㊸　1991.11〜1993.8
宮沢喜一（自由民主党）
PKO協力法成立

㊹　1993.8〜1994.4
細川護熙（日本新党）
55年体制の崩壊

㊶　1994.4〜1994.6
羽田　孜（新生党）

㊶　1994.6〜1996.1
村山富市（日本社会党）
47年ぶりの社会党首相，阪神・淡路大震災

㊷㊸　1996.1〜1998.7
橋本龍太郎①②（自由民主党）
消費税が5％に

㊹　1998.7〜2000.4
小渕恵三（自由民主党）
ガイドライン関連法案成立

㊶㊸　2000.4〜2001.4
森　喜朗①②（自由民主党）
沖縄サミット

㊷〜㊹　2001.4〜2006.9
小泉純一郎①〜③（自由民主党）
郵政民営化法案成立

㊹　2006.9〜2007.9
安倍晋三①（自由民主党）

㊷　2007.9〜2008.9
福田康夫（自由民主党）

㊸　2008.9〜2009.9
麻生太郎（自由民主党）

㊹　2009.9〜2010.6
鳩山由紀夫（民主党）
政権交代

㊹　2010.6〜2011.9
菅　直人（民主党）
東日本大震災

㊶　2011.9〜2012.12
野田佳彦（民主党）

㊷〜㊹　2012.12〜2020.9
安倍晋三②〜④（自由民主党）
歴代最長在任期間

㊹　2020.9〜2021.10
菅　義偉（自由民主党）

⑩⑩　2021.10〜
岸田文雄①②（自由民主党）

日本のおもな政党

政党とは、政治について共通する目的や主義・主張をもつ人たちの集団です。日本で、本格的な政党内閣（議会に議席をもつ政党をもとに組織される内閣）が成立したのは1918（大正7）年のことでした。ここでは、現在、国会に議席をもっているおもな政党を確認しましょう。

国会の各党勢力　法案は、両議院で順番に審議され、それぞれ出席議員の過半数の賛成で可決すると成立します。両議院の議決が分かれた場合は、再び衆議院で3分の2以上の賛成で可決すれば、成立します。また、憲法改正の発議には、両議院の総議員の3分の2以上の賛成が必要です。そのため、選挙時には与党が過半数（または3分の2）の議席を得るかどうかが注目されるのです。

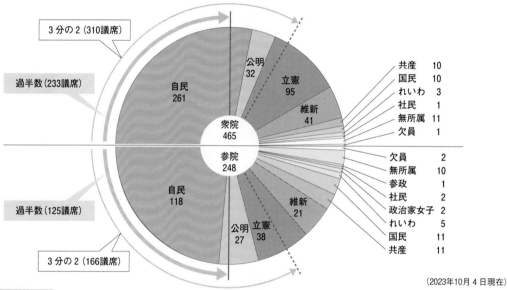

（2023年10月4日現在）

日本のおもな政党

	政党名	党首	設立年	政党名	党首	設立年
与党	自由民主党 自民党	岸田文雄	1955年	公明党	山口那津男	1964年
おもな野党	立憲民主党	泉健太	2020年	国民民主党	玉木雄一郎	2020年
	日本維新の会	馬場信幸	2015年	れいわ新選組	山本太郎	2019年
	日本共産党	志位和夫	1922年			

日本の選挙制度

選挙権年齢が18歳に引き下げられたことで、選挙での投票はみなさんにとっても今まで以上に身近になりました。日本の国政選挙は衆議院と参議院とでしくみがちがいます。そのちがいに目を向けながら、投票する18歳の自分をイメージしてみましょう。

衆議院		参議院
●重複立候補 　衆議院議員選挙では、小選挙区と比例代表の両方に重複して立候補することができ、小選挙区で落選しても比例代表で復活当選することがあります。比例代表の名簿で同じ順位であれば、その候補者の得票数÷当選者の得票数（＝惜敗率）が大きい方が当選します。	**465人** （小選挙区289、比例代表176） 重複あり 選挙区は都道府県をさらに細かく分けていて、比例代表は全国11ブロック。	●3年ごとに半数改選 　参議院議員選挙では、3年ごとに半数の124人が改選されます。248人が2つのグループに分かれていて、任期を3年ずらしているのです。2018年7月、参議院の議員定数を242人から248人にする（選挙区選出は146から148、比例代表選出は96から100にする）改正公職選挙法が成立しました。

議員の定数	**248人** （選挙区148、比例代表100） 重複なし 選挙区は鳥取・島根、徳島・高知をのぞいて都道府県ごと、比例代表は全国単位で選ぶ。
4年 解散がある。国民の意思を反映しやすい	任期
6年（3年ごとに半数ずつ選挙） 解散はない。じっくりと議論しやすい
25歳以上 若い人も立候補しやすい	立候補できる年齢
30歳以上 経験がある人が求められる

●小選挙区 289選挙区
数字は各都道府県がいくつの選挙区に分かれているかをあらわしています。
1つの選挙区から1人が選ばれます。

※2022年12月8日施行の「改正公職選挙法」により、次の総選挙から区割り変更（10増10減）が実施される。

北海道 8
東北 12
北関東 19
東京都 19
南関東 23
東海 21
北陸信越 10
中国 10
九州 20
四国 6
近畿 28

●比例代表 11ブロック
数字はブロックごとの議員定数をあらわしています。

●選挙区
数字は選挙区ごとに何名が当選するかをあらわしています。
1回の選挙では数字の半数が選ばれます。

鳥取・島根 合わせて2
高知・徳島 合わせて2

●比例代表
　参議院議員選挙の比例代表選挙は、日本全国を1つのブロックとして考えます。投票するときは、候補者の個人名と政党名のどちらを書いてもよく、一部の候補者をのぞき、名簿には順位がついていません。これを非拘束名簿式といい、一部のあらかじめ順位をつけられた候補者の当選が決定したのち、個人名が多く書かれていた順に当選します。

（2023年9月末現在）

比例代表の議員選出方法

　当選者を決める場合は、それぞれの政党の得票を1、2、3と整数でわっていき、その商の大きいところから順に当選者を決めていきます（ドント式）。右の表のように、A党が100万票、B党が80万票、C党が60万票、D党が40万票を得て10人の当選者を選出するとしたとき、A党は4人、B党は3人、C党は2人、D党は1人になります。

	A党	B党	C党	D党
÷1	100①	80②	60③	40⑤
÷2	50④	40⑤	30⑧	20
÷3	33.33⑦	26.66⑨	20	13.33
÷4	25⑩	20	15	10
÷5	20	16	12	8
⋮	⋮	⋮	⋮	⋮

（表中の単位は万票）

　ABCDそれぞれの得票数を整数で順にわっていくと、その商は左の表のように続いていく。これらの数の中で、大きいものから順に①、②、③…⑨、⑩までしるしを付けていくとそれぞれの党の当選者の割り当てが決まる。つまりしるしの付いたマス目が当選者をあらわしているので、A4人、B3人、C2人、D1人となる。

日本の裁判制度

民事事件や刑事事件について、法律に従って判断を下すはたらきを司法といい、司法権は裁判所に属しています。日本では、裁判を身近でわかりやすいものにすることや司法に対する国民の信頼向上につなげることを目的に、2009年に裁判員制度がスタートしました。

三審制のしくみ

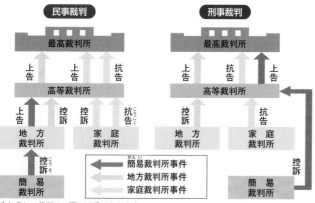

それぞれ、裁判は3回まで受けられます。
抗告とは、「判決」ではない「決定・命令」が不服な場合のうったえのことです。

●冤罪と再審

罪がないのにうたがわれたり罰せられたりすることを冤罪といいます。日本では、冤罪を防ぎ人権を守るために三審制がとられていますが、それでもまちがった判決が出てしまうことがあります。判決が出た後に明らかな誤りが発見された場合は、再審を求めることができます。再審が認められれば、再び裁判がおこなわれ、判決がくつがえることもあります。

裁判員制度

原則、裁判官3人と裁判員6人でおこなわれる。
裁判員は18歳以上で選挙権のある人の中からくじで選ばれる。

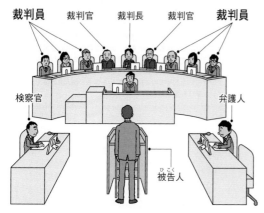

●裁判員と陪審員

アメリカの陪審制でも、裁判員制度と同じように有権者から選ばれた人たち（陪審員）が裁判に参加します。裁判員制度とのちがいは、①民事事件も担当する、②量刑の決定はできないことです。

裁判所の種類と所在地

■ 最高裁判所（東京のみ）
▨ 高等裁判所（全国に8か所）

地方裁判所（50か所）	各都道府県庁所在地、北海道は札幌・函館・旭川・釧路の4か所
家庭裁判所（50か所）	地方裁判所と同じ
簡易裁判所（438か所）	各都道府県に3か所〜33か所

●裁判員制度とは

一般市民による裁判員が、裁判官とともに、地方裁判所でおこなわれる刑事裁判の第一審に参加する制度です。被告人が有罪かどうか、有罪の場合どのような刑にするかを裁判官と話し合って決めます。話し合いで意見が一致しないときは、裁判官1人をふくむ過半数の賛成で決定します。

裁判員は、下の表のような自分がかかわった裁判について知りえたことを、他人に話してはいけません。これを守秘義務といい、違反すると罰せられる場合があります。

守秘義務の例

	どのような過程を経て結論に達したか
評議の秘密	裁判員や裁判官がどのような意見を述べたか
	その意見を支持した数、反対した意見の数
	評決の際の多数決の数
評議以外の職務上知った秘密	被害者などの事件関係者のプライバシー
	裁判員の名前

日本の社会保障制度

　高齢化が進む日本では今後も年金や医療費など社会保障費が増大することがわかっています。しかし同時に少子化も進んでいるために高齢者を支える年代の人たちが減少しているのです。日本が社会保障制度を維持していくためにはどうしたらよいのでしょうか。

社会保障関係費の歳出にしめる割合

社会保障関係費 32.3%	国債費 22.1	地方交付税交付金 14.1	防衛関係費 8.9		その他 12.6

公共事業関係費 5.3　文教及び科学振興費 4.7

0% 10 20 30 40 50 60 70 80 90 100

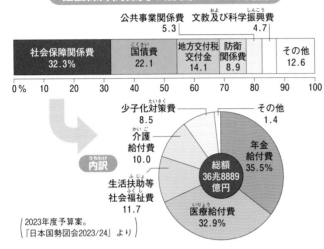

内訳

総額 36兆8889億円
- 年金給付費 35.5%
- 医療給付費 32.9%
- 生活扶助等社会福祉費 11.7
- 介護給付費 10.0
- 少子化対策費 8.5
- その他 1.4

〔2023年度予算案。『日本国勢図会2023/24』より〕

社会保障制度のおもな柱

社会保険
病気・けが・失業・高齢になったときに給付を受ける。
（医療保険・雇用保険・年金保険・介護保険…など）

公的扶助
収入が少なく、健康で文化的な最低限度の生活ができない人々に生活費などを給付する。
（生活保護など）

社会福祉
高齢者・障がいのある人・保護者のいない児童・一人親の家庭に、保護や援助をおこなう。

公衆衛生
病気の予防や地域社会の衛生状態を改善し、生活の基礎を整える。

人口ピラミッドの変化

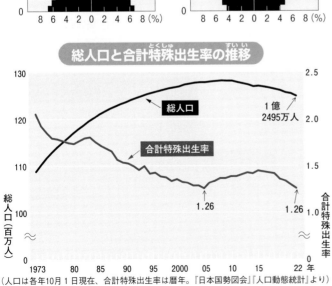

●ピラミッド型　1935年

●つりがね型　1960年

●つぼ型（ひょうたん型）　2020年

年少人口（0～14歳）→11.9%
生産年齢人口（15～64歳）→59.5%
老年人口（65歳～）→28.6%
平均寿命　男81.56歳　女87.71歳
〔2020年。『日本国勢図会』「完全生命表」より〕

総人口と合計特殊出生率の推移

総人口
1億2495万人

合計特殊出生率

1.26　1.26

総人口（百万人）

合計特殊出生率

1973　80　85　90　95　2000　05　10　15　22 年

（人口は各年10月1日現在、合計特殊出生率は暦年。『日本国勢図会』『人口動態統計』より）

高齢者1人を支える現役世代の人数

65歳以上人口

1950年　2015年　2065年（予測）

12.1人　2.3人　1.3人

15～64歳人口　（「厚生労働白書」より）

国民の祝日

現在の日本には法律で定められている「国民の祝日」が計16日あります。

1月

元日 ＜1月1日＞
年のはじめを祝う。

成人の日 ＜1月の第2月曜日＞※
おとなになったことを自覚し、自ら生き抜こうとする青年を祝いはげます。
（※1999年までは1月15日）

2月

建国記念の日 ＜2月11日＞
建国をしのび、国を愛する心を養う。

天皇誕生日 ＜2月23日＞
天皇の誕生日を祝う。

3月

春分の日 ＜春分日…3月21日ごろ＞
自然をたたえ、生物をいつくしむ。

4月

昭和の日 ＜4月29日＞
激動の日々を経て、復興を遂げた昭和の時代を顧み、国の将来に思いをいたす。

5月

憲法記念日 ＜5月3日＞
日本国憲法の施行を記念し、国の成長を期する。

みどりの日 ＜5月4日＞
自然に親しむとともにその恩恵に感謝し、豊かな心をはぐくむ。

こどもの日 ＜5月5日＞
こどもの人格を重んじ、こどもの幸福をはかるとともに、母に感謝する。

6月　国民の祝日はありません。

7月

海の日 ＜7月の第3月曜日＞※
海の恩恵に感謝するとともに、海洋国日本の繁栄を願う。（※2002年までは7月20日）

8月

山の日 ＜8月11日＞
山に親しむ機会を得て、山の恩恵に感謝する。（2016年〜）

9月

敬老の日 ＜9月の第3月曜日＞※
多年にわたり社会につくしてきた老人を敬愛し、長寿を祝う。（※2002年までは9月15日）

秋分の日 ＜秋分日…9月23日ごろ＞
祖先をうやまい、亡くなった人々をしのぶ。

10月

スポーツの日 ＜10月の第2月曜日＞※
スポーツを楽しみ、他者を尊重する精神を培うとともに、健康で活力ある社会の実現を願う。これまで「体育の日」とよばれていたが、2020年から「スポーツの日」となった。（※1999年までは10月10日）

11月

文化の日 ＜11月3日＞
自由と平和を愛し、文化をすすめる。

勤労感謝の日 ＜11月23日＞
勤労をたっとび、生産を祝い、国民たがいに感謝しあう。

12月　国民の祝日はありません。

※ハッピーマンデー制度
祝日と週休2日制をつなげ、三連休以上の期間を増やすため、国民の祝日の一部を従来の日付から特定の月曜日に移動させる制度。連休にすることで余暇を有効に過ごせるように、という趣旨でつくられた。

日本のノーベル賞受賞者

ノーベル賞は、スウェーデンの科学者アルフレッド・ノーベルがダイナマイトの発明によって築いた巨額の財産を基金としてつくられたもので、物理学賞、化学賞、生理学・医学賞、文学賞、平和賞と、1969年に新設された経済学賞の6部門があります。2023年現在、日本人受賞者は29人（元日本国籍の受賞者をふくむ）です。

分野	受賞年	氏名	生没年	職業	功績
物理学賞	1949	湯川秀樹（ゆかわひでき）	1907〜1981	物理学者	「中間子理論」で日本人初受賞
	1965	朝永振一郎（ともながしんいちろう）	1906〜1979	物理学者	電子などの素粒子研究
	1973	江崎玲於奈（えさきれいおな）	1925〜	物理学者	「エサキダイオード」の発明など
	2002	小柴昌俊（こしばまさとし）	1926〜2020	物理学者	素粒子のニュートリノの検出に成功
	2008	南部陽一郎（なんぶよういちろう）[1]	1921〜2015	物理学者	基本粒子の研究で先駆的な理論を提唱
	2008	小林　誠（こばやしまこと）	1944〜	物理学者	
	2008	益川敏英（ますかわとしひで）	1940〜2021	物理学者	
	2014	赤﨑　勇（あかさきいさむ）	1929〜2021	化学工学者	青色発光ダイオード(LED)の開発と実用化に成功
	2014	天野　浩（あまのひろし）	1960〜	電子工学者	
	2014	中村修二（なかむらしゅうじ）[1]	1954〜	電子工学者	
	2015	梶田隆章（かじたたかあき）	1959〜	物理学・天文学者	素粒子ニュートリノに質量があることを証明
	2021	眞鍋淑郎（まなべしゅくろう）[1]	1931〜	地球科学者	温室効果ガスと地球温暖化の関係を示す
化学賞	1981	福井謙一（ふくいけんいち）	1918〜1998	化学者	「フロンティア軌道理論」
	2000	白川英樹（しらかわひでき）	1936〜	化学者	導電性プラスチックの開発
	2001	野依良治（のよりりょうじ）	1938〜	化学者	有機化学分野で不斉合成反応の新分野を開拓
	2002	田中耕一（たなかこういち）	1959〜	企業研究員	生体高分子の分子を取り出し質量計測に成功
	2008	下村　脩（しもむらおさむ）	1928〜2018	生物学者	発光物質イクオリン・GFPの取り出しに成功
	2010	鈴木　章（すずきあきら）	1930〜	化学者	有機化合物の特殊な結合反応を発見
	2010	根岸英一（ねぎしえいいち）	1935〜2021	化学者	
	2019	吉野　彰（よしのあきら）	1948〜	企業の名誉研究員	リチウムイオン電池の開発
生理学・医学賞	1987	利根川進（とねがわすすむ）	1939〜	生物学者	分子生物学免疫系の遺伝子研究
	2012	山中伸弥（やまなかしんや）	1962〜	医学者	人工多能性幹細胞（iPS細胞）の開発
	2015	大村　智（おおむらさとし）	1935〜	化学者	土壌の微生物から感染症の治療薬を開発
	2016	大隅良典（おおすみよしのり）	1945〜	生物学者	オートファジー（自食作用）のしくみの発見
	2018	本庶　佑（ほんじょたすく）	1942〜	医学者	免疫の研究で新しいがん治療薬の開発に貢献
文学賞	1968	川端康成（かわばたやすなり）	1899〜1972	小説家	代表作は「伊豆の踊子」「雪国」など
	1994	大江健三郎（おおえけんざぶろう）	1935〜2023	小説家	代表作は「飼育」「個人的な体験」など
	2017	カズオ・イシグロ[2]	1954〜	小説家	代表作は「日の名残り」など
平和賞	1974	佐藤栄作（さとうえいさく）	1901〜1975	政治家	沖縄・小笠原の返還を実現。「非核三原則」

経済学賞は該当者なし　1米国籍　2英国籍

日本の世界遺産

西暦…登録年　　██…文化遺産　　██…自然遺産

　世界遺産は、世界の貴重な自然や文化を人類全体の財産として守っていこうという考えから生まれました。1972年に国連教育科学文化機関（UNESCO＝ユネスコ）の総会で、「世界遺産条約」が採択され、この条約にもとづいて登録された世界遺産は1199件で、国内では25件あります（2023年9月現在）。

1994年

古都京都の文化財

金閣、平等院、延暦寺など京都市・宇治市・滋賀県大津市の17社寺と城がふくまれている。

2015年

明治日本の産業革命遺産

8県23資産の、明治期の日本の工業の発展などを示す産業革命に関する遺産群。

○ のところ

2007年

石見銀山遺跡とその文化的景観
16世紀に開発された日本最大級の銀山の遺跡で、産業に関する遺産としては日本で初の登録。

1996年

厳島神社
平氏一族の信仰を集めていた神社で、海上に立地する景観は他には見られないもの。

1996年

原爆ドーム
原子爆弾の被害を残すかつての広島県産業奨励館。過去のあやまちをくり返さないために登録された。

1993年

姫路城

日本を代表する城で、その美しさから別名「白鷺城」といわれている。

2017年

「神宿る島」宗像・沖ノ島と関連遺産群
沖ノ島と宗像大社など、8つの資産からなる国内最大級の祭祀遺跡。

2021年

奄美大島、徳之島、沖縄島北部及び西表島
多くの固有種が生息し、生物多様性保全のうえで重要な地域だとして登録。

1993年

屋久島
樹齢7200年といわれる縄文杉で有名。気候や生態系も多様である。

2018年

長崎と天草地方の潜伏キリシタン関連遺産
信徒が暮らした集落や大浦天主堂など、禁教下での独自信仰を物語る遺産群。

● のところ

2000年

琉球王国のグスク（城）及び関連遺産群
首里城跡など、琉球王国の遺跡と失われつつある文化的伝統を今に伝える。

2019年

百舌鳥・古市古墳群

古墳時代の最盛期に造られた、45件49基の古墳群。

1995年

白川郷・五箇山の
合掌造り集落

富山県と岐阜県の山間部に
見られる民家の集落。傾斜
のきつい萱葺き屋根が有名。

2021年

北海道・北東北の縄文遺跡群

4道県にある17遺跡。約1万5千年前の生活
のあり方を示す考古遺跡のみで構成される。

1993年

白神山地

東アジア最大のブナの
原生林がある。

2005年

知床

陸地と海の生物の食物連鎖
が見られる貴重な場所。

2014年

富岡製糸場と
絹産業遺産群

明治期の近代工業発展の中心
となった官営の製糸工場。

2011年

平泉

平安末期に花開いた、浄
土思想にもとづく華麗な
奥州藤原氏の文化遺産
群。

日光の社寺

二荒山神社や東照宮をふ
くむ社寺が登録されてお
り、東照宮は徳川家康が
祀られていることでも有
名。

1999年

国立西洋美術館

7か国にまたがる「ル・
コルビュジエの建築作
品」の構成資産の1つ。

2016年

1998年

古都奈良の
文化財

東大寺、唐招提寺、平
城宮跡などをふくむ地
域が登録されている。

2013年

富士山

山岳信仰や芸術の対
象として日本文化を
象徴する存在。

小笠原諸島

大陸と一度も陸続
きにならず、独自
の進化を遂げた動
植物の宝庫。

2011年

2004年

紀伊山地の霊場
と参詣道

和歌山県、奈良県、三
重県の3県にまたがる。
神社や寺院などが文化
的景観を構成している。

1993年

法隆寺地域の
仏教建造物

聖徳太子によって建立
された寺で、現存する
世界最古の木造建築物。

ラムサール条約登録地

　ラムサール条約は、1971年にイランのラムサールで採択されました。水鳥の生息地として重要な湿地を守るため、世界各地の湖や沼・湿原などを登録し、保護するための条約です。日本では2021年11月に新たに1か所が追加登録され、2023年9月現在53か所が登録されています。

名称
（所在地・面積）

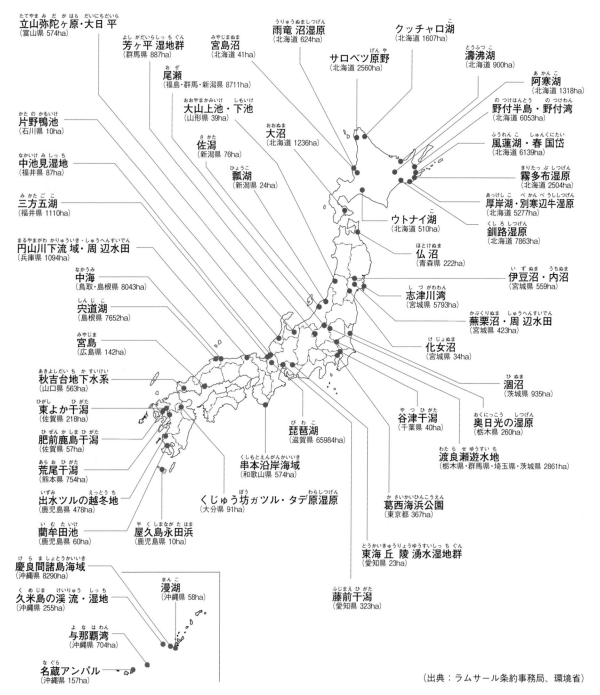

立山弥陀ヶ原・大日平
（富山県 574ha）

芳ヶ平湿地群
（群馬県 887ha）

尾瀬
（福島県・群馬県・新潟県 8711ha）

大山上池・下池
（山形県 39ha）

片野鴨池
（石川県 10ha）

佐潟
（新潟県 76ha）

中池見湿地
（福井県 87ha）

瓢湖
（新潟県 24ha）

三方五湖
（福井県 1110ha）

円山川下流域・周辺水田
（兵庫県 1094ha）

中海
（鳥取県・島根県 8043ha）

宍道湖
（島根県 7652ha）

宮島
（広島県 142ha）

秋吉台地下水系
（山口県 563ha）

東よか干潟
（佐賀県 218ha）

肥前鹿島干潟
（佐賀県 57ha）

荒尾干潟
（熊本県 754ha）

出水ツルの越冬地
（鹿児島県 478ha）

藺牟田池
（鹿児島県 60ha）

屋久島永田浜
（鹿児島県 10ha）

慶良間諸島海域
（沖縄県 8290ha）

久米島の渓流・湿地
（沖縄県 255ha）

与那覇湾
（沖縄県 704ha）

名蔵アンパル
（沖縄県 157ha）

漫湖
（沖縄県 58ha）

くじゅう坊ガツル・タデ原湿原
（大分県 91ha）

串本沿岸海域
（和歌山県 574ha）

琵琶湖
（滋賀県 65984ha）

宮島沼
（北海道 41ha）

雨竜沼湿原
（北海道 624ha）

サロベツ原野
（北海道 2560ha）

大沼
（北海道 1236ha）

クッチャロ湖
（北海道 1607ha）

濤沸湖
（北海道 900ha）

阿寒湖
（北海道 1318ha）

野付半島・野付湾
（北海道 6053ha）

風蓮湖・春国岱
（北海道 6139ha）

霧多布湿原
（北海道 2504ha）

厚岸湖・別寒辺牛湿原
（北海道 5277ha）

釧路湿原
（北海道 7863ha）

ウトナイ湖
（北海道 510ha）

仏沼
（青森県 222ha）

伊豆沼・内沼
（宮城県 559ha）

志津川湾
（宮城県 5793ha）

蕪栗沼・周辺水田
（宮城県 423ha）

化女沼
（宮城県 34ha）

涸沼
（茨城県 935ha）

奥日光の湿原
（栃木県 260ha）

谷津干潟
（千葉県 40ha）

渡良瀬遊水地
（栃木県・群馬県・埼玉県・茨城県 2861ha）

葛西海浜公園
（東京都 367ha）

東海丘陵湧水湿地群
（愛知県 23ha）

藤前干潟
（愛知県 323ha）

（出典：ラムサール条約事務局、環境省）

国立公園

　自然を守るために、日本には自然公園が指定されています。自然公園には、環境省が指定・管理する国立公園と、環境省が指定し都道府県が管理する国定公園があります。2023年9月現在、日本の国立公園は34か所、国定公園は58か所あります。

　2016年には沖縄のやんばる国立公園が新設され、2017年には奄美群島国定公園が、国立公園に変更されました。

■ 国立公園
■ 国定公園

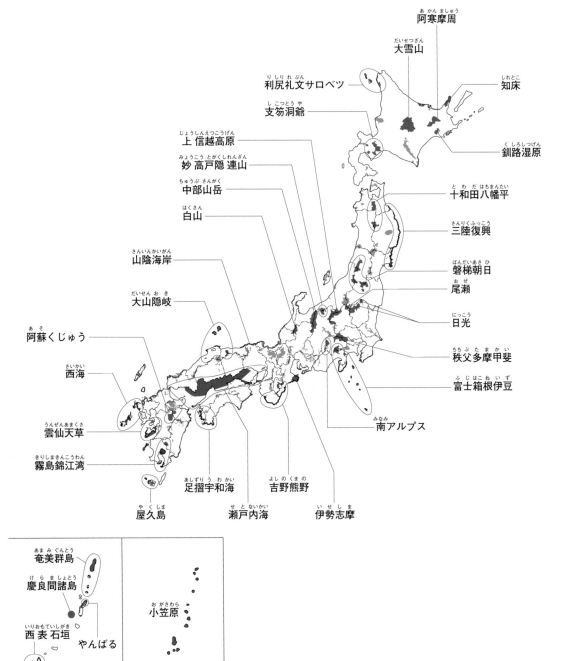

阿寒摩周
大雪山
利尻礼文サロベツ
知床
支笏洞爺
上信越高原
釧路湿原
妙高戸隠連山
中部山岳
十和田八幡平
白山
三陸復興
山陰海岸
磐梯朝日
大山隠岐
尾瀬
阿蘇くじゅう
日光
西海
秩父多摩甲斐
雲仙天草
富士箱根伊豆
霧島錦江湾
南アルプス
足摺宇和海
吉野熊野
屋久島
瀬戸内海
伊勢志摩

奄美群島
慶良間諸島
小笠原
西表石垣
やんばる

世界の戦争・紛争と平和への取り組み

世界のおもな戦争・紛争地図

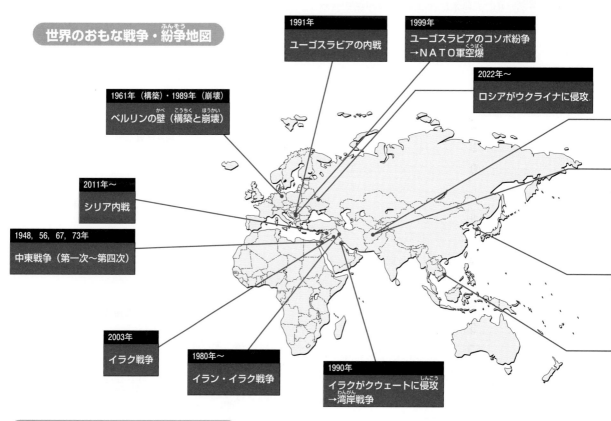

1991年
ユーゴスラビアの内戦

1999年
ユーゴスラビアのコソボ紛争
→ＮＡＴＯ軍空爆

2022年〜
ロシアがウクライナに侵攻

1961年（構築）・1989年（崩壊）
ベルリンの壁（構築と崩壊）

2011年〜
シリア内戦

1948, 56, 67, 73年
中東戦争（第一次〜第四次）

2003年
イラク戦争

1980年〜
イラン・イラク戦争

1990年
イラクがクウェートに侵攻
→湾岸戦争

戦争と平和に関するおもなできごと

西暦	戦争・紛争	平和へのとりくみ
1945	ドイツが降伏（→ヤルタ会談）広島・長崎に原爆投下（→日本が降伏）	国際連合ができる
48	イスラエル建国（→第一次中東戦争）	
49	北大西洋条約機構（ＮＡＴＯ）設立朝鮮が南北に分かれて独立国家に、ドイツが東西に分かれて独立	
50	朝鮮戦争始まる（〜53年　休戦協定）	周恩来（中国）とネルー（インド）が平和5原則を発表
54	アメリカがビキニ環礁で水爆実験（第五福竜丸が被爆）ワルシャワ条約機構ができる	第1回原水爆禁止世界大会（広島）
55		第1回アジア・アフリカ会議（平和10原則を発表）
56	第二次中東戦争（スエズ動乱）	アフリカ諸国の独立相次ぐ
60	ベトナム戦争勃発（〜75年）ベルリンの壁ができる	（「アフリカの年」）
61	キューバ危機	
62		
63	中国で文化大革命が起こるアメリカ軍がベトナム戦争に参戦第三次中東戦争	米・英・ソが部分的核実験禁止条約（ＰＴＢＴ）に調印
65		
66		
67		
68		米・ソなどが核拡散防止条約（ＮＰＴ）に調印
70	第四次中東戦争（石油危機が起こる）カンボジアで内戦が起こる	
73		
76		南北ベトナムが統一される
79	ソ連がアフガニスタン侵攻（〜89年撤退）	
80	イラン・イラク戦争（〜88年　停戦）	
82	フォークランド紛争	
87		米・ソが中距離核戦力全廃条約に調印
89		ベルリンの壁がこわされる地中海のマルタで米ソ首脳会談（＝冷戦終結宣言）東西ドイツ統一
90	イラクがクウェートに侵攻	

世界の歴史の中で、最も大規模で、最も多くの死傷者を出した第二次世界大戦が終わってから78年がたちました。しかしこの間、世界各地で争いのなかった日はないのです。国どうしの戦争・紛争はもちろん、冷戦、内戦、テロ……　あげていけばきりがありません。その一方で、核軍縮をはじめとする、平和への取り組みもおこなわれてきました。戦後の「戦争・紛争」と「平和への取り組み」のあとをたどってみましょう。

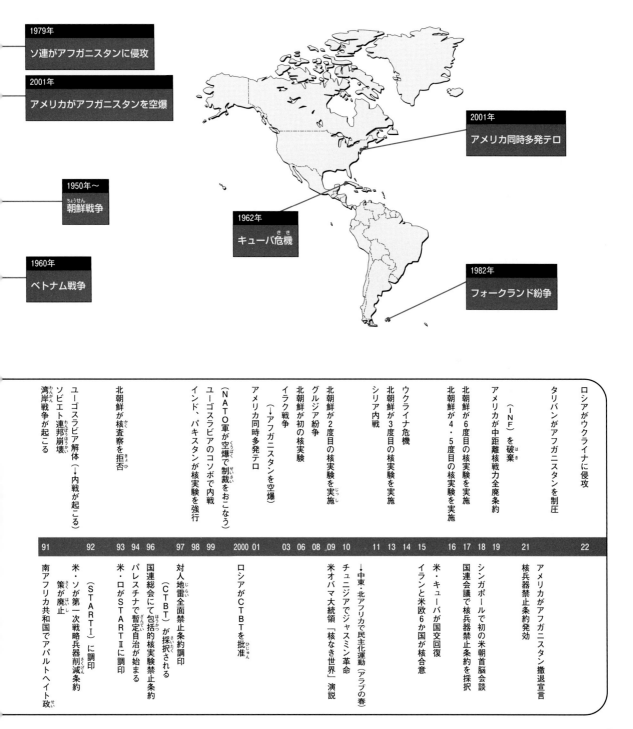

1979年
ソ連がアフガニスタンに侵攻

2001年
アメリカがアフガニスタンを空爆

1950年～
朝鮮戦争

1960年
ベトナム戦争

2001年
アメリカ同時多発テロ

1962年
キューバ危機

1982年
フォークランド紛争

上段（出来事）右から左：

- ロシアがウクライナに侵攻
- タリバンがアフガニスタンを制圧
- （INF）を破棄／アメリカが中距離核戦力全廃条約
- 北朝鮮が6度目の核実験を実施
- 北朝鮮が4・5度目の核実験を実施
- ウクライナ危機
- 北朝鮮が3度目の核実験を実施
- シリア内戦
- 北朝鮮が2度目の核実験を実施
- グルジア紛争
- 北朝鮮が初の核実験
- イラク戦争
- （→アフガニスタンを空爆）アメリカ同時多発テロ
- （NATO軍が空爆で制裁をおこなう）ユーゴスラビアのコソボで内戦
- インド、パキスタンが核実験を強行
- 北朝鮮が核査察を拒否
- ユーゴスラビア解体（→内戦が起こる）ソビエト連邦崩壊
- 湾岸戦争が起こる

年号（左から右）：

91	92	93	94	96	97	98	99	2000	01	03	06	08	09	10	11	13	14	15	16	17	18	19	21	22

下段（出来事）左から右：

- 南アフリカ共和国でアパルトヘイト政策が廃止
- 米・ソが第一次戦略兵器削減条約（START I）に調印
- 米・ロがSTART IIに調印
- パレスチナで暫定自治が始まる
- 国連総会にて包括的核実験禁止条約（CTBT）が採択される
- 対人地雷全面禁止条約調印
- ロシアがCTBTを批准
- 米オバマ大統領「核なき世界」演説
- →中東・北アフリカで民主化運動（アラブの春）チュニジアでジャスミン革命
- イランと米欧6か国が核合意
- 米・キューバが国交回復
- 国連会議で核兵器禁止条約を採択
- シンガポールで初の米朝首脳会談
- アメリカがアフガニスタン撤退宣言／核兵器禁止条約発効
- アメリカがアフガニスタン撤退宣言

環境保全をめぐる動き

地球環境をめぐる世界の動き	スローガン・目標など
1965	「宇宙船地球号」
1970	
1971　ラムサール条約（発効は1975年）	
1972　国連人間環境会議 ⁃⁃⁃⁃⁃⁃⁃⁃⁃⁃⁃⁃⁃⁃⁃⁃	「かけがえのない地球」
⇒スウェーデンのストックホルムで開催	『成長の限界』
⇒人間環境宣言	
国連環境計画（UNEP）の設立	
世界遺産条約（発効は1975年）	
1973　ワシントン条約（発効は1975年）	
1980	
1987　オゾン層保護に関するモントリオール議定書 　　　　　　　　　　　　（発効は1989年）	「持続可能な開発」
1988　気候変動に関する政府間パネル（IPCC）設立	
1990	
1992　国連環境開発会議（地球サミット）⁃⁃⁃⁃⁃⁃⁃⁃	「持続可能な開発」
⇒ブラジルのリオデジャネイロで開催	
⇒アジェンダ21	
⇒気候変動枠組み条約（発効は1994年）	
1997　第3回気候変動枠組み条約締約国会議（COP3） （地球温暖化防止京都会議）	
⇒京都議定書（発効は2005年）	
2000	ミレニアム開発目標（MDGs）
2002　持続可能な開発に関する世界首脳会議	
⇒南アフリカのヨハネスブルグで開催	
2005	国連ESDの10年　（～2014年）
2010	
2012　国連持続可能な開発会議（リオ＋20）	
⇒ブラジルのリオデジャネイロで開催	
2015　第21回気候変動枠組み条約締約国会議（COP21）	国連持続可能な開発目標（SDGs）
⇒パリ協定（発効は2016年）	⁃⁃⁃⁃⁃⁃⁃⁃⁃⁃⁃「誰一人取り残さない」
2020	
2022　G7が「気候クラブ」を設立	

地球環境問題への危機感を多くの人がもつようになり、初めて国際的な会議が開かれたのは1972年のことでした。それから50年以上たった今、地球環境の現状はどのようになっているでしょうか。

「宇宙船地球号」

地球は有限であることを閉じられた宇宙船にたとえたことば。この考え方は、アメリカの建築家であり思想家であるフラーが提唱したのが最初といわれ、著書『宇宙船地球号操縦マニュアル』の中で、地球と人類が生き残るためには、地球全体を包括的な視点でとらえることが重要だと述べました。ローマ・クラブの『成長の限界』や、「かけがえのない地球」というスローガンのもとでおこなわれた国連人間環境会議にも影響をあたえました。

> 「地球は有限」
> このままでは
> 限界が来る

『成長の限界』

国際的な研究団体であるローマ・クラブが1972年に発表した報告書。その中で「このまま人口増加や経済成長が続けば、食糧不足や資源の枯渇、環境汚染などによって100年以内に地球は成長の限界をむかえる」と警告しました。この報告書は、地球環境問題への取り組みの重要性を広く人々に知らせる役割を果たしました。

環境と開発は「共存できる」という考え方

国連の「環境と開発に関する世界委員会」が1987年に発表した最終報告書の中で、「持続可能な開発（Sustainable Development）」という考え方が示されました。「持続可能な開発」は、将来の世代のニーズをそこなうことなく、今日の世代のニーズを満たすような開発、と説明されており、それ以来、現在にいたるまで、環境保全と開発を考える上での中心的な理念となっています。

ESD

ESDは、「持続可能な開発のための教育」と訳されます。
2002年の「持続可能な開発に関する世界首脳会議」で日本政府とNGOが、持続可能な開発のためには人材育成が重要だと強調し、「持続可能な開発のための教育の10年」を提唱しました。持続可能な社会のために、地球のさまざまな課題を自分のこととしてとらえ実践していくこと（Think Globally Act Locally）を目指す学習や活動です。

MDGsからSDGsへ

新しいミレニアムのはじまりを目前にした2000年、国連でミレニアム開発目標（MDGs）がかかげられました。この目標は、それまでの主要な国際会議で採択されたさまざまな目標を1つの枠組みにまとめたもので、2015年までに達成することが宣言されました。

そして、むかえた2015年、一定の成果はあったものの課題も多く残る結果となり、新たな目標である、国連持続可能な開発目標（SDGs）が採択されたのです。SDGsは17の目標と169のターゲットからなっており、2030年までの行動計画が示されています。SDGsの中心となる理念はNo one will be left behindで、「誰一人取り残さない」という意味です。

ミレニアム開発目標（MDGs）
8つのゴール

持続可能な開発目標（SDGs）17のゴール

世界のおもな国と地域

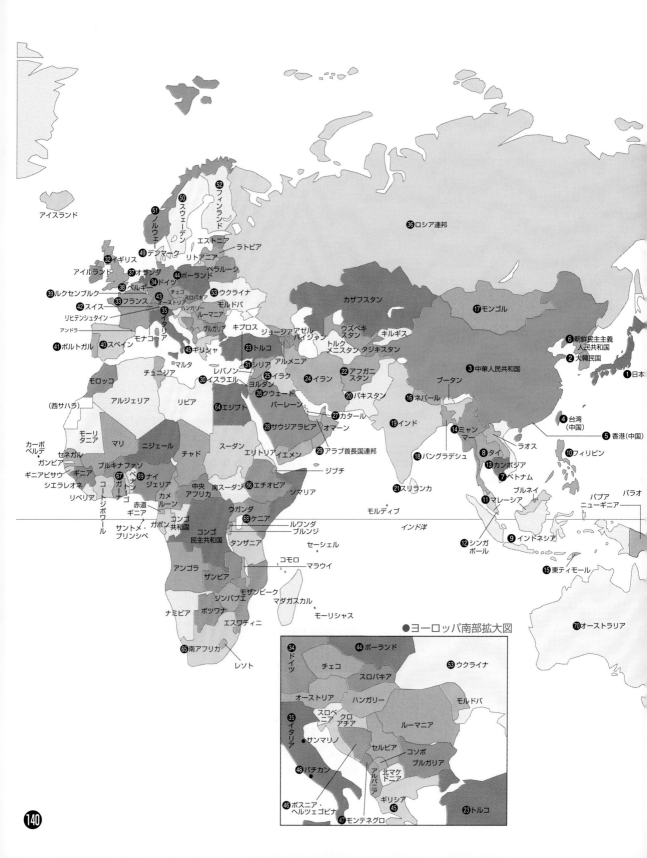

アイスランド

㊱ロシア連邦

㊹フィンランド

㊿スウェーデン

㊶ノルウェー

㉜イギリス　㊾デンマーク

エストニア

アイルランド　㊲オランダ

ラトビア

リトアニア

㊴ドイツ　㊹ポーランド

ベラルーシ

㊳ルクセンブルク　㊳ベルギー

㊸チェコ　㊞スロバキア　㊽ウクライナ

㊷スイス　㉝フランス　㊱オーストリア　ハンガリー　モルドバ

リヒテンシュタイン　㉟イタリア　ルーマニア

アンドラ

モナコ

カザフスタン

㊐モンゴル

㊶ポルトガル　㊵スペイン

ブルガリア　キプロス

ジョージア アゼルバイジャン

ウズベキスタン　キルギス

㉛シリア　アルメニア

トルクメニスタン　タジキスタン

⑥朝鮮民主主義人民共和国

②大韓民国

①日本

㊺ギリシャ　㉓トルコ

㉚イスラエル　㉕イラク　㉔イラン　㉒アフガニスタン

③中華人民共和国

④台湾（中国）

マルタ

レバノン

ヨルダン

⑯ネパール　ブータン

⑤香港（中国）

チュニジア

（西サハラ）

モロッコ

リビア

㉖クウェート

㉗カタール

㉘サウジアラビア

オマーン

⑳パキスタン

⑲インド

⑭ミャンマー

ラオス

⑩フィリピン

アルジェリア

バーレーン

㉙アラブ首長国連邦

イエメン

⑱バングラデシュ

⑧タイ

⑬カンボジア

⑦ベトナム

ブルネイ

パプアニューギニア

パラオ

カーボベルデ

モーリタニア

マリ

ニジェール

チャド

スーダン

エリトリア

ジブチ

⑪マレーシア

セネガル

ガンビア

ブルキナファソ

⑰ナイジェリア

中央アフリカ

南スーダン　㊻エチオピア

ソマリア

モルディブ

⑮東ティモール

ギニアビサウ

ギニア

㊼ベナン

㊽トーゴ

カメルーン

ウガンダ

㉑スリランカ

シエラレオネ

コートジボワール

リベリア

赤道ギニア

ガボン

コンゴ共和国

コンゴ民主共和国

㊽ケニア

ルワンダ　ブルンジ

タンザニア

セーシェル

インド洋

⑫シンガポール

⑨インドネシア

サントメ・プリンシペ

アンゴラ

ザンビア

コモロ

マラウイ

●ヨーロッパ南部拡大図

ナミビア

ジンバブエ

ボツワナ

モザンビーク

マダガスカル

エスワティニ

モーリシャス

㊄オーストラリア

㊽南アフリカ

レソト

㊴ドイツ　㊸チェコ　㊹ポーランド

㊞スロバキア

㉝ウクライナ

㊱オーストリア　ハンガリー

モルドバ

スロベニア　クロアチア

ルーマニア

㉟イタリア

●サンマリノ

セルビア

コソボ

ブルガリア

㊽バチカン

北マケドニア

アルバニア

ギリシャ

㉓トルコ

㊽ボスニア・ヘルツェゴビナ

㊼モンテネグロ

㊺

世界にはおよそ200の国と地域があります。日本とのつながりが深く、新聞やテレビでよく目にする国もあれば、「その国はいったいどこにあるのだろう？」と思うようななじみのない国もあるでしょう。次のページからは、「日本とのつながりが深い国」を中心に、基本的なデータを載せています。本書の記事・解説に出てきた国、日ごろの学習の中で出てきた国などを、ふり返ってみましょう。

グリーンランド
（デンマーク）

アラスカ
（アメリカ合衆国）

❺カナダ

太平洋

大西洋

❺アメリカ合衆国

バハマ
ドミニカ共和国
❺キューバ　プエルトリコ
❺メキシコ　　　　　ハイチ　（アメリカ合衆国）
ジャマイカ　　　　　アンティグア・
ハワイ諸島　　　　　　　　　　ベリーズ　　　　　　　　バーブーダ
（アメリカ合衆国）　　　　　　ホンジュラス　　セントクリストファー・　ドミニカ国
　　　　　　　　　　グアテマラ　　　　　ネイビス　　　セントルシア
クロネシア連邦　マーシャル諸島　　　エルサルバドル　　　　セントビンセントおよび　バルバドス
　　　　　　　　　　　　ニカラグア　　グレナディーン諸島　トリニダード・
　　　　　　　　　　　　コスタリカ　　グレナダ　　トバゴ
ナウル　　　　　　　　　　　　　　　　❺パナマ　　　　　　スリナム
ソロモン諸島　ツバル　　　　　　　　　　　ベネズエラ　ギアナ（フランス）
　　　　　　キリバス　　　　　　　コロンビア　　　ガイアナ
　　　サモア　　　　　　　　　　　❻エクアドル

バヌアツ　フィジー　　　　　　　　　　　　　　　❻ブラジル
　　　　　　　　　　　　　　　　❻ペルー
ニューカレドニア島　トンガ　　　　　　　　　　ボリビア
（フランス）　　　ニウエ
　　　　　　　　　　　　　　　　　　　パラグアイ

　　　　　　　　　　　　　　　　❻チリ　　ウルグアイ

❼ニュージーランド　　　　　　　　　❻アルゼンチン

世界のおもな国のデータ集

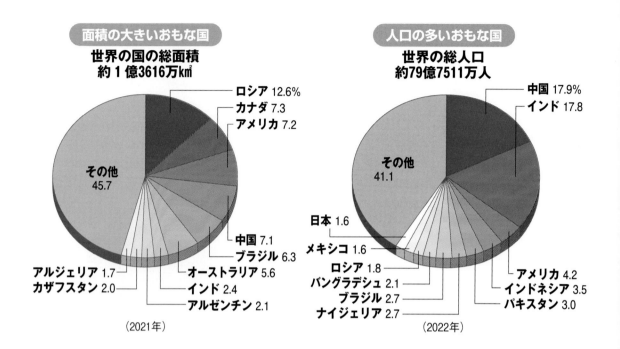

面積の大きいおもな国

**世界の国の総面積
約1億3616万km²**

- ロシア 12.6%
- カナダ 7.3
- アメリカ 7.2
- その他 45.7
- 中国 7.1
- ブラジル 6.3
- オーストラリア 5.6
- インド 2.4
- アルゼンチン 2.1
- カザフスタン 2.0
- アルジェリア 1.7

（2021年）

人口の多いおもな国

**世界の総人口
約79億7511万人**

- 中国 17.9%
- インド 17.8
- その他 41.1
- 日本 1.6
- メキシコ 1.6
- ロシア 1.8
- バングラデシュ 2.1
- ブラジル 2.7
- ナイジェリア 2.7
- アメリカ 4.2
- インドネシア 3.5
- パキスタン 3.0

（2022年）

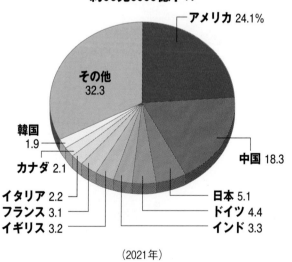

GDPの多いおもな国

**世界計
約96兆6999億ドル**

- アメリカ 24.1%
- その他 32.3
- 韓国 1.9
- カナダ 2.1
- イタリア 2.2
- フランス 3.1
- イギリス 3.2
- 中国 18.3
- 日本 5.1
- ドイツ 4.4
- インド 3.3

（2021年）

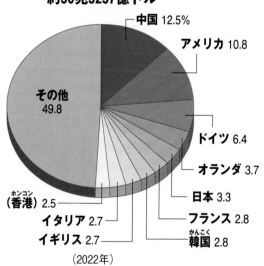

貿易額の多いおもな国

**世界計
約50兆5257億ドル**

- 中国 12.5%
- アメリカ 10.8
- その他 49.8
- ドイツ 6.4
- オランダ 3.7
- 日本 3.3
- フランス 2.8
- 韓国 2.8
- （香港）2.5
- イタリア 2.7
- イギリス 2.7

（2022年）

面積は『日本国勢図会2023/24』より。総面積は2015年データ
人口・GDP・貿易額は『世界国勢図会2023/24』より
※中国は台湾・香港・マカオをふくまない数値

国名	首都	面積 (2021年)	人口 (2022年)	国内総生産 (2021年)	1人あたり所得※ (2021年)
アジア					
❶ 日本	東京	37.8万km	1億2495万人	4兆9409億ドル	41162ドル
❷ 大韓民国	ソウル	10.0万km	5182万人	1兆8110億ドル	35329ドル
❸ 中華人民共和国	ペキン(北京)	960.0万km	14億2589万人	17兆7341億ドル	12324ドル
❹ 台湾	タイペイ(台北)	3.6万km	2389万人	7758億ドル	33756ドル
❺ 香港	―	0.11万km	749万人	3692億ドル	52777ドル
❻ 朝鮮民主主義人民共和国	ピョンヤン(平壌)	12.1万km	2607万人	168億ドル	662ドル
❼ ベトナム	ハノイ	33.1万km	9819万人	3661億ドル	3564ドル
❽ タイ	バンコク	51.3万km	7170万人	5060億ドル	6818ドル
❾ インドネシア	ジャカルタ※	191.1万km	2億7550万人	1兆1861億ドル	4217ドル
❿ フィリピン	マニラ	30.0万km	1億1556万人	3941億ドル	3584ドル
⓫ マレーシア	クアラルンプール	33.1万km	3394万人	3727億ドル	10769ドル
⓬ シンガポール	なし(都市国家)	0.07万km	598万人	3970億ドル	58770ドル
⓭ カンボジア	プノンペン	18.1万km	1677万人	267億ドル	1523ドル
⓮ ミャンマー	ネーピードー	67.7万km	5418万人	586億ドル	1095ドル
⓯ 東ティモール	ディリ	1.5万km	134万人	20億ドル	1842ドル
⓰ ネパール	カトマンズ	14.7万km	3055万人	362億ドル	1212ドル
⓱ モンゴル	ウランバートル	156.4万km	340万人	151億ドル	3889ドル
⓲ バングラデシュ	ダッカ	14.8万km	1億7119万人	4149億ドル	2579ドル
⓳ インド	デリー(ニューデリー)	328.7万km	14億1717万人	3兆2015億ドル	2239ドル
⓴ パキスタン	イスラマバード	79.6万km	2億3583万人	3425億ドル	1584ドル
㉑ スリランカ	スリ・ジャヤワルダナプラ・コッテ	6.6万km	2183万人	853億ドル	3823ドル
㉒ アフガニスタン	カブール	65.3万km	4113万人	149億ドル	377ドル
㉓ トルコ	アンカラ	78.4万km	8534万人	8190億ドル	9519ドル
㉔ イラン	テヘラン	163.1万km	8855万人	5949億ドル	6556ドル
㉕ イラク	バグダッド	43.5万km	4450万人	2040億ドル	4645ドル

※国民総所得(GNI)
※2022年に首都移転法案が可決、2045年に移転完了予定。新首都名はヌサンタラ。

国名	首都	面積 (2021年)	人口 (2022年)	国内総生産 (2021年)	1人あたり所得※ (2021年)
㉖ クウェート	クウェート	1.8万㎢	427万人	1366億ドル	36453ドル
㉗ カタール	ドーハ	1.2万㎢	270万人	1796億ドル	65863ドル
㉘ サウジアラビア	リヤド	220.7万㎢	3641万人	8335億ドル	23642ドル
㉙ アラブ首長国連邦	アブダビ	7.1万㎢	944万人	4055億ドル	43217ドル
㉚ イスラエル	エルサレム	2.2万㎢	904万人	4816億ドル	53302ドル
㉛ シリア	ダマスカス	18.5万㎢	2213万人	197億ドル	997ドル
ヨーロッパ					
㉜ イギリス	ロンドン	24.4万㎢	6751万人	3兆1314億ドル	46338ドル
㉝ フランス	パリ	55.2万㎢	6463万人	2兆9579億ドル	45535ドル
㉞ ドイツ	ベルリン	35.8万㎢	8337万人	4兆2599億ドル	52885ドル
㉟ イタリア	ローマ	30.2万㎢	5904万人	2兆1077億ドル	36216ドル
㊱ ロシア連邦	モスクワ	1709.8万㎢	1億4471万人	1兆7788億ドル	11960ドル
㊲ オランダ	アムステルダム	4.2万㎢	1756万人	1兆128億ドル	56574ドル
㊳ ベルギー	ブリュッセル	3.1万㎢	1166万人	5941億ドル	51639ドル
㊴ ルクセンブルク	ルクセンブルク	0.26万㎢	65万人	855億ドル	93369ドル
㊵ スペイン	マドリード	50.6万㎢	4756万人	1兆4274億ドル	30216ドル
㊶ ポルトガル	リスボン	9.2万㎢	1027万人	2537億ドル	24353ドル
㊷ スイス	ベルン	4.1万㎢	874万人	8129億ドル	90045ドル
㊸ オーストリア	ウィーン	8.4万㎢	894万人	4804億ドル	54082ドル
㊹ ポーランド	ワルシャワ	31.3万㎢	3986万人	6794億ドル	16908ドル
㊺ ギリシャ	アテネ	13.2万㎢	1039万人	2149億ドル	20481ドル
㊻ ボスニア・ヘルツェゴビナ	サラエボ	5.1万㎢	323万人	234億ドル	7082ドル
㊼ モンテネグロ	ポドゴリツァ	1.4万㎢	63万人	58億ドル	9529ドル
㊽ バチカン	なし(都市国家)	0.00004万㎢	0.05万人	—	—
㊾ デンマーク	コペンハーゲン	4.3万㎢	588万人	3983億ドル	70390ドル
㊿ スウェーデン	ストックホルム	43.9万㎢	1055万人	6357億ドル	62469ドル

国名	首都	面積（2021年）	人口（2022年）	国内総生産（2021年）	1人あたり所得※（2021年）
(51) ノルウェー	オスロ	32.4万㎢	543万人	4822億ドル	93149ドル
(52) フィンランド	ヘルシンキ	33.7万㎢	554万人	2973億ドル	54714ドル
(53) ウクライナ	キーウ	60.4万㎢	3970万人	2001億ドル	4697ドル
北米					
(54) アメリカ合衆国	ワシントンD.C.	983.4万㎢	3億3829万人	23兆3151億ドル	70081ドル
(55) カナダ	オタワ	998.5万㎢	3845万人	1兆9883億ドル	51741ドル
中南米					
(56) キューバ	ハバナ	11.0万㎢	1121万人	1267億ドル	11086ドル
(57) メキシコ	メキシコシティ	196.4万㎢	1億2750万人	1兆2728億ドル	9956ドル
(58) パナマ	パナマシティー	7.5万㎢	441万人	636億ドル	14012ドル
(59) ブラジル	ブラジリア	851.0万㎢	2億1531万人	1兆6090億ドル	7305ドル
(60) アルゼンチン	ブエノスアイレス	279.6万㎢	4551万人	4872億ドル	10590ドル
(61) エクアドル	キト	25.7万㎢	1800万人	1062億ドル	5873ドル
(62) ペルー	リマ	128.5万㎢	3405万人	2233億ドル	6446ドル
(63) チリ	サンティアゴ	75.6万㎢	1960万人	3171億ドル	15320ドル
アフリカ					
(64) エジプト	カイロ	100.2万㎢	1億1099万人	4259億ドル	3778ドル
(65) 南アフリカ	プレトリア	122.1万㎢	5989万人	4190億ドル	6920ドル
(66) エチオピア	アディスアベバ	110.4万㎢	1億2338万人	993億ドル	821ドル
(67) ガーナ	アクラ	23.9万㎢	3348万人	791億ドル	2348ドル
(68) ケニア	ナイロビ	59.2万㎢	5402万人	1103億ドル	2051ドル
(69) ナイジェリア	アブジャ	92.4万㎢	2億1854万人	4309億ドル	1868ドル
オセアニア					
(70) オーストラリア	キャンベラ	769.2万㎢	2618万人	1兆7345億ドル	64490ドル
(71) ニュージーランド	ウェリントン	26.8万㎢	519万人	2505億ドル	47876ドル

（『世界国勢図会2023/24』より。中国は台湾・香港・マカオをふくまない数値）

時事問題を理解するための用語集

★がついている用語は、とくに2023年のニュースに関連したホットワードです。

さまざまなアルファベット略称

経済指標

G D P	Gross Domestic Product	国内総生産
G N P	Gross National Product	国民総生産
G N I	Gross National Income	国民総所得

国連の機関や活動

F A O	Food and Agriculture Organization	国際連合食糧農業機関
I A E A	International Atomic Energy Agency	国際原子力機関
I C O M O S	International Council on Monuments and Sites	国際記念物遺跡会議
P K O	United Nations Peacekeeping Operations	平和維持活動
U N E P	United Nations Environment Programme	国際連合環境計画
U N E S C O	United Nations Educational, Scientific and Cultural Organization	国際連合教育科学文化機関
U N H C R	Office of the United Nations High Commissioner for Refugees	国際連合難民高等弁務官事務所
U N I C E F	United Nations Children's Fund	国際連合児童基金
W H O	World Health Organization	世界保健機関
W T O	World Trade Organization	世界貿易機関

地域の結びつき

A S E A N	Association of South - East Asian Nations	東南アジア諸国連合
E U	European Union	ヨーロッパ（欧州）連合
B R I C S	Brazil, Russia, India, China, South Africa	ブリックス
Q U A D	Quadrilateral Security Dialogue	クアッド
N A T O	North Atlantic Treaty Organization	北大西洋条約機構

貿易協定・経済連携

E P A	Economic Partnership Agreement	経済連携協定
F T A	Free Trade Agreement	自由貿易協定
A P E C	Asia Pacific Economic Cooperation	アジア太平洋経済協力
R C E P	Regional Comprehensive Economic Partnership （Agreement）	地域的な包括的経済連携（協定）
T P P	Trans-Pacific Partnership Agreement	環太平洋経済連携協定

条約・目標

N P T	Treaty on the Non-Proliferation of Nuclear Weapons	核（兵器）拡散防止条約
C T B T	Comprehensive Nuclear Test Ban Treaty	包括的核実験禁止条約
T P N W	Treaty on the Prohibition of Nuclear Weapons	核兵器禁止条約
S D G s	Sustainable Development Goals	持続可能な開発目標

その他

A I I B	Asian Infrastructure Investment Bank	アジアインフラ投資銀行
I C B M	Intercontinental Ballistic Missile	大陸間弾道ミサイル
I O C	International Olympic Committee	国際オリンピック委員会
I P C C	Intergovernmental Panel on Climate Change	気候変動に関する政府間パネル
J A X A	Japan Aerospace eXploration Agency	宇宙航空研究開発機構
N G O	Non-Governmental Organizations	非政府組織
N P O	Nonprofit Organization	非営利団体
O D A	Official Development Assistance	政府開発援助

● アイオーティー（IoT）

テレビ、冷蔵庫などの電化製品や自動車、医療機器といった情報通信機器以外の多種多様な「モノ」がインターネットに接続され、相互に情報をやり取りすることをいう。日本語では「モノのインターネット」とよばれる。これにより、外出先からエアコンやテレビを操作したり、家の医療機器の情報をかかりつけの病院と共有したりすることが可能になる。また、自動車では、車に設置されたセンサーがインターネットとつながることにより、位置情報や走行状況などのデータをAIが分析、その結果が車に返されることで、データに応じた安全な運転が可能になり、完全自動運転の実現につながるといわれている。

● アイシーティー（ICT）

情報通信技術のこと。従来あった、情報をあつかう技術を広く指すIT（Information Technology、情報技術）に対して、ネットワークを利用しておこなわれる情報の通信や伝達、やり取りを意味するコミュニケーションの要素がふくまれたことば。通信技術そのものを指すITに比べて、その技術をどのように使うのかが意識されており、教育や働き方、防災、医療・介護などの分野への導入が進んでいる。

● アジアインフラ投資銀行（AIIB）

中国が主導して設立した国際開発金融機関。発展途上国の産業の育成や発展のため、必要な資金を供給する機関で、イギリスやドイツ、フランスなどヨーロッパの主要な国をふくむ57か国を創設メンバーとして2015年12月に設立された。2023年9月現在、109の国と地域が参加または参加表明をしている。日本やアメリカはすでにアジア開発銀行（ADB）を通じてアジアの経済開発をリードしてきたこ

ともあり、不参加を表明している。

● アジア太平洋経済協力（APEC）

太平洋を取り囲む地域の経済協力についての協議体で、オーストラリアが提唱し、日本・アメリカ・カナダ・オーストラリア・ニュージーランド・韓国と当時の東南アジア諸国連合（ASEAN）6か国（インドネシア・マレーシア・フィリピン・シンガポール・タイ・ブルネイ）の12か国で、1989年に発足した。その後、中国・台湾・香港・パプアニューギニア・メキシコ・チリ・ベトナム・ロシア・ペルーが加わり、2023年9月現在、21の国と地域が参加している。参加国間での貿易自由化の推進や経済・技術協力などの活動を進めている。

● アダムズ方式

選挙区ごとの議席を配分する方法のひとつで、各都道府県の人口を「ある数」で割り、商の小数点以下を切り上げて定数とする。「ある数」は合計定数と合うように調整して決める。

たとえば、A県（人口250万人）、B県（人口200万人）、C県（人口150万人）の3つの県からなる国で、議員定数10を配分するとした場合を考えてみよう。この国の総人口は600万人、議員定数は10なので、議員1人あたりの人口は60万人になる。これを基準値として、各県の人口を60万で割って小数点以下を切り上げると、A県は5、B県は4、C県は3になる。これだと定数を超えてしまうので、基準値を調整する必要がある。基準値を65万にしても合計11である。70万にすると、A県は4、B県は3、C県は3で、ちょうど10になる。このように、最適な基準値をさがして、定数に合うように議席を配分していく。

■1議席当たりの基準値が65万		
	計算式	配分議席
A県	250万人÷65万＝3.846…	4
B県	200万人÷65万＝3.076…	4
C県	150万人÷65万＝2.307…	3
→×定数より1多い11に		

■1議席当たりの基準値が70万		
A県	250万人÷70万＝3.571…	4
B県	200万人÷70万＝2.857…	3
C県	150万人÷70万＝2.142…	3
→○定数通り10		

■1議席当たりの基準値が75万		
A県	250万人÷75万＝3.333…	4
B県	200万人÷75万＝2.666…	3
C県	150万人÷75万＝2	2
→×定数より1少ない9に		

衆議院議員の小選挙区では、2022年以降の選挙からアダムズ方式による新たな定数が適用されることになっている。

アベノミクス

安倍晋三元内閣総理大臣が第2次安倍内閣において打ち出した、経済政策のこと。安倍（アベ）とエコノミクス（経済学）を合わせた造語である。日本経済の足を引っぱっているとされるデフレーションからの脱却を目指し、3つの柱からなる経済政策を進めた。3つの柱とは金融緩和・財政出動・成長戦略のことで、戦国武将の毛利元就の逸話を引用して「三本の矢」ともよばれる。

アラブの春

2010年暮れ、チュニジアで起きた民主化運動をはじめとした、アラブ諸国で現政権に対しておこなわれた国民の抗議行動などのこと。エジプトやリビアでも同様の抗議行動が起こり、大統領や指導者が失脚した。指導者が代わり民主化が達成されたかに見えたが、その後の政権運営においても、混乱が続いたり、内戦に発展したりした国もある。

アルカイダ

2001年9月11日に起きた、アメリカ同時多発テロの首謀者とされるウサマ・ビンラディン容疑者が結成した国際テロ組織。旧ソ連のアフガニスタン侵攻に抵抗するイスラム戦士を支援するために結成された。イスラム原理主義にもとづき、アメリカをはじめとする欧米諸国やイスラエルを批判する思想をかかげ、聖戦（ジハード）の名のもとに、テロ活動をくり返している。

ビンラディン容疑者は、2011年にパキスタンでアメリカの軍事作戦によって死亡。その後、ナンバー2だったザワヒリ容疑者が最高指導者の地位についていたが、2022年7月にアフガニスタンでアメリカの無人機による攻撃で死亡した。後継者はエジプト人のサイフ・アル・アデルとみられている。

安全保障関連法

自衛隊法や国際平和協力法など10の法律をまとめた「平和安全法制整備法」と、「国際平和支援法」から構成される。おもな内容としては、「集団的自衛権を認める」「自衛隊の活動範囲や、使用できる武器を拡大する」「在外邦人の救出やアメリカの艦船の防護をおこなえるようにする」ことなどが盛りこまれている。日本国憲法の平和主義の原則との整合性への疑問や、戦争につながるのではないかという心配などから多くの反対意見もあがった。2015年9月に成立、2016年3月に施行された。

育児休業制度

父親や母親など、子どもを養育する労働者が、働くことを継続しながら育児のために一定期間休業できる制度のことで、1991年の育児休業法（1995年に育児・介護休業法に改正）で定められた。この制度は人口減少にともなう労働力不足をおぎなうために、育児をしながらでも働ける環境をつくる目的がある。しかし、社会問題でもあるマタニティハラスメ

ントや待機児童を理由とする離職が減らないことなどから、政府は法律の改正をくり返しおこなっている。2021年の育児・介護休業法の改正では、男性の育児休業取得を推進するために出生直後の柔軟な休業の枠組みを創設したり、育児休業の分割取得を可能にしたりするなど、育児をおこなう労働者が働きやすい環境づくりが進められている。

イコモス（ICOMOS）

イコモスとは、ユネスコの諮問機関のひとつである国際記念物遺跡会議（ICOMOS）のことで、人類の遺跡や建造物の保存を目的とする国際的なNGO（非政府組織）である。世界遺産は、各国が推薦する候補の中から、年に1回開催される世界遺産委員会で決定するが、この決定にあたり、専門機関の現地調査による評価が必要となるため、イコモスが世界遺産として各国から推薦された文化遺産に対して、専門的な評価、調査をおこなう。自然遺産の評価については、国際自然保護連合（IUCN）がおこなっている。

イスラム教

キリスト教・仏教とともに世界三大宗教のひとつで、7世紀にムハンマド（マホメット）により始まったとされる。教典のコーラン（クルアーン）では、唯一の神アラーを信仰することや、日常生活でのきびしい戒律が課せられており、1日5回の礼拝やラマダンとよばれる断食月、一生に一度の聖地メッカ（サウジアラビア）への巡礼などが義務とされている。また女性は家族以外の男性に肌や髪の毛を見せてはいけないとされ、外出時にはヒジャブ、ブルカなどといわれる布をまいてかくしている。食生活では、豚肉を食べることが禁止され、飲酒も認められていない。近年では、世界各国でイスラム教の戒律にそった食材などのハラール認証を受ける店も増えてきている。（→「ハラール」参照）

イスラム国（IS、ISIL）

イスラム教の一派スンニ派の過激派組織。イラク戦争後の2006年ごろに国際テロ組織アルカイダ系の勢力が合流してできた。2014年6月にイラクからシリアにかけての一帯で一方的に国家の樹立を宣言、イスラム国と名乗った。現在はイスラム教国家との混同をさけるため、IS（イスラミックステート）などとよぶ。異なる宗派や宗教の人々の虐殺、誘拐や略奪などをくり返し、一時はイラク・シリアの領土の広範囲を支配。2019年10月、米軍の急襲により最高指導者バグダーディーが死亡し、事実上、崩壊状態にある。

一帯一路

中華人民共和国の習近平国家主席が推進している経済・外交圏の構想のこと。中国からヨーロッパを陸路で結ぶ「シルクロード経済ベルト」（一帯）と、中国沿岸部から東南アジアーインドーアフリカーヨーロッパを海路で結ぶ「21世紀海上シルクロード」（一路）からなる。経済政策やインフラ、投資・貿易などの分野で、交易の拡大や経済の活性化をはかることがねらいである。一帯一路の沿線にある国・地域で、高速道路や鉄道、港湾などの交通や通信網などのインフラ整備を進めているが、これを資金面で支援するためにアジアインフラ投資銀行（AIIB）などが中国の主導で設立されている。（→「アジアインフラ投資銀行（AIIB）」参照）

遺伝子組み換え作物

別の植物の遺伝子を組みこむことで、害虫や除草剤への抵抗力を強めた作物のこと。作物の手入れが楽になったり、収穫量が増加したりする期待がある反面、長期間食用とされた場合に、人体にあたえる影響を心配する見方もある。現在アメリカ国内で生産される大豆の9割以上が遺伝子組み換えであるとされ、アメリカからの穀物の輸入量が多い日本でも、

不安を感じる消費者もいる。2023年4月に表示制度が改正され、「遺伝子組み換えでない」などと表示できる基準が、「5％」から「不検出」へと引き下げられた。

遺伝子組み換えのしくみ

●今までの品種改良　●遺伝子組み換え

おいしいが病気に弱い　病気に強いがまずい　おいしいが病気に弱い

よい品種ができるまで、交配と選別を何度もくり返す　病気に強い遺伝子を入れる

病気に強くておいしい新品種　病気に強くておいしい新品種

● インバウンド

外国人の訪日旅行や訪日旅行者を指すことばである。国は訪日外国人の増加を目指し、2007年に観光立国推進基本法を施行し、翌2008年には観光庁を設置した。その結果、2005年に670万人であった訪日外国人旅行者数は、2015年には1970万人となり、45年ぶりに日本人海外旅行者数を上回った。2019年には3,190万人で過去最高を記録したが、2020・2021年は新型コロナウイルス感染症の影響で激減した。

2022年6月10日より、日本政府はインバウンド受け入れを再開し、旅行者数は順調に回復している。

● インフラ（インフラストラクチャ）

社会における人の活動の基盤となる港湾、鉄道、自動車道などの輸送施設や電信・電話などの通信施設といった、長い間変化の少ない施設や制度のこと。最近は、情報化社会に欠かせない通信機器や回線などもインフラとよばれるようになった。

● インフレ（インフレーション）

物価が続けて上がっている状態のこと。好景気のときには、生産が増える以上に、消費者が物を買う量や企業の設備投資が増えるために、インフレになりやすい。この逆で、物価が続けて下がっている状態をデフレ（デフレーション）という。

● インボイス制度

2023年10月導入の、消費税の仕入税額控除の方式のこと。インボイスとは日本語では「適格請求書」といい、売り手が買い手に対して、正確な適用税率や消費税額を伝えるために発行する。小売業者が卸売業者から商品を仕入れ、消費者に売るまでを考えると、仕入れの際に商品にかかる消費税を負担しているうえ、消費者から預かった消費税も納めなければならず、二重に消費税を納めることになる。これを解消するしくみを仕入税額控除という。買い手が仕入れにかかる消費税を控除してもらうためにはインボイスが必要になり、売り手は、買い手から求められたときはインボイスを交付しなければならない。

仕入税額控除のしくみ

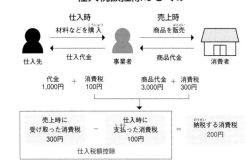

● 宇宙航空研究開発機構（JAXA）

日本に複数存在していた、宇宙開発利用と航空研究開発の組織を統合して2003年に設立された宇宙開発に関する総合機関。2021年に地球に帰還して話題になった小惑星探査機「はやぶさ2」や、現在国際宇宙ステーションにドッキングして稼働中の有人宇宙実験棟「きぼう」、資源などを宇宙ステーションに送りとどける宇宙ステーション補給機「こうの

とり」などの実績がある。2021年12月、13年ぶりに宇宙飛行士候補者の募集を開始、2023年2月、候補者2名を発表した。

エーアイ（AI）

人工知能（Artificial Intelligence）の略称で、人間がもつ認知や推論のはたらきをコンピューターにおこなわせる技術やシステムのこと。ビッグデータとよばれる大量の情報からコンピューター自身が学習を深めていく深層学習（ディープラーニング）とよばれる技術がそれを支えている。

液状化現象

地震の揺れによって、地表付近の水をふくんだ地層が、泥水のような液体状になる現象。液体状になった地中の砂や水が地上にふき出したり、道路や建物が沈んだりするなどの被害が出る。海岸や川のそばの埋め立て地などで起こりやすいが、内陸でもかつて沼や田んぼであったところを埋め立てた場所で起こりやすい。震源から遠く、地震の揺れによる直接の被害は少ない地域でも発生することがあり、大きな問題となっている。

エコカー

政府の定める燃費基準を満たした、環境にやさしい自動車。ガソリンなどを燃料とした内燃機関自動車に対し、大気汚染物質の排出が少ない、またはまったく排出しない、燃費性能が優れているといった特徴をもつ自動車は、次世代自動車とよばれる。こうした次世代自動車をふくめ、政府の定める基準を満たした自動車は、自動車の重量にかかる税が軽減される「エコカー減税」の対象となっている。エコカー減税は2023年4月末で期限をむかえる予定だったが、政府は制度を3年間延長し、2024年からは減税基準を引き上げていくとしている。

エコカーの例

天然ガス自動車（NGV）	化石燃料のうちで最も二酸化炭素排出量が少ない天然ガスを使用しており、排気ガスにふくまれる有害物質も少ない。
クリーンディーゼル車（CDV）	これまでのものよりも排気ガスにふくまれる窒素酸化物などが低減されている。
バイオ燃料対応車	植物からつくられるバイオエタノールを燃料とすることができる。
ハイブリッド車（HV）	2種類の異なる動力源をもち、必要に応じて電気を使って走行する。通常は、ガソリンと電気のハイブリッドカーを指し、ガソリンを使用して走行中にバッテリーが充電される。
プラグイン・ハイブリッド車（PHEV）	外部電源から充電できるハイブリッド車。ガソリンを使用して走行しなくても充電ができる。
電気自動車（EV）	バッテリーにたくわえられた電気を動力とする。
燃料電池自動車（FCV）	水素と酸素の化学反応によって発電した電気エネルギーを使ってモーターを回す。

エコツーリズム

地域の自然や文化を体験し、学ぶとともに、それらのよりよい保全につながっていくことを目指すしくみや考え方。従来の大勢の観光客が参加する団体旅行などに見られる大規模な観光形態（マスツーリズム）に代わる、少人数の、十分な時間的ゆとりをもった、なるべく自分の足を使った「環境対応型」の新しい観光のあり方とされる。自然や文化財に対して負荷をかけないというだけでなく、自然、文化、人などとの相互交流や、経済的な貢献により地域そのものを活性化していくことで観光と産業を持続的に発展させようとする。

エスエヌエス（SNS）

ソーシャル・ネットワーキング・サービスのこと。インターネット上で、文章や画像、動画などをやり取りできる会員登録制のサービスである。

エッセンシャルワーカー

英語の「エッセンシャル（essential）＝必要不可欠な」と「ワーカー（worker）＝労働者」を組み合わせたことば。社会の機能を維持するために欠かせない仕事をする人という意味で、医療関係者をはじめ、食料生産にたずさわる人、物流をになうトラックの運転手、ゴミ収集係、スーパーの店員などがエッセンシャルワーカーの具体例である。

エルジービーティーキュープラス（ＬＧＢＴＱ＋）

性的少数者を表す総称のひとつとして使われることばで、Ｌはレズビアン、Ｇはゲイ、Ｂはバイセクシュアル、Ｔはトランスジェンダー、Ｑはクエスチョニングまたはクィアの、それぞれ英語の頭文字である。

L	女性の同性愛者（心の性が女性で恋愛対象も女性）
G	男性の同性愛者（心の性が男性で恋愛対象も男性）
B	両性愛者（恋愛対象が女性にも男性にも向いている）
T	性自認が出生時の性別とは異なり、身体の性と心の性が一致しない
Q	特定の枠にあてはまらない、自分ではわからない、決められない、など

性的少数者はLGBTQ以外にも多様であり、性のあり方は型にはめて考えられるものだけとは限らないことから、「＋（プラス）」をつけて、「LGBTQ＋」ということばが使われるようになってきている。2023年6月、性的少数者への理解を広めるための「LGBT理解増進法」が国会で成立した。

エルニーニョ現象

南アメリカ大陸のペルーやエクアドル沖の赤道にそった広い海域で、海面水温が平年よりも1〜2℃程度高くなる現象をエルニーニョ現象という。この現象は、世界の気候に連鎖的な影響をあたえ、各地に例年にない高温や低温、あるいは豪雨や干ばつなどの異常気象を引き起こす。日本では、梅雨明けがおくれる、局地的に大雨が降る、冷夏になるなどの傾向があるともいわれる。

なお、南米沖の海域で、逆に海水温が例年よりも1〜2℃程度低くなる現象を「ラニーニャ現象」とよぶ。

冤罪

無実であるのに、有罪とされたり、犯罪者としてあつかわれたりすること。科学的捜査の限界によるもののほか、捜査機関による取り調べでの自白の強要や虚偽の調書作成などが原因として指摘されている。冤罪とうたがわれても判決確定後の再審には新しい証拠などが必要で、実際に再審が認められることは非常にむずかしい。現在は冤罪を防ぐために、取り調べの可視化などが進められており、2019年6月から、裁判員裁判の対象となるすべての事件での録音・録画が義務化された。

オスプレイ

米軍などが使用している輸送機で、プロペラ機のような高速・長距離の飛行と、ヘリコプターのような垂直方向の離着陸の両方ができる。オスプレイとはミサゴという鳥（英語で「Osprey」）からついた通称。事故率が高いことから、日本への配備に対して沖縄の基地周辺など各地で反対運動が起きたが、2012年に米軍普天間飛行場、2018年には米軍横田基地、2020年7月には自衛隊の木更津駐屯地に暫定的に配備された。2025年に暫定期間が切れるため、佐賀空港西側に新しい駐屯地を建設する工事が2023年6月に着工。

温室効果ガス

赤外線を吸収し、再び放出するはたらきのある気体の総称で、温室のように太陽からの熱を閉じこめる。大気中にこれらのガスが増え過ぎると保温効果が高まり、地球温暖化の原因となる。おもな温室効果ガスには二酸化炭素（CO_2）をはじめ、メタン、亜酸化窒素、

オゾン、フロンなどがある。

● オンブズマン

行政機関に対する苦情処理や行政活動の監視などをおこなう人のこと。日本においては、議会や首長から任命される公的なオンブズマンのほか、市民の立場から行政の不正行為や税金のむだ遣いなどを監視する市民オンブズマンがある。

● オンライン

コンピューターがネットワークや他のコンピューターに接続されている状態を指す。ネットワークは、インターネットだけでなく社内や学校内など限られた範囲のネットワークの場合もある。インターネットの世界のことをオンラインと表現することも多く、オンラインショッピング、オンラインゲームなどがその例である。

か

● カーボンニュートラル

二酸化炭素などの温室効果ガスの排出量と吸収量を均衡させ、差し引きゼロにするという考え方。これを実現する手法には、(1)排出分の吸収、(2)排出量の削減、(3)排出量取引、の3つがある。排出分の吸収には、植林による森林面積の拡大、熱帯林の開発抑制、山火事の防止などがある。排出量の削減には、化石燃料の利用抑制・禁止、再生可能エネルギーの利用拡大などがある。排出量取引には、排出許容限度を超えて排出した国・地方公共団体・企業などによる限度未満のところからの排出量（排出枠）の買い取りなどがある。

政府は2020年に、2050年までにカーボンニュートラルを目指すと宣言した。

● 介護保険

高齢化、少子化、核家族化が進んで家族だけではむずかしくなってきたお年寄りの介護を社会全体で支えていこうという制度で、2000年4月から始まった。40歳以上の全国民が保険料をはらい、おもに65歳以上が、審査を受けて決められたランクに見合った、在宅や施設での介護サービスを受ける。

サービスは、在宅サービスと施設サービスの2つに大別されるが、介護保険の本来の目的は、在宅で高齢者の能力に応じた自立を支え、また、介護にたずさわっている家族の負担を少なくしようとするものであるため、ホームヘルパーなどによる在宅サービスが中心となっている。市町村単位で保険の運営をおこなうため、認定基準や保険料、サービスの質がばらつくなど課題は多い。

● 核（兵器）拡散防止条約（NPT）

1968年に国連総会で採択され、1970年に発効した。核兵器をもっていない国が核兵器を新たに保有すること、核兵器をもっている国が核兵器をもっていない国に核兵器や製造技術をわたすことを禁止した条約である。しかし、核を保有している、または保有がうたがわれているインド、パキスタン、イスラエルなどは加盟しておらず、加盟していた朝鮮民主主義人民共和国（北朝鮮）は脱退を表明している。5年に一度、再検討会議がおこなわれており、2020年は新型コロナウイルス感染症の影響で延期されて2022年の開催となったが、最終文書の採択にはいたらなかった。2019年にはインドとパキスタンの対立による核兵器使用危機、2022年には核保有国であるロシアによるウクライナ侵攻、さらに近年はアメリカと対立する中国の核兵器増強など、条約の効力にはさまざまな課題がある。

● 核兵器禁止条約（TPNW）

核兵器の使用や開発、実験、生産、製造、保有などを禁止する条約で、2017年7月に国連本部で採択された。「核を使用する」と威嚇す

ることも禁じており、核保有国が主張する核抑止の考え方を否定する内容となっている。太平洋戦争中に日本に原子爆弾が投下されてから、核兵器を違法とする条約が国連で採択されるのは初めて。前文には核兵器が人道的に許されないことや、ヒバクシャという文言が盛りこまれた。交渉会議には国連加盟国193のうち129が参加、122の賛成多数で条約が採択されたが、すべての核保有国や、アメリカの核の傘に入っている日本、韓国、ドイツなどは参加していない。

2020年10月、批准国が50か国に達し、2021年1月22日に発効した。2023年8月現在、批准国は68か国。

2022年6月、オーストリアのウィーンで、第1回締約国会議が開催され、批准国のほか、NATO加盟国をふくむ30か国以上がオブザーバーとして参加した。日本は不参加。第2回は2023年11月27日～12月1日にニューヨークの国連本部で開催予定。

条約の交渉会議に対する各国の立場

参加	不参加	
アメリカの「核の傘」に入らない非核保有国など	核保有国	
オーストリア	ロシア	アメリカ
メキシコ	フランス	中国
ブラジル	イギリス	
南アフリカ		
スイス	実質的核保有国	
スウェーデン	インド	パキスタン
エジプト	北朝鮮	イスラエル
インドネシア		
など129か国	アメリカの「核の傘」に依存	
	日本	ドイツ
	韓国	ポーランド
	イタリア	カナダ

格安航空会社(LCC)

サービスを最低限にしたり深夜早朝などの発着にしたりすることで運航費用を節約し、低価格で航空輸送サービスを提供する航空会社のこと。ローコストキャリア(Low Cost Carrier)を略してLCCとよばれる。手厚いサービスや快適な機内環境よりも、安い価格での移動を求めて、世界各国で需要が増加しており、日本でも成田国際空港など各地にLCC専用のターミナルがつくられている。

化石燃料

石油、石炭、天然ガスなど地球の長い歴史の中で形成された地下資源のこと。いずれも古い時代の動植物が死んだり、かれたりしてできたものである。

石油(原油)は、何百万年もの長い年月をかけて海底にプランクトンの死骸や海藻が積もってできたもの。石炭は、陸地が森林におおわれていた3億5千万年ほど前、植物が地下に埋もれ、分解し炭化したもの。天然ガスは、原油といっしょにつくられる気体である。

環太平洋経済連携協定(TPP)

2006年に太平洋を囲む4か国(シンガポール・ニュージーランド・チリ・ブルネイ)が関税の撤廃などについて結んだ経済協定。その後、8か国(アメリカ・オーストラリア・ペルー・ベトナム・マレーシア・メキシコ・カナダ・日本)が参加の意向を示し、12か国での交渉がおこなわれていた。2016年に各国が署名し、発効を目指していたが、2017年にアメリカのトランプ大統領が離脱を表明。その後、アメリカをのぞく11か国での会合が進められ、2018年3月にCPTPP(環太平洋経済連携に関する包括的および先進的な協定)、いわゆるTPP11として各国が署名し、同年12月に発効した。環太平洋パートナーシップ協定ともいう。

EUから離脱したイギリスが2021年2月に加盟を申請、2023年7月に加盟が実現した。2023年9月現在、中国・台湾・ウクライナ・コスタリカ・ウルグアイ・エクアドルが申請中。

義援金

大きな災害が発生した際に、被災者に現金

をとどけるために寄付されるお金を義援金という。一方で、被災地で活動をおこなっている機関や団体に活動資金として寄付されるお金は支援金という。東日本大震災では海外からの義援金も多数寄せられ、中でも台湾からは200億円を超える多額の義援金が寄せられた。

気候変動に関する政府間パネル(IPCC)

1988年に世界気象機関（WMO）および国連環境計画（UNEP）により設立された各国政府間の研究組織。2023年9月現在、195の国と地域が参加している。その目的は、各国政府の気候変動に関する政策に科学的な基礎をあたえることとされ、世界中の科学者が協力して、科学誌に掲載された論文等にもとづいて定期的に報告書を作成し、気候変動に関する最新の科学的知見の評価を提供している。2007年には、人間活動と地球温暖化の関連についての共通認識をつくったことなどによりノーベル平和賞を受賞している。

北大西洋条約機構(NATO)

東西冷戦時代、旧ソ連・東ヨーロッパ諸国に対抗して1949年に設立された同盟。本部はベルギーのブリュッセル。国連憲章にしたがって自由主義体制を守り、北大西洋地域の安全保障、集団的防衛を目的としている。旧ソ連構成国であるウクライナがEUやNATOへの加入を目指すようになると、ロシアがこれに強制的に介入するようになった。こうした状況の中で、2023年4月、軍事的中立を保ってきた北ヨーロッパのフィンランドのNATO加盟が承認された。スウェーデンも加盟申請中。またNATOは、アジア太平洋地域のパートナーとして日本や韓国、オーストラリア、ニュージーランドとも関係を深め、インド太平洋地域に進出する中国をけん制している。

キャッシュレス社会

現金を使わずに支払いや受け取りをすることをキャッシュレスといい、キャッシュレスが浸透した社会のことをキャッシュレス社会という。キャッシュレス決済の種類には、クレジットカード、電子マネー、デビットカード、スマートフォン決済などさまざまな手段がある。消費者にとっては、多額の現金を持ち歩かなくてすむ、ポイントがたまるサービスがある、などの利点がある一方、個人情報の流出や、それにともなう不正利用などの危険性もある。

京都議定書

1997年12月に開かれた地球温暖化防止京都会議（第3回気候変動枠組み条約締約国会議：COP3）で採択された議定書。この議定書では、先進国全体の温室効果ガスの排出量を、2008年から2012年までの間で、1990年時よりも5.2％減らすことを目標とした。各国では、EUが8％、アメリカが7％、日本とカナダが6％の削減を求められた。

2012年末で第一約束期間が終了したが、アメリカが途中で離脱、中国に削減目標が課せられていないなど議定書の実効性を疑問視する意見も多かった。その後、第二約束期間に関する合意がなされたものの、すべての国が参加しなければ公平性にも実効性にも欠けるとして日本は不参加を表明。その後、新しい枠組みづくりはなかなか進まずにいたが、2016年に先進国だけでなく発展途上国にも対策を義務付けたパリ協定が発効した。

緊急地震速報

地震の震源地や規模を予測し、大きな揺れが来る直前に気象庁が発表する予報・警報のこと。震度5弱以上と予測されたときに警報を発表する。予測震度に誤差が出ることもあるうえ、警報が出てから揺れが来るまで通常数秒程度しかないが、身をかくす・火を消す

など最低限の回避行動をとることで、地震の被害を減らすことに役立っている。

緊急事態宣言

新型コロナウイルス感染症対策の特別措置法にもとづき政府から発出された措置。地域は原則として都道府県単位、「ステージ4」の状態が目安とされる。これにより、都道府県知事が、住民に対して不要不急の外出自粛、時短や休業などの必要な要請・命令ができるようになる。2020年4月に1回目、その後も感染拡大にともないたびたび発出され、東京オリンピック・パラリンピックは緊急事態宣言下におこなわれた大会となった。

クアッド(QUAD)

インド洋と太平洋を囲むように位置する日本、アメリカ、オーストラリア、インドの4か国が、安全保障や経済について協議する枠組み。日米豪印首脳会合、日米豪印戦略対話、または4か国戦略対話とも。Quadは「4つの」を意味する英単語。自由や民主主義、法の支配といった共通の価値観をもつ4か国が、インド太平洋地域での協力を確認する場となっている。中国はこの枠組みに対し、中国の海洋進出に対抗する枠組みであるとして反発している。

クールビズ・ウォームビズ

2005年の京都議定書の発効を受け、温室効果ガスの二酸化炭素を削減するために環境省が提唱したライフスタイルのこと。夏は冷房時の室温を28℃にするようにすすめ、ネクタイをはずし上着を着ないファッションを、冬は暖房時の室温を20℃にして、衣食住を工夫することで快適に過ごすことを推奨している。「クール」は涼しい、「ウォーム」は暖かい、「ビズ」はビジネスの意味で、新しいビジネススタイルという意味をふくんでいる。

クオータ制

議会などで、性別によるかたよりや不平等が出ないよう、あらかじめ議員全体にしめる男女の比率を決めておく「割り当て制」のこと。クオータとは英語で「割り当て」の意味である。議会に限らず、企業における女性役員の比率を決めることを指す場合もある。クオータ制の発祥地であるノルウェーでは、1988年に「4人以上の構成員からなるすべての審議会・委員会・評議会などは任命・選挙を問わず、一方の性が40％以下となってはいけない」というきまりが設けられ、現在では女性の社会参加の割合が非常に高い国になっている。

グリーントランスフォーメーション(GX)

脱炭素社会を目指す取り組みを通じて、社会や産業の構造を変革していこうという考え方。とくに、深刻化する地球温暖化に対し、脱炭素社会を目指すためには、政府の号令だけでなく、数多くの企業の協力が必要で、社会や産業の構造そのものを変革していかなければならないと考えられている。環境への配慮という意味合いをもつ「グリーン」と、変形や変換を意味する「トランスフォーメーション」を合わせてつくられたことばである（英語では「トランス」がXと置きかえられることがある）。

グローバル・サウス

アフリカやアジア、南アメリカなど南半球に多い発展途上国をまとめて表すことば。どの国を入れるかの明確な定義はなく、中国を入れる場合と入れない場合がある。経済成長がめざましく、人口が中国をぬいて世界最多となるインドは、グローバル・サウスの中心的な存在であり、グローバル・サウスの盟主を自認している。

軽減税率

食料品などの生活必需品などに課す消費税

率を、本来よりも低く設定した税率のこと。日本では1989年に消費税が導入されて以降、同一の税率が適用されてきたが、消費税率が上がるとともに、低所得者層への負担がより重くなってきた。そこで、消費税が10％に引き上げられた2019年10月から、初めて軽減税率が適用された。酒類・外食をのぞく飲食料品全般と新聞の税率を８％のままとする。低所得者の負担は軽くなる一方で、対象品目の線引きがむずかしいといった課題もある。

経済連携協定（ＥＰＡ）

ＦＴＡのような貿易の自由化以外にも、人の移動や投資の促進、知的財産の保護など、より幅広い分野で経済関係を強化することを目的とした協定。日本は2023年９月現在、シンガポール・メキシコ・マレーシア・チリ・タイ・インドネシア・ブルネイ・ＡＳＥＡＮ全体・フィリピン・スイス・ベトナム・インド・ペルー・オーストラリア・モンゴル・ＴＰＰ11・ＥＵ・アメリカ・イギリス・ＲＣＥＰとのＥＰＡが発効している。ＴＰＰ12は署名済みだが、アメリカの離脱により発効していない。

限界集落

過疎化が進み、住民にしめる高齢者（65歳以上）の割合が50％を超え、共同体として生活を維持することがあやぶまれている集落。山村や離島などに多く、集落としての機能を失うと、その集落は消滅に向かうとされる。

原子力規制委員会

環境省の外局として2012年９月に発足した組織。委員会の事務局として原子力規制庁がある。これまでは経済産業省の下で原発を推進する資源エネルギー庁に、原発を規制する「原子力安全・保安院」が置かれていた。それを、この「原子力規制委員会」にまとめ、文部科学省や内閣府にあった原発の規制や監視

の機能も移して、これにより原子力安全・保安院はなくなった。新しい安全基準の下で、原発の再稼働の審査などをおこなっている。

高齢社会

国際連合の統計などでは、総人口にしめる65歳以上の人の割合（高齢化率）が７％を超えると「高齢化社会」、14％を超えると「高齢社会」、21％を超えると「超高齢社会」と定義している。

高齢者人口の割合が７％から２倍の14％になるのにかかった年数が「高齢化の速度」を示すひとつのめやすとして用いられている。高齢者人口の割合が14％を超えている国を見ると、この年数はスウェーデンで85年、イタリアで60年、イギリスで50年、ドイツで45年、オーストリアで35年となっている。これに対して日本はわずか24年であり、日本の高齢化はたいへん速く進んでいることがわかる。日本は1995年に「高齢社会」に、2007年に「超高齢社会」になった。

国際オリンピック委員会（ＩＯＣ）

オリンピックを運営する国際組織。フランスの教育学者ピエール・ド・クーベルタンの提唱により、1894年にパリでつくられ、現在の本部はローザンヌ（スイス）に置かれている。毎年総会を開いて、開催地などを決定している。2013年９月より会長はドイツのトーマス・バッハ。現在決定している2024年以降の開催都市は以下のとおり。

年	時期	都市（国）
2024年	夏季	パリ（フランス）
2026年	冬季	ミラノ／コルティナ・ダンペッツオ（イタリア）
2028年	夏季	ロサンゼルス（アメリカ）
2032年	夏季	ブリスベン（オーストラリア）

国際原子力機関（ＩＡＥＡ）

原子力の平和利用を進めることを目的に、

1957年に国際連合の下につくられた国際機関。平和的に使われる原子力施設や核物質が、軍事に利用されていないことを確かめる査察や、発展途上国に対する原子力の技術協力などの活動をおこなっている。2023年には、福島第一原子力発電所の処理水海洋放出計画をめぐり、IAEAは、「計画は国際的な安全基準に合致」しているとの調査報告書を公表した。

国際貢献

ODA（政府開発援助）や青年海外協力隊の派遣など、資金援助や人的貢献など、さまざまな形で国際社会に対する活動をおこなうことを国際貢献という。また、PKO（平和維持活動）や戦後処理などでの自衛隊の活動も重要な国際貢献の一環としてとらえられている。

国勢調査

人口についての総合的な調査で、日本では総務省がおこなっている。第1回の国勢調査は1920年におこなわれ、以後5年ごとに実施されている。西暦の末尾が5の年は簡易調査が、0の年は調査項目数の多い本調査がおこなわれる。2015年の調査では初めて、パソコンやスマートフォンで入力できるインターネット回答が導入された。

国内総生産（GDP）

（→「国民総生産」を参照）

国民総生産（GNP）

ある国の国民が、1年間に生産した「もの」や「サービス」を時価に換算した合計金額のこと。ただし、二重計算をさけるために、それをつくるのに使われた原材料の金額を差し引いてある。

これに対し、その国の国民に限らず、国内に居住する人々の生産量で算出した金額を「国内総生産（GDP）」という。

どちらも国の経済の規模をはかる尺度とし

て使われるが、海外工場での現地生産などが進んでいるため、現在では国内総生産（GDP）を使うことの方が多くなっている。

国連環境開発会議

1992年6月にブラジルのリオデジャネイロで開かれた、地球環境についての国際会議。183か国が参加し、その規模の大きさから「地球サミット」ともよばれた。地球温暖化、オゾン層の破壊、熱帯林減少などの地球環境問題について幅広く議論され、「他国や将来の世代の利益をおかさないように開発をしなければならない」などとする宣言文や、そのための計画である「アジェンダ21」が採択された。

国連環境計画（UNEP）

国連人間環境会議での成果を行動に移すための機関として設立された。事務局はケニアの首都ナイロビにある。おもな仕事は、国際連合の環境に関する活動を取りまとめることである。また、ワシントン条約や生物多様性条約などの条約の管理もおこなっている。

国連教育科学文化機関（UNESCO）

教育、自然科学、社会・人文科学、文化、コミュニケーションにかかわる活動を通して、恒久的な平和を構築する目的で設立された国連の専門機関。世界の自然遺産や文化遺産の保護を目的とする「世界遺産条約」は、ユネスコ総会で採択された。また、世界ジオパークの審査や認定も、ユネスコの事業のひとつ。

国連児童基金（UNICEF）

貧困、暴力、病気、差別が子どもの人生にもたらす障害を克服するのを助ける目的をもつ国連機関。もともとは第二次世界大戦により深刻な栄養不良と逆境にあったヨーロッパの児童を対象として設立された機関であるが、のちに対象を発展途上国の児童への長期援助

に切りかえて存続している。活動の指針となっているのは「子どもの権利条約（児童の権利に関する条約）」である。

国連食糧農業機関（ＦＡＯ）

貧困と飢餓をなくすために、農業開発を促進するとともに、栄養状態を改善し、すべての人が活動的で健康な生活を営むために必要な食料を常に得られるようにすることを目指す国連の専門機関。

国連難民高等弁務官事務所（UNHCR）

世界の難民の保護と、難民問題の解決を目指す国際活動を先導し、調整するために、1950年に国連総会によって設立された機関。

国連人間環境会議

1972年に、スウェーデンの首都ストックホルムで開かれた、世界初の地球環境についての大規模な国際会議。「かけがえのない地球」を合いことばとして開かれ、「人間環境を保護し改善させることは、すべての政府の義務である」などの内容をふくむ「人間環境宣言」を採択した。

個人情報保護法

正式名称は「個人情報の保護に関する法律」。住所などの個人情報の利用拡大にともない、他人に知られたくない情報を保護するために制定された。個人情報の利用について国や地方公共団体、企業等の責任と義務を明らかにし、罰則も定められた。

こども家庭庁

少子化対策や子育て支援、虐待・いじめ防止、貧困対策などをおこなう機関として、2023年4月に内閣府の外局に創設された。スローガンは「こどもまんなか」。政府の子ども政策の司令塔として、各府省庁を横断して取り組むべき子ども政策を主導していくことが期待

されている。

初代こども家庭庁長官には厚生労働省出身の渡辺由美子氏が就任した。また、こども家庭庁発足にともない、各省の大臣に勧告権などをもつ、子ども政策担当の内閣府特命担当大臣が設置された。

子どもの権利条約

「児童の権利に関する条約」ともいう。18歳未満のすべての子どもについて、自由で平等な生活を送る権利を保障したもので、1989年に国連総会で採択された。とくに戦争で学校に行けなかったり、薬が不足して病気に苦しめられたりする発展途上国の子どもたちを救うことを目的としている。日本は1994年に批准し、世界で158番目の批准国となった。

コンテナ輸送

鉄やアルミニウムなどでつくられた箱であるコンテナを使った貨物輸送のこと。一般的なコンテナのサイズは国際的に統一されており、このコンテナに対応した船や鉄道、自動車（トレーラー）であれば、異なる輸送手段であってもコンテナごと積みかえて輸送することが可能なため、荷物を移しかえる手間がいらず、コストの削減になる。世界的な貨物輸送量の増加とともに、世界各地で港湾設備が整備されており、コンテナ輸送は年々拡大している。

コンパクトシティ

都市の中心部に行政や商業の施設、住宅などの都市機能を集約した都市形態、またはその都市計画のこと。都市の拡大をおさえて小規模にすることで、行政の費用を削減するほか、地域の商店街の活性化や住民の利便性を向上させるねらいがある。

災害対策基本法

　1959年の伊勢湾台風を契機につくられた日本の災害対策に関する法律。東日本大震災では、この法律にもとづき内閣総理大臣を本部長とする緊急災害対策本部が初めて設置された。また東日本大震災対策時の教訓などをもとに、改正もおこなわれている。近年相次ぐ豪雨災害をふまえ、2021年5月の改正では、これまでの避難勧告が廃止され、避難指示に一本化された。

再生可能エネルギー

　自然の中でくり返し起こる現象から取り出すことができる、枯渇することのないエネルギーのこと。太陽光や太陽熱、水力、風力、地熱、波力などがふくまれる。二酸化炭素を排出せず、地域ごとの特性を生かして発電できるため、期待は大きい。

裁判員制度

　一般の国民が刑事裁判に参加して裁判官といっしょに有罪・無罪を判断し、有罪の場合には刑罰を決める日本の制度。対象となるのは、殺人や放火などの重大な刑事事件について地方裁判所でおこなわれる第一審である。

　裁判官は、専門的な知識が必要になるため法律の専門家が務めるもので、国民から選ばれることはない。そこで、司法を国民に開かれたものとするための制度改革が必要とされるようになり、市民が直接、裁判に参加する新制度として2009年5月より導入された。

サプライチェーン

　おもに製造業において、原材料の調達に始まり、製品が生産・販売されて消費者にとどくまでの一連のつながりをいう。東日本大震災のときには、多くの部品を必要とする自動車産業でこれがとだえ、被害が深刻であった。

なお、似た用語にコールドチェーンがあるが、こちらは生鮮食品や冷凍食品などを産地から消費地まで低温を維持しながら流通させるしくみをいう。

産業廃棄物

　企業の生産などで生まれる廃棄物のうち、廃棄物処理法で定められた汚泥、動物のふん尿、建設廃材、鉱さいなどを指す。大都市から遠くはなれた山間部に処理場がつくられることが多く、廃棄物からもれる有害な物質による環境汚染が問題となっている。

G20

　"Group of Twenty" の略で、主要国首脳会議（サミット）に参加する7か国（G7とよばれるアメリカ、イギリス、フランス、ドイツ、イタリア、日本、カナダ）に、アルゼンチン、オーストラリア、ブラジル、中国、インド、インドネシア、韓国、メキシコ、ロシア、サウジアラビア、南アフリカ、トルコ、ヨーロッパ連合（EU）を加えた20か国・地域のこと。G20財務大臣・中央銀行総裁会議が1999年から原則年1回開催されていたが、2009年以降、世界的な金融危機をきっかけに開催頻度が増えている。また、2008年からはG20首脳会合も開催されている。

　2023年はインドのニューデリーで開催され、AU（アフリカ連合）の常任メンバー入りが決定した。

シェアリングエコノミー

　物やサービス、場所などを多くの人が共有して利用するしくみのこと。自動車を共有するカーシェアリングをはじめとして、住居、家具、服など、共有する対象はさまざまな分野に広がっている。ほしいものを購入し、個人で所有するのではなく、必要なときに借りることができればよい、他者と共有すればよいという考えの人が増えていることが背景に

ある。

● Ｊアラート

地震や津波、気象情報、武力攻撃など、緊急事態情報を国から国民に伝える警報システム。JapanのＪと、英語で警報を意味するalertを結びつけた造語で、正式名称は全国瞬時警報システムという。政府が情報を発すると、人工衛星を通じて市町村の無線が自動的に起動し、屋外スピーカーやメールなどで情報が住民に通達される。総務省消防庁が整備し、2007年から運用している。

● シェールオイル・シェールガス

泥岩の一種である頁岩にふくまれる原油のことをシェールオイル、天然ガスのことをシェールガスという。シェールオイルもシェールガスも、かたい岩石の中にあるため採掘がむずかしいとされてきたが、技術革新が進み2000年代からアメリカでさかんに生産されるようになった。今後100年以上にわたって世界のエネルギー需要を満たす可能性があることから、この採掘量の急増による変化を「シェール革命」とよぶ。今後も、世界各国で開発が進み、エネルギー市場に影響をおよぼすと考えられている。しかしその一方で、採掘による地下水汚染や採掘で地震を誘発する可能性も指摘されている。

● ジェンダーフリー

社会的・文化的につくられた性別をジェンダーといい、この考えから自由（フリー）になるという意味である。「男は外で仕事をする、女は家庭を守る」のような昔からある性別による固定的な役割分担にとらわれず、男女が平等に、自分の能力を生かして自由に行動し、生活できることをいう。

● ジオパーク

科学的に見て重要で貴重な、あるいは美し

い地質遺産を複数ふくむ一種の自然公園を指す。日本ジオパークに認定されると「ジオパーク」と名乗ることができ、その後ユネスコに認定されると「世界ジオパーク」と名乗ることができる。2023年9月現在、日本ジオパークは46地域、世界ジオパークは10地域が認定されている。世界ジオパークになった日本の自然地形は、洞爺湖有珠山（北海道）、糸魚川（新潟県）、島原半島（長崎県）、山陰海岸（京都府・兵庫県・鳥取県）、室戸（高知県）、隠岐（島根県）、阿蘇（熊本県）、アポイ岳（北海道）、伊豆半島（静岡県）、白山手取川（石川県）である。

● 時差通勤

1日の労働時間が決められており、労働者がその労働時間を守る範囲で出勤時間と退勤時間を選び、通勤すること。バスが渋滞する時間や、電車が混み合う時間を避けて、早い時間に通勤したり、逆におそい時間に通勤したりすることから、オフピーク通勤という表現を使うこともある。

● 集団的自衛権

国家は自国または自国民に対しての攻撃や侵害から守るために、やむを得ずおこなう防衛の権利をもっているとされる。これを自衛権という。とくに、自国に対する攻撃や侵害を阻止する個別的自衛権に対して、自国と密接な関係にある外国に対する武力攻撃などについて、自国が直接攻撃されていなくても協力して阻止できる権利のことを集団的自衛権という。国際連合憲章にも集団的自衛権に関して定められている。これまで日本では憲法第9条に定められた平和主義とのかね合いから、集団的自衛権の行使はむずかしいと考えられてきたが、安全保障関連法が成立し、法律でも認められるようになった。(→「安全保障関連法」参照)

自由貿易協定（ＦＴＡ）

特定の国や地域との間で、関税や輸出入の許可をするときのきびしい条件を撤廃し、モノやサービスの自由な貿易をいっそう促進することを目的とした協定。人の移動など、より幅広い分野での協定を目指したものは経済連携協定（EPA）という。

住民投票

国が特定の地方自治体に、特別な施設を建設したり、その地域だけに適用される法律（地方自治特別法という）を定めようとしたりする場合に、その地域の住民が賛成か反対かの意思を国に示すためにおこなう投票のこと。地方自治特別法については、憲法第95条に定めがあり、住民投票により過半数の賛成が得られなければ、国はその法律を定めることができない。また、それ以外の住民投票については定めがないため、各地方自治体が独自に住民投票の実施に関する条例を定め実施している。この場合、住民投票の結果には直接、国や地方自治体の政策を変更・撤回させる強制力はないが、世論にあたえる影響は大きい。

主要国首脳会議（サミット）

フランスのジスカールデスタン大統領（当時）の提唱で1975年にパリ郊外のランブイエ城で第1回会議がおこなわれてから、毎年1回開かれている。山頂という意味の「サミット」ともよばれる。第1回会議の目的は、石油危機で深刻になった不景気とインフレに先進国が協力して打ち勝つことであったが、その後は政治問題も大きなテーマとなっていった。加盟国は、最初はアメリカ、イギリス、フランス、西ドイツ、イタリア、日本の6か国であったが、第2回からカナダ、第4回からはヨーロッパ共同体（今のヨーロッパ連合）委員長も正式に参加し、1998年にはロシアが全面的に参加するようになり、原加盟国とカナダ、ロシアを合わせG8とよんだ。その後、

クリミア半島併合問題により、2014年3月からロシアの会議への参加は停止され、G7として開催されている。2023年は広島で開催された。2024年はイタリア南部のプーリア州で開催予定。

少子化

1人の女性が、一生のうちに出産する子どもの平均数を、「合計特殊出生率」という。この出生率が2.07を切ると人口全体は減少へ向かうといわれている。2022年の日本の合計特殊出生率は1.26である。また、出生数は77万747人で、過去最少を更新している。

少子化の原因には次のことが考えられる。
①仕事をもつ女性が増えて、結婚する年齢がおそくなったり、仕事と育児を両立する環境ができていなかったりすること。
②高学歴化が進み、子ども1人あたりの教育費が増えたこと。
③非正規雇用などで経済的に不安定な若者が増え、その人々が結婚や出産をひかえていること。

このような状況に対して、政府は「少子化社会対策基本法」を施行し、仕事と子育ての両立のために、保育所の増設、企業に対して育児休業制度を奨励するなどの対策をとっている。また、2007年からは内閣府に少子化担当大臣も置かれている。

小選挙区比例代表並立制

1996年の第41回衆議院議員総選挙から取り入れられた、衆議院議員の選挙制度。2種類の選出を同時におこなう。小選挙区制は1つの選挙区から1名の議員を選出する制度で、全国を289の区域に分けて実施する。比例代表制は得票数に応じて政党に議席が配分される制度で、衆議院議員総選挙では選挙前に政党から提出される名簿によって当選となる順位が決まっており（拘束名簿式）、政党名で投票する（定数は176名）。小選挙区選出と比例代

表選出の重複立候補も認められている。

消費税

原則として売買されるすべての物品・サービスについて、その値段の一定割合を納めるという税。税を納める人と税を負担する人がちがう代表的な間接税である。1989年に税率3％で導入され、1997年4月に5％、2014年4月に8％に引き上げられた。さらに2019年10月に10％へ引き上げられた。10％への引き上げにともない、軽減税率が導入された。(→「軽減税率」参照)

食品ロス

本来は食べられるのに廃棄されてしまう食品のこと。農林水産省の推計によると、日本では食品ロスが約523万トンにもなり(2021年推計値)、国民一人が毎日茶わん1杯分のご飯を捨てている計算となる。2021年の国連による世界全体への食料援助量は約440万トンで、日本の食品ロスはその1.2倍にも相当することになる。国連では2030年までのSDGs(持続可能な開発目標)において「食料の損失・廃棄の削減」を目標にあげている。日本では、食品ロスの削減を推進することを目的にした「食品ロスの削減の推進に関する法律(食品ロス削減推進法)」が2019年5月31日に公布され、10月1日に施行された。

シリア内戦

2011年からシリアで続いている内戦のこと。「アラブの春」とよばれる、中東の国々での民主化の動きを受け、シリアでも2011年に反政府運動が起き、その後はげしい内戦になった。はじめは、アサド政権側の政府軍と自由シリア軍など反政府側との戦いであったが、アルカイダの下部組織や、シリア北部のクルド人勢力などが争いに加わるかたちとなって泥沼化、多くの難民を出す原因となった。現在は、ロシアの支援を受けたアサド政権が大部分を統治下におき、2011年から参加資格を停止されていたアラブ連盟にも復帰を果たした。

新型インフルエンザ等対策特別措置法(特措法)

2009年にあった新型インフルエンザの流行の経験をもとに、2012年につくられた。これは、新型インフルエンザなどの発生に備えたもので、国や地方自治体、医療の体制などが定められた。2020年から日本でも感染が拡大した新型コロナウイルス感染症にも適用するため、2020年3月14日に改正された措置法が施行された。感染症流行時には、首相が「緊急事態宣言」や「まん延防止等重点措置」を発出することができ、それにもとづき、都道府県知事が外出自粛や緊急物資運送の要請・指示をおこなうことができるようになった。(→「緊急事態宣言」参照)

2023年4月28日、新型コロナウイルス感染症は特措法の適用外となった。

スエズ運河

1869年に完成した、紅海と地中海とを結ぶエジプトの運河。全長193.3km。日本からヨーロッパのオランダへ航行する場合、この運河を通ることで6000km以上短縮することができる。

スポーツ庁

オリンピック・パラリンピックをふくめ、国のスポーツ行政に総合的に取り組む機関。文部科学省や厚生労働省など複数の省庁にまたがっていたスポーツに関する業務を一本化するため、2015年10月1日に文部科学省の外局として設置された。初代の長官は、ソウルオリンピック競泳金メダルの鈴木大地氏、二代目の長官は、アテネオリンピックハンマー投げ金メダルの室伏広治氏である。

3R

3R(スリーアール)は、循環型社会をつくっていくための3つの取り組みの頭文字を

取ったもの。３つの取り組みとは、Reduce（リデュース）、Reuse（リユース）、Recycle（リサイクル）である。リデュースは廃棄物の発生抑制、リユースは再使用、リサイクルは再資源化を意味している。

政治分野における男女共同参画推進法

選挙で男女の候補者数を「できるかぎり均等」にするよう、政党や政治団体に対して求めた法律である。2018年５月に成立し、６月に施行された。この法律は、世界的におくれている女性の政治参加を推進するために、衆議院や参議院、地方議会で女性議員を増やすことをねらいとしているが、罰則規定はない。2023年２月（参議院は３月）現在、日本の国会議員の女性比率は衆議院が10.0％（46人）、参議院が26.0％（64人）であり、下院（日本では衆議院）における女性議員の割合で日本は190か国中165位（2023年２月時点）であった。世界に目を向けると、男女同数の候補者を出すことを義務付けているフランスのほか、ノルウェーなど候補者数や議席数の男女比率をあらかじめ決めるクオータ制を取り入れている国もある。（→「クオータ制」参照）

政府開発援助（ODA）

先進国の政府がおこなう、発展途上国への資金や技術の援助のこと。現在、世界の約２割の国が先進国、約８割が発展途上国とされている。発展途上国の多くは第二次世界大戦が終わるまで、先進国の植民地とされ、農作物や工業原料（天然資源）を先進国へ供給する役割をにない、独立後も、こうした構造や資金・技術の不足から工業化が進んでいない。ODAはこうした南北格差を埋めるために始まった。2022年の日本のODA実績は世界第３位となっている。

生物多様性

地球上には多様な生物が存在しているとい

うことを指すことばである。人間の開発によって20世紀に環境破壊が進み、多くの生物を減少・絶滅させたことから、未来の地球環境への危機感が生まれ、このことばがつくられ、使われるようになった。1993年には、地球規模で生物多様性の保全と、持続可能な利用を目指した「生物多様性条約」も発効しており、日本もこの条約を締結している。

セーフガード

世界の約４分の３の国が加盟する世界貿易機関（WTO）では、原則として、加盟国が輸入制限をすることを禁止している。しかし、ある品目の輸入量が急激に増えているために、国内の産業に大きな損害をあたえるおそれがあると判断される場合には、輸入国は一時的にその貿易品の輸入を制限してもよいという特例を認めており、これをセーフガードという。日本では2001年に初めて、ねぎ・生しいたけ・い草（たたみ表の原料）を対象に発動した。また、2021年４月にはアメリカ産牛肉を対象に発動した。

世界遺産

1972年にユネスコ（国連教育科学文化機関）の総会で「世界の文化遺産および自然遺産の保護に関する条約」が採択された。これは、世界各地の貴重な文化財や自然環境を、人類全体の財産として守っていこうという考えにもとづいたもので、ここに登録されたものを世界遺産という。世界遺産は、毎年、加盟国が候補地を推薦し、ユネスコの世界遺産委員会がこれを検討して選ばれている。日本は1992年にこの条約に加盟し、2022年10月までに、25件の文化財や地域が登録されている。

2023年１月の臨時会合で３件、2023年９月の第45回委員会で42件が新たに遺産登録され、総数は1199件になった。登録済みの遺産については、ロシアの軍事侵攻を受けるウクライナの２件が危機遺産に指定された。

世界の記憶

ユネスコの事業のひとつで、世界の人々の営みを記録した歴史的な文書などの保存と振興を進めるためのものである。日本からの登録は、自筆日記としては日本最古の「御堂関白記（藤原 道長の自筆日記）」、伊達政宗がローマに派遣した使節が持ち帰った遺品の数々である「慶長 遣欧使節関係資料」、「朝鮮通信使に関する記録」、2023年5月に登録が決定した「智証大師円珍関係文書典籍―日本・中国の文化交流史―」などがある。世界では、「アンネの日記」、「ベートーベンの交響曲第9番の自筆楽譜」などが登録されている。

世界貿易機関（WTO）

貿易のさまたげになる障害を取りのぞき、自由貿易を進め世界の国々の貿易量を増やすことを目的として、1948年に発足した「関税と貿易に関する一般協定（GATT）」の権限をより強めて1995年にできた機関。本部はスイスのジュネーブにある。

世界保健機関（WHO）

保健について国家間の技術協力を促進し、病気を管理、撲滅する計画を実施し、生活の質の改善に努めることで、すべての人が可能な最高レベルの健康を達成できるようにすることを目的とする、国連の専門機関である。

絶滅危惧種

絶滅の危機に瀕している動物や植物のこと。国際自然保護連合（IUCN）が公表しているレッドリストでは、現在地球上には4万種以上の絶滅危惧種がいるとされている。レッドリストとは、それぞれの種について、複数の専門家が絶滅の危険度を評価して、リストにまとめたもの。日本に生息している動植物も2020年で合計3716種がのっている。

線状降水帯

次々と発生する発達した積乱雲群によって、特定の地域に長時間にわたる強い降水をもたらす線状の雨域のこと。2014年の広島市での土砂災害以来、気象解説の中で用語としてよく用いられるようになっている。線状降水帯は、とくに西日本で多く発生している。そのしくみとしては、大気の下層に継続的に流入する多量の暖かく湿った空気が、前線や地形などの影響で上昇して積乱雲が次々に発生すると、個々の積乱雲が上空の強い風によって風下へ移動しながら帯状に並ぶようになり、特定の地域に長時間にわたり強い雨がもたらされると考えられている。防災につなげるため、2022年からは気象庁が予測段階の情報を半日前から発表するようになり、発生を確認した情報も、2023年からは従来より最大30分前だおして発表できるようになった。

ソーシャルメディア

インターネットを利用して個人や組織が気軽に情報を発信し、交流が広がるように設計されたメディアのこと。ソーシャル（社会）の交流の増加や、情報の双方向化（発信したものを受け取るだけでなく、自分からも発信していく）を促進している。

第三セクター

国や地方自治体（第一セクター）と民間（第二セクター）が共同で出資して設立した企業のこと。経営の効率を上げるとともに、国や地方自治体の資金の負担を減らすことを目的としている。第三セクターは、地域開発、町づくり、鉄道や飛行場の運用など全国各地にみられるが、経営が破たんするところも出ている。

太平洋ゴミベルト

アメリカのカリフォルニア州とハワイ州の間にある、世界で最も海洋ごみの多い地帯。海流の影響で、ごみが集まってきており、その多くがプラスチックごみである。太平洋ごみベルトの面積は160万平方キロメートルにもおよび、漂っているごみは2兆個近いともいわれている。

大陸間弾道ミサイル（ICBM）

射程距離が超長距離で、大洋でへだてられた大陸間を飛ぶことができる弾道ミサイルの総称。ミサイルには、ほぼ直線をえがいて飛ぶものや、地表面に対して水平飛行するものがあるが、弾道ミサイルはロケットエンジンにより高い角度で打ち上げられて高々度を飛行し、目標に落下着弾する。

男女雇用機会均等法

職場における男女の差別を禁止する法律で、正式には「雇用の分野における男女の均等な機会及び待遇の確保等に関する法律」という。1985年に制定された。具体的には、募集・採用のときや昇進に関して、男女で異なるあつかいをすることや、妊娠・出産を理由に女性に退職を要求することなどを禁じている。また、法律の改正により、事業主にセクシャルハラスメントへの配慮が義務付けられ、男性も差別禁止の対象となった。

地域的な包括的経済連携（RCEP）協定

2020年11月15日、ＡＳＥＡＮ加盟10か国（ブルネイ、カンボジア、インドネシア、ラオス、マレーシア、ミャンマー、フィリピン、シンガポール、タイ、ベトナム）とＦＴＡ（自由貿易協定）を結んでいる5か国（オーストラリア、中国、日本、ニュージーランド、韓国）との間で署名された経済連携協定（ＥＰＡ）。当初、インドも交渉に参加していたが、2019年に不参加を表明した。

加盟する15か国で世界の人口とＧＤＰの3割をしめる。また、日本にとって、中国、韓国との間で締結される初の経済連携協定である。

地産地消

地域で生産された農畜産物や水産物をその地域で消費すること。商品の販売形態の多様化や食の安全・安心志向の高まりを背景に、地域振興や食料自給率の向上などにもつながるものとして、地方自治体で取り組むところが多く、国も後押ししている。

チョルノービリ（チェルノブイリ）

原子力発電所の事故の中で史上最大とされている、1986年にチョルノービリ（チェルノブイリ）原子力発電所（旧ソ連のウクライナ共和国）で起こった事故である。火災と爆発をともなったこの事故では多くの被害者を出しただけでなく、ヨーロッパにおよぶ広い範囲を汚染し、農作物などにも被害をもたらした。また、放射線障がいで現在にいたるまで苦しんでいる人々もいる。

デジタルディバイド

情報機器が利用できる人とできない人の間に生じる格差（情報格差）のこと。日本国内では地域や世代によってインターネットを使えない人が多いなどの格差がある。

デフレ（デフレーション）

景気が悪くなると消費者が物を買う量は減って物価が下がり、それが企業のもうけを減らして生産活動をにぶらせる。この状態をデフレ（デフレーション）という。不景気による企業の生産活動の低下は、さらに消費者が物を買う気持ちをおとろえさせ、再び物価の下落につながる。このように、物価の下落と不景気がたがいに影響し合って進んでいく現象をデフレスパイラルという。

● テロ（テロリズム）

　暴力を用いて人々に恐怖をあたえ、自分たちの目的を果たそうとする行為をテロ（テロリズム）という。2001年９月11日にニューヨークで同時多発テロが起こると、アメリカのブッシュ大統領はテロとの戦争を宣言してアフガニスタンを攻撃、国際テロ組織アルカイダの拠点を破壊した。また、2003年にはテロを支援しているとしてイラクのフセイン政権をたおすなどしたが、テロは依然として国際社会の脅威となっている。

　また近年では、コンピューターのネットワークを利用しておこなわれるサイバーテロも問題になっている。コンピューターウイルスや不正アクセスなどを利用してデータを破壊したり、書きかえたり、サービスを提供するサーバーを停止に追いこんだりといった手口がある。政治的・宗教的な信条によるものが多く、社会インフラの被害や国の安全保障への脅威に対して、対応の重要性が高まっている。

● テロ支援国家

　国際的なテロ組織に、資金や装備品の提供といった支援・援助をおこなっていると、アメリカ政府が見なしている国家。2022年９月現在で、イラン、シリア、キューバ、北朝鮮の４か国が指定されている。北朝鮮は2008年に指定が解除されていたが、2017年に再指定されている。キューバは2015年に解除されていたが、2021年１月に再指定されている。

● テレワーク

　英語の「テレ（tele）＝はなれたところ」と「ワーク（work）＝働く」を組み合わせてつくられたことば。本拠地であるオフィスからはなれて、場所や時間にとらわれずにICT（情報通信技術）を使って働くことを意味する。テレワークは、自宅で働く在宅勤務、移動中や出先で働くモバイル勤務、本拠地以外のオフィスなどで働くサテライトオフィス勤務に分けられる。なお、テレワークとほぼ同じ意味で、リモートワークということばも使われる。

● 天安門事件

　1989年６月４日、首都北京の天安門広場に集まった、民主化を要求する学生ら100万人規模のデモ隊に、人民解放軍が出動、発砲・弾圧し、多数の死傷者を出した事件。

● 東南アジア諸国連合（ＡＳＥＡＮ）

　経済的な地位の向上を目指す東南アジア諸国が、貿易に重点を置いた経済協力を進めるために1967年に結成した経済組織のこと。原加盟国はインドネシア、マレーシア、フィリピン、シンガポール、タイの５か国で、その後、ブルネイ、ベトナム、ミャンマー、ラオス、カンボジアが加盟し、10か国で構成されている。

アセアンのマーク

10本の稲をあしらって、東南アジアの連帯をあらわしている。

● 特定秘密保護法

　正式名称は「特定秘密の保護に関する法律」で、2014年に施行された。日本の防衛など安全保障に関する情報のうち「特に秘匿する（秘密にしておく）ことが必要であるもの」を「特定秘密」として指定し、特定秘密を取りあつかう者が適正であるか評価することや、特定秘密を外国などにもらした場合の罰則などを定めた法律。

● 特別警報

　気象庁が2013年８月に運用を開始した。「大雨・暴風・大雪・地震・津波・高潮・火山の噴火」などで、「注意報」「警報」よりも上の、さらなる非常事態として「数十年に１度」と

いう危険が予測される場合に発表される。対象地域の住民に対して最大限の警戒をよびかけ、住民はただちに命を守る行動を取らなければならない。

特別警報の種類と基準

種類	発表される基準
大雨、暴風、高潮、波浪、大雪、暴風雪	数十年に1度の強度をもつ、台風やそれと同じ程度の温帯低気圧などにより、それぞれの事態が予想される場合
津波	現在の「大津波警報」と同じ。高いところで3mを超える大津波が予想される場合
火山噴火	現在の「噴火警報」のうち、レベル4（避難準備）・5（避難）の噴火が予想される場合
地震	現在の「緊急地震速報」の区分のうち、震度6弱以上の地震が予想される場合

都市鉱山

携帯電話をはじめとするIT（情報技術）機器や家電製品の部品には、さまざまな貴金属や希少金属（レアメタル）が使用されている。都市部ではこれらの製品が毎年大量に廃棄されるが、これらの廃棄物を採掘可能な「鉱山」と見たてて、都市鉱山とよんでいる。2021年の東京オリンピック・パラリンピック競技大会では、およそ5000個の金・銀・銅メダルが、全国各地から回収されたリサイクル金属でつくられた。

トレーサビリティ

食品の生産、加工、販売の各段階において仕入先や販売先などを記録し、流通の過程を追跡できるようにすること。BSE（牛海綿状脳症）や産地偽装などの社会問題に対し、食の安全に対する消費者の信頼を得るためにつくられたしくみである。牛肉に関しては、国内で飼育されるすべての牛に識別番号がつけられるとともに2003年に牛肉トレーサビリティ法が成立し、牛の出生から消費者にとどくまでの流通の全過程を、消費者が製品に表示された識別番号によって、インターネットで追跡することができるようになっている。

ドローン

ドローンとは英語でオスのハチを指す用語で、もともとコンピューターの頭脳を搭載して自律的に動く小型無人機のことを指していた。近年ではその意味が広がり、カメラを搭載しラジコンのように遠隔操作できる小型の飛行物体を指すことが多い。比較的安く入手でき、人が立ち入れないような場所や高所などからの撮影ができることから人気があるが、操縦ミスによる墜落事故やプライバシーの問題などから規制すべきだという議論も起き、飛行禁止エリアやルールなどが法律で定められている。なお、2019年5月にドローン規制法が改正され、小型無人機等飛行禁止法に定める飛行禁止対象施設に、防衛大臣が指定した防衛関係施設が追加された。

4枚のプロペラを持つタイプのドローン。となり合うプロペラを逆方向に回転させて機体の安定を保つ。

な

ナショナルトラスト運動

国や地方自治体ではなく、地域の住民たちが資金を出し合い、その土地を買い取り、保存・管理していくことで開発の手から自然環境や歴史的遺産を保護していく運動のこと。おもな活動団体には、「トトロのふるさと基金（狭山丘陵・埼玉県所沢市）」や「鎌倉風致保存会（神奈川県鎌倉市）」、「天神崎の自然を大切にする会（和歌山県田辺市）」などがある。

難民

日本をふくめ多くの国が加盟する「難民条約」においては、「人種・宗教・国籍・政治的意見を理由に、自国にいると迫害を受けるおそれがあるために国外にのがれた者」を難民としている。いわゆる政治難民で、一般的

にはこの意味で使われている。また国内にとどまった場合には、国内避難民とよばれる。

近年は、2011年3月以降のシリア、2021年8月以降のアフガニスタン、2022年3月以降のウクライナから、それぞれ百万人単位の難民が周辺諸国に流入していて、各国は対応に追われている。

2022年現在、最も多くの難民を受け入れているのはトルコで、イラン、コロンビア、ドイツ、パキスタンと続く。日本は難民認定の基準がきびしく、受け入れが他国に比べて少ないため、各国から改善が求められている。（2022年は3772人の申請に対し、認定202人）

国際連合には、難民に関する機関として「国連難民高等弁務官事務所」がある。また、移民ということばもあるが、こちらは「経済的事情などを理由として、別の国に移り住んだ人々」を指す。

2022年、ロシアによるウクライナ侵攻の影響で大規模な難民が発生した際、日本政府は戦火をのがれてきたウクライナ人を、難民とは区別して「避難民」とよび、積極的な受け入れを表明、2023年9月20日現在で2091人が日本に在留している。

二大政党制

議員の数がほぼ等しい二つの大政党が議会に強い影響力をもつ政治制度。常に政権交代の可能性があり、有権者が政権選択をしやすいという長所がある一方、国民のもつ複雑でさまざまな意見が政治にじゅうぶん反映されにくいという短所がある。二大政党制をとるおもな国としてはアメリカ（民主党と共和党）、イギリス（保守党と労働党）がある。

日経平均株価

日本の株式市場の水準を示すときに最もよく使われる指標。東京証券取引所のプライム市場約2,000銘柄のうち、日本経済新聞が選定し算出した日本を代表する取引の活発な企業

の株式225銘柄の株価の平均。この225銘柄は、1年に一度入れかえがある。

日本銀行

1882年に設立された日本の中央銀行である。紙幣（日本銀行券）を発行できる唯一の銀行で、国内の金融制度の中心となっている。一般銀行や政府にとっての銀行のはたらきをするほか、これらのはたらきを通して政府の金融政策を運営していく役割をもっている。日本銀行の総裁は、衆参両議院の同意を得て内閣が任命する。現在の総裁は植田和男氏（2023年〜）。

日本遺産

文化庁が2015年からおこなっている認定制度で、地域の歴史的魅力および文化・伝統の「ストーリー」を遺産として認定する。点在する遺産を一括的に発信することで、地域活性化をはかることを目的としている。岐阜県岐阜市「『信長公のおもてなし』が息づく戦国城下町・岐阜」、三重県明和町「祈る皇女斎王のみやこ　斎宮」や、愛媛県・高知県・徳島県・香川県の各県内57市町村におよぶ「『四国遍路』〜回遊型巡礼路と独自の巡礼文化〜」など104件が指定されている。

日本国憲法第9条

日本国憲法の三原則の1つである、平和主義について定めている条文。

第1項「日本国民は、正義と秩序を基調とする国際平和を誠実に希求し、国権の発動たる戦争と、武力による威嚇又は武力の行使は、国際紛争を解決する手段としては、永久にこれを放棄する。」および、第2項「前項の目的を達するため、陸海空軍その他の戦力は、これを保持しない。国の交戦権はこれを認めない。」からなる。

この条文に関連して、1954年に発足した自衛隊の存在、また、1992年からおこなわれて

いる国連平和維持活動（PKO）といった海外での活動などの是非が議論されてきた。

燃料電池

水素と酸素を電気化学的に反応させて、直接的に電気をつくる発電装置。熱エネルギーを介して発電する通常の発電装置が40％以下の発電効率しかもたないのに対して40～60％に達するといわれる。ガソリン車のような排気ガスを出さないため、将来のエネルギーの1つとして期待されている。

ノーマライゼーション

高齢者や障がい者が、特別あつかいされることなく、ふつうの生活を送ることができる社会。または、そのような社会の実現を目指す取り組みや考え方。標準化、正常化と訳すことがある。高齢者や障がい者を施設などに収容することは、地域社会からの隔離や、孤立につながってしまう。あらゆる人が同等に、あたりまえに生活を送れるようにするためには、制度や社会そのものを構築していく必要があると考えられている。バリアフリーやユニバーサルデザインは、ノーマライゼーションを具体化したものととらえられることもある。

は

パーク・アンド・ライド

大都市や観光地などの交通混雑を防ぐため、自動車を郊外の駐車場に置き（park）、鉄道やバスなどの公共交通機関に乗って（ride）目的地に入る方式を、パーク・アンド・ライドという。

ヨーロッパでは都市の総合交通政策として積極的に導入されていて、ドイツのフライブルク、イギリスのオックスフォードなどの取り組みは広く知られている。また、日本では、1970年代の石油危機以降に普及し始め、金沢

市や鎌倉市などの取り組みが有名である。

バイオマスエネルギー

動植物などから得られるエネルギーのこと。再生可能エネルギーの1つで、日本ではおもに一般・産業廃棄物（廃油・チップ廃材・もみ殻など）を燃やして得られる熱を利用している。燃焼によって発生する二酸化炭素は植物によって吸収されることで全体としての量を増やさないとされる。

ハザードマップ

洪水や噴火・津波などの自然災害に対して、危険なところを予測し地図上に示したもの。ハザード（危険物）を記したマップ（地図）ということで、ハザードマップとよばれる。避難経路や避難場所も示すことで、二次被害を減らすことができるため、作成・配布している自治体が多い。

ハブ空港

国際線や国内線の中心となり、乗りつぎや貨物の積みかえの拠点となる空港のことをいう。車輪の中心であるハブという部分とそこから放射状にのびるスポークの関係を、空港を中心に放射状にのびる航空路線の関係に見立てたことから名づけられた。日本でもハブ空港化を進める動きもあるが、日本周辺ではすでに韓国の仁川空港や中国の上海空港のハブ空港化が進んでいる。なお、船舶の場合は「ハブ港」という。

バブル経済

日本では1980年代の後半に金利が下がり、銀行は企業や個人に積極的にお金を貸し付けた。それが株価や地価の急上昇をもたらし、株や土地が本来もっている価値以上に値段がふくらんだ。このように経済が実体以上に泡のようにふくらんだ状態だったので、バブル経済と名付けられた。このバブル経済は、1990

■ 年の株価の暴落をきっかけに崩壊した。

● ハラール

イスラム教の戒律に合った食べ物を指す。「許された」「認められた」を意味するアラビア語である。たとえば、肉では豚肉が禁じられており、牛や羊、山羊なども規律にそって肉にされた場合のみ許されている。各国にイスラム教徒が摂取できるかを審査する団体があり、ここで認められたものをハラール食品とよぶ。

● ハラスメント

いろいろな場面での他者に対する「いやがらせ」や「いじめ」のこと。本人の意図とは関係なく、他者に対する発言や行動が相手を不快にさせたり、相手を傷つけたり、不利益をあたえたりすることをいう。男女問わず性的ないやがらせをおこなうセクハラ（セクシャルハラスメント）、地位や権力を利用して職場でいやがらせをおこなうパワハラ（パワーハラスメント）、妊娠や出産を理由に女性に対していやがらせをおこなうマタハラ（マタニティハラスメント）などがある。

● バリアフリー

身体障がい者や高齢者が生活をするときにさまたげとなる障壁（バリア）を取りのぞく（フリー）こと。身近な例としては、階段をゆるいスロープにつくりかえたり、歩道の段差をなくしたりして、車いすの人や高齢者が通りやすくする工夫などがあげられる。

本来は建築用語であったが、障がい者用機器・器具の使用方法を周知することや、社会的弱者に対する差別の撤廃、入試や雇用などにおける男女間の格差是正、外国人観光客向けの情報掲示の多言語化など、社会的・心理的な障壁を取りのぞく意味でも使われるようになった。

● パリ協定

2015年12月にフランスのパリで開かれた国連気候変動枠組み条約第21回締約国会議（ＣＯＰ21）で採択された、2020年以降の地球温暖化防止対策の新しい法的枠組みのこと。

1997年に採択された京都議定書から18年ぶりの合意で、世界共通の長期目標として、気温上昇を産業革命前から2℃未満にとどめること、さらに1.5℃以内におさえるように努力することが盛りこまれている。この長期目標に対して、それぞれの参加国が温室効果ガス削減目標を自主的に決定し、達成のための国内対策の実施が義務づけられる。

パリ協定には、京都議定書から離脱していたアメリカや、中国やインドなどの新興国、発展途上国をふくむ196の国や地域が参加したため、地球規模の対策だとして評価する声があがった。その一方で、目標値自体の達成が義務づけられていないことに対して、気候変動への対策としては不十分だとの声もある。そのような中、アメリカは、2017年にトランプ大統領がパリ協定からの離脱を表明したが、2021年に就任したバイデン大統領により、正式に復帰した。

● パレスチナ問題

第二次世界大戦後、国連決議によってパレスチナの地にイスラエルが建国された。これによりパレスチナのアラブ系民族とユダヤ人との対立が悪化し、4度にわたる中東戦争が起こった。とくに1973年の第四次中東戦争では、アラブの産油国が原油の生産・輸出を制限したことから日本でも石油危機が引き起こされた。イスラエルと、パレスチナおよび周辺アラブ諸国は、中東和平会議の開催やパレスチナ暫定自治政府の設立などで和平に向けて動いてきたが、現在でもイスラエルではガザを中心にパレスチナ自治区の住民とイスラエル軍との対立が続いており、解決への道のりは険しい。

ビーエルエム（BLM）

BLMとは、Black Lives Matter（ブラック・ライブズ・マター）を略したもので、アメリカで始まった人種差別抗議運動のこと。日本ではBLM運動とよばれることもある。

2020年、白人の警察官が黒人男性を暴行し死亡させた事件をきっかけに、BLM運動がアメリカ全土に広まった。この運動には、黒人だけでなく多くの白人も参加し、アメリカ全土のみならず世界中に広まった。

Black Lives Matter（「黒人の命は大切だ」）ということば自体は、2012年にアメリカで、黒人少年が白人の警察官に射殺された事件に対する批判として、活動家がSNSに投稿した文中にあったもの。この時、#BlackLivesMatterというハッシュタグが拡散されたのがきっかけで世界に知られることとなった。

ヒートアイランド現象

都心部が郊外に比べて気温が高くなる現象をいう。等温線をえがくと、都心部が巨大な熱（ヒート）の島（アイランド）に見えることから、こうよばれる。

木や草などの緑地が多いと、水分の蒸発により気温の極端な上昇はおさえられる。しかし、都心部には緑は少なく、加えて、アスファルトやコンクリートの地面は昼間太陽の熱で温められ、夜間に熱を放出するので、気温の上昇をうながす。また、大量の自動車からの排気ガス、エアコンの大量使用による温風などで、さらに気温は押し上げられている。

非営利団体（NPO）

社会的支援団体や学校、病院などのように、通常の利益（営利）を目的とせず、公益を目的とする団体。

非核三原則

「核兵器をもたず、つくらず、もちこませず」という日本政府の基本方針。1967年に佐藤栄作首相が国会で答弁をして以来、歴代の政府によって受けつがれている。

ピクトグラム

絵文字や絵ことばとよばれることもある。表現したい物事やそのイメージを抽象化して、だれにでもわかりやすいデザインやシンプルな色使いの記号にしたものが多い。交通標識や案内図、天気図、洗濯表示など、身の回りに広く普及している。日本では、1964年の東京オリンピックをきっかけに公共施設に導入された。このとき考案されたものにトイレや非常口のピクトグラムがある。

非拘束名簿式

2001年の第19回参議院議員選挙から取り入れられた参議院の比例代表制における制度。それまでは政党名で投票がおこなわれ得票数に応じて政党に議席が配分され、名簿に記された当選順位にもとづいて当選者が決められていたが、この方式では、名簿に順位はつけず、政党名でも立候補者名でも投票ができるようになった。そして、立候補者と政党が得た合計の得票数に応じて議席が配分され、個人の獲得票数が多い順に当選者が決められる。

しかし2018年、公職選挙法が改正され、「特定枠」制度が盛りこまれた。これは候補者全員から1人少ない人数まで拘束名簿式（あらかじめ当選順位を名簿に記す方法）で出馬できるようにしたものである。各党の運用が異なるなど、有権者の混乱を招く可能性が指摘されている。

非政府組織（NGO）

国が設立した機関や、条約にもとづいて設立された国際機関（政府間機関）に対して、民間人や民間団体のつくる組織を非政府組織という。国の枠を越えて活動をする組織が多く、軍縮、飢餓救済、開発援助、人権、環境保護、芸術、学術などさまざまな方面で活躍し

ている。国際的な医療・援助団体である「国境なき医師団」、人権の擁護や死刑の廃止などを求める「アムネスティ・インターナショナル」などがある。

● フィップ（ＦＩＰ）

"Feed in Premium" の略称で、再生可能エネルギーの発電事業者が電気を売ると、そのときの価格に一定のプレミアム（補助額）が上乗せされる制度。再生可能エネルギーの普及を目的として、2012年から導入された再生可能エネルギーの固定価格買取制度（ＦＩＴ）にかわり、2022年4月から導入が開始された。

ＦＩＴでは再生可能エネルギー発電の余剰エネルギーを、電力会社が固定価格で買い取ることが義務付けられていたが、各電力会社の買取費用が家庭電気料金に上乗せされることや、いつ発電しても同じ価格で買い取られるために電力の需要と供給のバランスがくずれてしまうことが課題となっていた。ＦＩＰの導入により、家庭の電気料金にかかる負担の軽減や電力需給のバランスの安定の実現が期待される。

● フードマイレージ

フードマイレージは、輸入食料の環境に対する負荷を数量化するために考案された指標で、「輸入相手国別の食料輸入量×輸入国から輸入相手国までの距離」で計算し、ｔ・km（トン・キロメートル）であらわす。

農林水産省の試算（2010年）では、日本のフードマイレージは約8700億ｔ・kmで世界1位である。これは国内の貨物輸送量に匹敵し、2位の韓国や3位のアメリカの約3倍、国民1人あたりでもアメリカの約7倍ときわめて高くなっている。このような環境に対する負荷を軽減するためには、食料自給率を高めること、国内でも「地産地消」（地元の食料を地元で食べること）を推進することが大切である。

● フェアトレード

発展途上国の原料や製品を、適正な価格で買い取り、また、継続的に取引することで、日本語では公正取引と訳される。このような取り引きにより、途上国の生産者や労働者の生活環境を改善することが、これらの人々の自立につながる。また、フェアトレードによって生産性を上げるために必要以上の開発がおこなわれ、途上国の環境破壊が進むということも防げる。フェアトレードの基準を設定し、それを守った製品にはフェアトレード認証ラベルがつけられるしくみがあり、認証製品にはコーヒー、カカオ、コットン製品、スパイスなどが多い。またフェアトレード製品に代表される、人や社会・環境に配慮した製品を選んで消費することを、エシカル消費（倫理的消費）という。

● 福島第一原子力発電所事故

2011年3月11日に起きた東北地方太平洋沖地震の揺れと津波によって、福島県にある東京電力福島第一原子力発電所で非常用の炉心冷却装置がはたらかなくなった結果、核燃料が炉内に溶け落ちた事故。それにともなう水素爆発や圧力抑制室の爆発、汚染水もれなどにより、大量の放射性物質が外部に放出される大事故となった。放出された放射性物質の量は国際的な評価尺度で最悪の「レベル7」とされた。レベル7は1986年に起きた旧ソ連のチョルノービリ（チェルノブイリ）原発事故と同レベルである。

● 復興基本法・復興庁

地震・津波・原発事故により甚大な被害を受けた東日本大震災の復興を推進するためにつくられた法律。復興に向けた資金確保や整備とともに、復興対策本部や復興庁の創設などの基本方針が定められており、その方針にしたがって2012年2月には復興庁が創設された。復興庁は震災から20年後の2031年3月ま

でを活動期間としており、それまでのさまざまな復興に向けた活動の中心となる組織である。

普天間飛行場

沖縄県宜野湾市のほぼ中央に位置する米軍施設。米軍海兵隊の飛行場だが「普天間基地」とよばれることが多い。総面積は約480ヘクタールで、市の4分の1をしめている。住宅密集地にあるため、「世界一危険な基地」とよばれることもある。嘉手納基地と並んで沖縄の米軍の拠点となっている。(→「米軍基地問題」参照)

プライバシーの権利

他人に知られたくない私的な情報(プライバシー)を、みだりに公開されない権利。情報化社会が進み、私的な情報が国や地方自治体または企業に、本人の知らない間に収集・利用されることが増えてきており、これを保護するため、日本国憲法に明記はされていない「新しい人権」として認められている。

プラスチック資源循環法

正式名称は「プラスチックに係る資源循環の促進等に関する法律」。海洋プラスチックごみ問題や、気候変動、外国での廃棄物輸入規制が強化されたことなどに対応するため、国内におけるプラスチック資源の循環を促進したり、使用や処分の方法を改めたりしていくことを目的として、2022年4月に施行した。具体的には、環境に配慮した製品を認定するしくみを設ける、プラスチック製品の販売や提供についての判断基準を定める、プラスチック資源の分別回収・再資源化を進めるといった措置を講じていく。

プラント輸出

おもに先進国が発展途上国に対して、生産をおこなうための工場設備などを輸出すること。先進国にとっては、新規市場の開拓ができるという利点、途上国にとっては短い期間で高い技術力を手に入れ、生産力が向上できるという利点がある。規模が大きいため、工場が建設され稼働した後も輸出先の人が現地に滞在し、指導をおこなったり現地の人々と共に生産をおこなったりする場合が多い。

ブリックス(BRICS)

もともとBRICsと表記し、経済成長がめざましい新興国であるブラジル(Brazil)、ロシア(Russia)、インド(India)、中国(China)の4か国を指すことばであった。2011年には、ここに南アフリカ(South Africa)が加えられ、表記はBRICSとなり5か国を指すことばとなっている。BRICSの5か国は、毎年首脳会議を開いており、経済や外交などの面でも影響力を高めている。2015年には開発途上国の経済発展を援助する目的で新開発銀行(BRICS銀行)を発足させた。2023年8月には、40か国・地域がこの5か国のグループに加盟を申請または関心を示しているといわれていたが、その後、2024年1月から新しくアルゼンチン、エジプト、エチオピア、イラン、サウジアラビア、アラブ首長国連邦の6か国を受け入れると発表された。

プルサーマル計画

原子力発電において、燃料であるウランを燃やしたあとの使用済み燃料には、核分裂性のプルトニウムという物質がふくまれる。これを取り出し、ウランと混合・加工して、再び燃料として利用するというのがプルサーマル計画である。通常の軽水炉で運用できる利点がある。

● ふるさと納税制度

　地方自治体に対して寄付をすると、原則として寄付をした金額から2000円を引いた分の所得税・住民税が、自分が本来納める額から差し引かれる（控除される）という制度で、2008年度より導入された。自分で納税先を選べるため、生まれ故郷など自分の応援したい自治体に寄付することで、選んだ自治体に納税者が貢献できるしくみである。しかし、より多くの寄付を集めるため自治体間の返礼品の競争が激化したり、返礼品目当ての納税が増えたりするなど、本来の目的からはなれている現状も問題となっている。なお、2019年に改正された税制改正では、ふるさと納税の対象となる基準として、返礼品の返礼割合を3割以下とすること、返礼品を地場産品とすることなどを条件としている。

ふるさと納税のしくみ

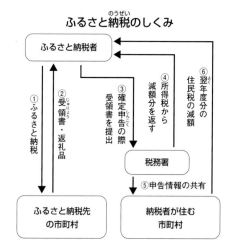

● ブレグジット（BREXIT）

　EU（ヨーロッパ連合）からイギリス（Britain）が離脱（Exit）するという意味の造語である。2016年に実施されたEUからの離脱の是非を問う国民投票で離脱賛成票が過半数をしめた結果を受けて、2017年、イギリスはEU基本条約にもとづき正式に離脱意思を通告、ジョンソン元首相の下で2020年12月31日に移行期間を終了し、完全離脱を果たした。（→「ヨーロッパ連合（EU）」）

● フレックスタイム制

　労働者自身が、毎日の始業時間や終業時間、労働時間を決める制度のこと。働く時間の総量が決められていて、その中で、どの日にどれくらい働くかを決めていく。労働者にとっては、日々の都合に合わせて時間を配分することができるため、生活と仕事のバランスをとりやすくなる。

● 噴火警戒レベル

　火山活動の状況に応じて、「警戒が必要な範囲」と、防災機関や近くの住民などの「とるべき防災対応」を、5段階に区分して気象庁が発表する指標。低い方から、

レベル1「活火山であることに留意」
レベル2「火口周辺規制」
レベル3「入山規制」
レベル4「高齢者等避難」
レベル5「避難」

となっており、2023年9月現在、全国49の火山で運用されている。

● 文化大革命

　中国共産党内での影響力を失った毛沢東が1966〜1977年にかけて進めた運動である。かつての中国や、資本主義の文化を社会主義の文化に改めるという名目で、文化財を破壊し、党内での実権を取りもどすために、自分の政敵や、自分を批判する知識人の弾圧を扇動した。この運動により、当時の共産党内の政治指導者は相次いで失脚し、毛沢東は党内で絶対的な権威を確立した。

● 米軍基地問題

　日米安全保障条約にもとづいて、全国には多くの米軍施設が存在している。とくに、1972年までアメリカの施政権下にあった沖縄県には、県土面積の約8％（沖縄本島では約15％）をしめる米軍基地がある。これは、日本にある日米軍専用施設面積の約70％になる。

このような沖縄において、基地問題は深刻である。とくに、日常的に発生する航空機の騒音、多発する墜落事故、廃油流出や実弾演習による原野火災、米軍人等による犯罪など、県民生活の安全や財産、自然環境などへの影響には大きなものがある。米軍基地が沖縄県の経済にあたえる影響は、復帰時には大きかったが、平成に入ってからの県民総所得にしめる基地関連収入の割合は5％ほどに低下してきている。

● ヘイトスピーチ

特定の人種や民族、宗教などに属する個人や集団に対して、憎悪にもとづいて暴力や差別をあおる言動をいう。日本でも、日本に居住している外国出身者やその子孫に対して差別的な発言をするデモが社会問題となったことから、2016年にヘイトスピーチ対策法が制定され、国や地方自治体に対策を講じるよう定めている。神奈川県川崎市では、外国にルーツがある市民を標的にしたヘイトスピーチに刑事罰を科す、全国初めての条例が2019年につくられた。

● ベーシックインカム

政府がすべての国民に、生活に必要な最低限のお金を支給するという政策のこと。就労の有無や資産の多少、年齢、性別も問わないという点で、社会保障制度とは異なる。遠くない将来、人間の仕事の多くが進化するAIにとってかわられるとの予測もある中、ベーシックインカムについての議論が各国で起きており、ヨーロッパでは試験的に実施している地域もある。

● 平和維持活動（PKO）

第二次世界大戦後、国際連合の中でアメリカとソ連が対立したことで、国際連合の世界の平和を守る活動はほとんど機能しなかった。このため考え出されたのが平和維持活動である。国連の平和維持活動は、

① 対立する軍隊どうしを引きはなす平和維持軍（PKF）
② 地域紛争の停戦後に軍が違反をしないかどうかをみはる停戦監視団
③ 平和を取りもどしたあと、民主的で公平な選挙の実施と監督をする選挙監視団

の3つに大別できる。このうち武器を持つことができるのは①のPKFのみで、しかも自らの身を守るときだけ武器の使用が許される。

● ベルリンの壁

第二次世界大戦後、ドイツは東西2つのドイツに分割され、東ドイツ領内のベルリンも東西ベルリンに分割された。その後、東ベルリンから西ベルリンへの亡命が相次いだために、1961年8月、東ドイツによって東西ベルリンの境界線上に壁が建設された。これによって人々は自由に行き来ができなくなり、西ベルリンは完全に陸の孤島となった。1989年11月、東欧の民主化運動が高まる中で、冷戦のシンボルであったベルリンの壁は開放され、翌年、ドイツは統一された。

● 貿易摩擦

おもに二国間で輸出・輸入の極端な不均衡から生じる問題をいう。たとえば、ある国から特定の工業製品が大量に輸入されると、輸入国では同じ産業が大きな打撃を受け、失業者が増大するといった問題が起こる。

日本は最大の貿易相手国であるアメリカとの間で、日本の輸出をめぐり、80年代に深刻な摩擦を引き起こした。貿易摩擦解消のために、日本は輸出制限や輸入規制の緩和などをおこなった。また、海外の工場で製品をつくる現地生産をおこない、その国で販売したり海外でつくった製品を日本へ輸入する「逆輸入」をおこなった。しかし、輸出制限や現地生産などの対策では根本的な解決にはならず、市場開放や日本独特の複雑な流通の改善とい

った、全体として貿易黒字を減らす努力も求められた。

包括的核実験禁止条約（ＣＴＢＴ）

宇宙空間、大気圏内、水中、地下をふくむあらゆる空間での、核兵器の実験を禁止する条約。1996年に国連総会で採択された。1963年に発効した部分的核実験禁止条約（ＰＴＢＴ）では対象になっていなかった地下での核実験も禁止している。核兵器を開発する力をもつ44か国すべてが批准することが発効の要件となっているが、一部の国で署名を拒否したり、批准がおくれたりしているため、いまだ発効していない。

防空識別圏

外国の航空機が予告なく近づいてきたときに、自国の戦闘機が警告のために緊急発進するかどうかの基準にする空域のこと。国際法では、領土と海岸線から12カイリまでの上空が「領空」と認められているが、航空機は船などと比べて速度が速いため、領空に近づいてからでは警告が間に合わないことがある。そのため多くの国では、領空よりも外側にはり出した範囲に防空識別圏を設定している。

ボランティア

他人や社会のためになる活動を、利益を目的とせずに自ら進んでおこなうことをボランティアという。その活動は、高齢者や障がい者の福祉が中心であったが、最近は教育、国際協力などさまざまな分野にわたっている。

マイクロプラスチック

海洋など、環境に拡散したごく小さいプラスチック粒子のこと。そのサイズについて明確な定義はないが、5mm以下のものを指すことが多く、1mm以下とする研究者もいる。マ

イクロプラスチックには、プラスチックごみが紫外線や波によって細かくくだかれたものや、研磨剤などにふくまれるマイクロビーズなどがある。かつては洗顔料や歯磨き粉にこのマイクロビーズがふくまれていることも多かったが、近年では各国で使用が禁止され、日本でも各企業の自主規制が進み、天然由来の研磨剤を使用するようになっている。

マイナス金利政策

金利をマイナスにする政策のこと。金利とは、お金の借り賃のことで、「利息」や「利子」ともよばれる。お金は生産や流通に投じることで利益を生み出すことから、お金の貸借の際にも、お金を生産・流通に投じたときに得られる利益を想定した金額を加えて返す約束をする。この加えるお金が金利となる。

マイナス金利では、お金の借り手がないために、お金を貸す側が、お金を借りる側に金利を支払う。日本では、2016年2月に、日本銀行が一部の預金にマイナス金利を導入した。この結果、金融機関は、日本銀行に預金したまま投資などにお金を回さないでいると、日本銀行に金利を支払わなければならなくなった。マイナス金利政策には、市場にお金を出回らせて景気を刺激する効果があるとされている。

マイナンバー

日本国内に住民票がある、すべての人がもつ12けたの番号のこと。社会保障、税などの分野で、複数の機関に存在する個人の情報が同一人物のものであるかどうか、すばやく確認できるようにするために導入された。これによって、行政の手続きやそれにともなう事務処理にかかる時間の短縮になることや、社会保障や住民へのサービスが充実することが期待されている。マイナンバーカードは、マイナンバーが記された顔写真付きのカードで、身分証明書や健康保険証として使えるほか、行政手続きのオンライン申請などができる。

マグニチュード

マグニチュードは地震そのものの規模をあらわす単位で、どれくらいの大きさの地震が起こったのかをあらわす。マグニチュードが1大きいとエネルギーは32倍になる。一方、「震度」は、ある地域における揺れの強さを表す数値である。マグニチュードが大きくても、震源との距離が遠ければ揺れは弱くなるため、震度は小さくなる。1回の地震で、震度の数値は場所によって異なるが、マグニチュードの数値は1つだけである。

マニフェスト

選挙にあたり、党の政権運営の方針を示したもので、日本語では「政権公約」と訳される。マニフェストは、各政党が「政権を獲得したときには、必ず実現する」という政策を有権者に約束するためのものなので、とくに具体的な数値目標や実現のための方法（何を、いつまでに、どうやって）を具体的に表現したものを指す。

まん延防止等重点措置

緊急事態宣言同様、新型コロナウイルス感染症対策の特別措置法にもとづき政府から発出される措置であるが、知事が市区町村ごとに指定できるため、緊急事態宣言に比べより期間・区域、業態をしぼった措置ができるしくみ。「ステージ3」相当での発出が目安とされる。

水俣条約

人為的に排出された水銀による環境汚染や健康被害の防止を目的とし、水銀の採掘や貿易、排出などの規制を定めた国際条約である。2013年に熊本県で開催された国際会議で採択され、2017年に発効している。二度と有機水銀による公害病を発生させないという決意をこめて、条約名に水俣の地名がつけられている。

民営化

国や地方公共団体が経営していた企業体が、一般の民間企業（多くの場合は株式会社）になることをいう。

2000年以降では、小泉純一郎内閣のもとでおこなわれた郵政民営化がある。これは、国によっておこなわれてきた郵便事業・簡易生命保険事業・郵便貯金事業の郵政三事業を民営化する政策であった。財政の健全化、規制緩和を目的として、2007年10月、これらの事業をになう各組織は、日本郵政グループとして民営化された。

おもな民営化の例

実施年	民営化
1985年	日本電信電話公社 →日本電信電話株式会社（NTT）グループ
1985年	日本専売公社 →日本たばこ産業株式会社（JT）
1987年	日本国有鉄道→JRグループ各社
2005年	日本道路公団 →NEXCO東日本・NEXCO中日本・ NEXCO西日本など
2007年	日本郵政公社→日本郵政グループ

無形文化遺産

世界遺産と同じくユネスコの事業のひとつで、世界遺産が建築物など有形の文化財の保護と継承を目的としているのに対し、民族的な道具や技術、踊りや祭祀などの無形のもの（無形文化財）を保護対象とするもの。日本では22件が登録されている。

おもな無形文化遺産

登録年	保護対象
2008年	能楽、人形浄瑠璃文楽、歌舞伎
2009年	雅楽、小千谷縮・越後上布、アイヌ古式舞踊など
2010年	組踊、結城紬
2011年	壬生の花田植、佐陀神能
2012年	那智の田楽
2013年	和食；日本人の伝統的な食文化
2014年	和紙；日本の手漉和紙技術
2016年	山・鉾・屋台行事
2018年	来訪神：仮面・仮装の神々
2020年	伝統建築工匠の技：木造建築を受け継ぐための伝統技術
2022年	風流踊

無党派

　支持する政党をもたない有権者のことを無党派という。有権者にしめる無党派の割合はしだいに増える傾向にあるといわれている。この無党派には、政治に関心がない人々ばかりでなく、今までの政党による政治に満足できないという、政治的関心が高い人々もふくまれている。この無党派がどのように投票するかが選挙結果に大きく影響するため、各政党は選挙のたびごとにこの無党派層をより多くつかもうとしている。

メタンハイドレート

　天然ガスの主成分であるメタンが水と結合して氷状になった物質のこと。燃える氷ともよばれ、火を近づけると燃焼し、燃焼後には水が残る。化石燃料の一種ではあるが、石炭や石油を燃やすよりも二酸化炭素の排出量が少なくすむ。日本でも南海トラフや北海道周辺を中心に分布することが確認されており、日本の年間天然ガス消費量の100年以上分の資源量が見こまれている。日本では、2030年代の商業化を目指しているが、安定的な生産については、技術的・経済的な課題が多く残っている。

メディアリテラシー

　インターネットやテレビ、新聞など、情報を伝達するメディアを使いこなす力のこと。メディアが伝達する情報の真偽を見きわめて取捨選択したり、得た情報を活用したり、メディアを使って発信したりコミュニケーションをしたりするなど、複合的な能力だといえる。ＩＣＴ（情報通信技術）が急速に進化し、膨大な情報にいつでもアクセスできるようになった現代社会に生きる人々にとって、欠かせない能力のひとつである。

猛暑日

　１日の最高気温が35℃以上の日のことで、2007年に気象庁によって制定された。一日の最高気温が30℃以上の日は「真夏日」という。ちなみに、夜間の最低気温が25℃以上になることを「熱帯夜」という。一方で、一日の最高気温が０℃未満の日は「真冬日」という。これまでの最高気温は2018年７月23日に埼玉県熊谷市と2020年８月17日に静岡県浜松市で観測した41.1℃、最低気温は1902年１月25日に北海道旭川市で観測したマイナス41.0℃である。

モーダルシフト

　モーダルシフトとは、トラックによる幹線貨物輸送を、地球環境にやさしく大量輸送が可能な船舶や鉄道に転換することをいう。

　現在の貨物輸送はトラック輸送が中心になっている。しかし、トラック輸送の増大は温暖化の原因となる大気中の二酸化炭素の増加や大気汚染などの公害、さらに交通渋滞の原因ともなる。モーダルシフトはこうした環境・交通対策の一環として進められている。

　モーダルシフトのひとつとして、貨物の積みかえをせずにトラックごと貨車に積んで運ぶピギーバック輸送がある。日本でも一時取り入れられたが、貨車の幅などの問題から普及せず、現在では取りやめられている。

ヤングケアラー

本来は大人がになうと想定されている家事や家族の世話などを日常的におこなっている、18歳未満の子どものこと。小学生にも一定数のヤングケアラーがいることがわかっている。ヤングケアラーがおこなっていることの例として、障がいや病気のある家族がいる場合に、その身の回りの世話や介助、感情面での寄りそいなどをおこなう、大人に代わって家事をする、または働いて家計を助けるといったことがある。また、日本語が話せない家族のために通訳をするといった例もある。こうした状況に置かれているために、子どもが本来もつ権利が守られず、自分の時間をもてなかったり、学業や学校生活、友人関係、進路、就職などに支障をきたしたりするなど、自身の人生に大きな影響がおよんでいることが社会問題となっている。

ユニバーサルデザイン

文化、言語、年齢のちがいや障がい、能力などを問わず、どんな人でも公平、快適に使えることを目指した施設や商品のデザインのこと。例として、シャンプーのボトルにしるしをつけて髪を洗っている最中でも他のボトルと区別がつくようにしたり、施設の案内をだれでもわかるように文字ではなく絵であらわしたりする工夫がある。障がい者だけでなく、すべての人を対象としている点で、「バリアフリー」とは異なる考え方といえる。

ヨーロッパ連合（EU）

西ヨーロッパ諸国は経済の発展を目指して、1967年にヨーロッパ共同体（EC）を発足させた。当初の加盟国は、フランス、西ドイツ、イタリア、オランダ、ベルギー、ルクセンブルクの6か国であった。その後、イギリスなどが加盟して12か国となった。1992年にヨーロッパ連合条約（マーストリヒト条約）が調印され、1993年からは市場統合を実現している。マーストリヒト条約発効後、ヨーロッパ連合（EU）を発足させ、その後加盟国を増やしたが、2020年1月31日、イギリスがEUを離脱したため、2023年9月現在、27か国で構成される（地図参照）。（→「ブレグジット（BREXIT）」参照）

2022年7月、バルカン半島のアルバニアと北マケドニアが加盟交渉に入った。

EUの旗

旗の中の12の星は、完璧と充実を象徴する古代ギリシャの円をあらわしている。

ユーロ **€** EUの多くの国で導入されているヨーロッパの共通通貨。10円は「￥10」、10ドルは「＄10」と書くように、10ユーロは「€10」と書く。

EU加盟国とユーロ導入国

□ ユーロを導入している20か国　□ その他のEU加盟国
（2023年9月現在）

ライフライン

電気を送る電線、ガス管、上下水道、電話線など、私たちの生活上の生命線といえる社会インフラ（設備や施設）のこと。地震などにより1か所が被害を受けると、広い範囲に影響が出る。

ラストベルト

「さびついた工業地帯」を意味する英語で、アメリカ中西部から北東部にかけて広がる地域。かつては鉄鋼や石炭、自動車などの主要産業で栄えていた。トランプ前大統領は、こうした工業地帯の再生をうったえて労働者たちの心をつかんで当選したが、衰退に歯止めがかからない地域も多い。

拉致問題

1970年代から1980年代にかけて、北朝鮮の工作員などにより日本人が北朝鮮に連れ去られた事件。北朝鮮は事件への関与を否定してきたが、2002年におこなわれた日朝首脳会談で拉致を認めた。日本政府が認定した拉致被害者は17人で、このうち5人の帰国が実現したが、残り12人については北朝鮮側から納得のいく説明がされていない。2014年5月に拉致問題の被害者とされる人たちの再調査をおこなうと北朝鮮側が表明したが、2016年、北朝鮮は核実験や弾道ミサイル発射を強行し、日本政府が制裁を決定したため、調査の中止を発表した。

ラムサール条約

1971年に結ばれた「とくに水鳥の生息地として国際的に重要な湿地に関する条約」のことで、イランのラムサールで採択されたため、一般には「ラムサール条約」という。この条約の目的は、国際的に貴重な湿地を各国が登録して守っていくことにある。日本は1980年にこの条約に加盟し、その年に北海道の釧路湿原を登録した。1993年6月には第5回締約国会議が釧路で開催されている。2023年9月現在の国内の登録地は53か所。

リサイクル法

「ものを大切に使いごみを減らすこと」などを目指した循環型社会をつくるために、特定のもののリサイクルについて定めた法律。基本的には各家庭で分別してごみを出すこと、市町村や小売店で分別して収集すること、販売業者には回収したものをリサイクルすることを義務付けている。おもなリサイクル法は以下のとおり。

施行年	法律	対象
1997年	容器包装リサイクル法	ガラス製容器・ペットボトル・紙製容器・プラスチック製容器・かん・段ボールなど
2001年	家電リサイクル法	エアコン・テレビ・冷蔵庫・洗濯機
2001年	食品リサイクル法	食品廃棄物（売れ残り・食べ残しなど）
2002年	建設リサイクル法	建設資材
2003年	PCリサイクル法	PC・ディスプレイなど（メーカーに義務付け）
2005年	自動車リサイクル法	自動二輪車・自動車など
2013年	小型家電リサイクル法	デジタルカメラ・ゲーム機・家庭系PCなど

臨界前核実験（未臨界核実験）

過去の核実験から得られたデータと理論をもとに、コンピューターで核爆発のシミュレーションをおこなうもので、核分裂の反応が起こる「臨界」の直前までの実験なので、臨界前核実験（未臨界核実験）という。核実験禁止の世論を背景に、核保有国が核技術の向上を目指しておこなっているが、新たな核開発につながるのではないかと心配されている。

レアメタル

希少金属のことで、地球上に少ない、あるいは経済的、技術的な理由で抽出するのがむずかしい金属の総称で、ニッケル、プラチナ（白金）、マンガン、クロムなど31種類がある。また、レアメタルのうち、一部の元素（希土類）をとくに「レアアース」とよぶ。いずれも携帯電話や薄型テレビ、自動車などの製造には欠かせない金属である。世界各国で需要がのびると手に入りづらくなる可能性もあり、とくにレアアースは、発展いちじるしい中国

で、生産の多くをしめている。

冷戦（れいせん）

「冷たい戦争」ともよばれる。第二次世界大戦後の、旧ソ連を中心とする社会主義陣営（じんえい）とアメリカを中心とする資本主義陣営との対立をいい、2つの陣営を率いる旧ソ連とアメリカが直接戦火を交えることなしに対立したため、「冷戦」とよばれる。米ソの対立を背景（はいけい）として起こった戦争には、朝鮮戦争やベトナム戦争などがある。かつて東西ドイツを分断していた「ベルリンの壁（かべ）」は冷戦の象徴（しょうちょう）とされていたが、1989年12月に米ソの冷戦終結宣言（せんげん）が出される直前に、市民によって開放された。（→「ベルリンの壁（かべ）」参照）

歴史認識問題（れきしにんしきもんだい）

歴史上のあるできごとについての認識が一致（いっち）しない問題のことをいう。日本がかかえる歴史認識問題は、おもに韓国（かんこく）や中国との間での歴史的できごとに関する認識の不一致である。認識のずれが見られる歴史的できごとは、太平洋戦争中の日本軍の行動・行為（こうい）に関することがほとんどである。とくに韓国との間ではいわゆる従軍慰安婦（じゅうぐんいあん）問題が取り上げられることが多い。

連立政権（れんりつせいけん）

複数の政党で政権を担当（たんとう）すること。日本では、内閣（ないかく）総理大臣の指名において衆議院（しゅう）の決定が優先（ゆうせん）されるため、衆議院で1つの政党が単独で過半数の議席をもたないときに連立を組むことが多い。ほかにも、連立内閣や連立与党（よとう）といった使われ方もある。議会において、議席数の一番多い政党と二番目の政党が連立政権をつくるときは、とくに「大連立」とよばれる。

6次産業化（ろくじさんぎょうか）

第1次産業としての農林水産業と、第2次産業としての製造業（工業）、第3次産業としての小売業などの事業を組み合わせ、新たな付加価値（かち）を生み出そうとする取り組みのこと。農林水産業にかかわる人が、農畜産物（ちくさん）・水産物の生産だけでなく、食品加工、流通・販売（はんばい）にも取り組み、それによって農山漁村の経済（けいざい）を豊（ゆた）かにしていこうとするものである。1（1次産業）×2（2次産業）×3（3次産業）のかけ算の6を意味している。

わ

ワークライフバランス

日本語では「仕事と生活の調和」と訳（やく）される。内閣府男女共同参画局（ないかく）のウェブサイトでは、仕事と生活の調和が実現された社会は、「国民一人ひとりがやりがいや充実感（じゅうじつ）を感じながら働き、仕事上の責任を果たすとともに、家庭や地域（ちいき）生活などにおいても、子育て期、中高年期といった人生の各段階（だんかい）に応じて多様な生き方が選択（せんたく）・実現できる社会」だとしている。仕事か生活かの二者択一ではなく、両者が調和することで相乗効果が生まれることを目指す考え方。

ワクチン

感染症（かんせんしょう）の予防に使われる医薬品のこと。感染症にかかると、原因となるウイルスや細菌（さいきん）に対する免疫（めんえき）（抵抗力（ていこうりょく））がつくという体のしくみを利用してつくられている。ワクチンには、病原性を弱めた病原体からできている生ワクチンと、病原体を構成する物質などをもとにつくったワクチンがある。2023年現在、日本で承認（しょうにん）され、接種することのできる新型コロナウイルスのワクチンには、後者のうちのmRNA（メッセンジャーRNA）ワクチン、組換（く）えタンパクワクチンなどがある。

ワシントン条約（じょうやく）

正式には「絶滅（ぜつめつ）のおそれのある野生動植物

の種の国際取引に関する条約」といい、動植物を商品として取り引きするためにおこなわれる乱獲を防止することを目的としている。1973年に採択された。条約により国内への持ちこみが規制されているものには、象牙、サボテン、ラン、オランウータン、パンダ、トラ、フクロウなどさまざまな動植物や製品がある。

予想問題の

解答 と 解説

確認問題 9

1 G7広島サミット開催 （問題は76ページ）

1 1石油危機 2フランス 3広島 4原爆ドーム 5ロシア 6グローバル・サウス 7ウクライナ 8持続可能 9核兵器 10非核三原則 11核兵器禁止

2 ①岸田文雄 ②1945年8月6日 ③佐藤栄作 ④インド ⑤イタリア ⑥日本の安全保障が、核保有国であるアメリカとの同盟関係と、その核抑止力の下で成り立っているという事情。

2 緊迫続くウクライナ情勢 （問題は77ページ）

1 1プーチン 2ゼレンスキー 3北大西洋条約機構（NATO） 4安全保障理事会 5拒否権 6ポーランド 7避難民 8岸田文雄 9フィンランド 10スウェーデン 11ベラルーシ

2 ①クリミア ②チョルノービリ（チェルノブイリ）原子力発電所 ③常任理事国であるロシアが拒否権を行使したから。 ④ウクライナは、ロシアと北大西洋条約機構（NATO）との間に位置し緩衝地帯となっていたのが、ウクライナがNATOに加盟すると、その勢力がロシアと直接国境を接することになるから。

3 岸田政権発足から2年 （問題は78ページ）

1 1自由民主（自民） 2尹錫悦 3ウクライナ 4広島 5健康保険証 6 12 7防衛 8少子化

2 ①岸田文雄 ②自由民主党（自民党）・公明党 ③デジタル庁 ④1% ⑤（第1位）アメリカ （第2位）中国 ⑥衆議院と参議院

の各議院の総議員の3分の2以上の賛成で国会が発議し、その後国民投票で過半数の賛成を必要とする。

4 関東大震災から100年 （問題は79ページ）

1 1 9 2 1 3火災（火事） 4 1995 5阪神・淡路 6 2011 7東日本 8国土交通 9気象 10特別警報 11線状降水帯

2 ①緊急地震速報 ②気象庁 ③パリ協定 ④ハザードマップ ⑤自助 ⑥災害用伝言ダイヤル ⑦〔例〕・水や非常食などをリュックサックにつめ、すぐに持ち出せる場所に置いておく。 ・家族で話し合って、連絡方法や集合場所を決めておく。 ・安否確認ができる災害用伝言ダイヤルの使い方を確認しておく。など

5 41年ぶりの物価上昇率 （問題は80ページ）

1 1 41 2エネルギー 3食料 4ロシア 5ウクライナ 6石炭 7原油 8液化天然ガス 9小麦 10とうもろこし 11デフレ（デフレーション） 12賃金（給料）

2 ①石油危機 ②インフレ（インフレーション） ③日本銀行 ④不利 （理由）輸入品の価格が割高になり全体として物価の上昇につながるから。 ⑤生鮮食品は月ごとや季節ごとの価格の変動が大きいために、長期的な物価の変動を見る指標として適さないから。 ⑥2022年から2023年にかけての物価上昇は、おもに国際的な資源高や穀物高によってもたらされたものであり、国内の経済活動が活発になることでもたらされたものではないから。

6 生成ＡＩの流行と社会への影響 (問題は81ページ)

1 1人工知能　2生成　3ビッグデータ　4個人情報　5著作権　6ディープフェイク　7広島　8産業革命　9ベーシックインカム

2 ①ＡＩ　②ゼレンスキー　③メディアリテラシー　④〔例〕出力された情報が事実かどうか、書籍や信用できるウェブサイトなどを使って自分で調べ直す。　⑤（激減した職業）馬車に乗る御者、人力車の車夫など（生まれた職業）タクシードライバー、トラックドライバーなど　⑥〔例1〕ＡＩに的確な指示を出して仕事を進める職業。〔例2〕ＡＩが動くプログラムを作る職業。

7 インドの人口、世界最多へ (問題は82ページ)

1 1中国　214　3一人っ子　4南　5デリー（ニューデリー）　6ヒマラヤ　7ヒンドゥー　8イギリス　9ガンジー　10ＩＴ　11グローバル・サウス

2 ①ナレンドラ・モディ　②仏教　③カースト　④QUAD（クアッド）　⑤ODA　⑥〔例〕・人口が減少している。　・出生数が少なくなっている。　・少子高齢化が進んでいる。　など

8 日本の出生数、過去最少 (問題は83ページ)

1 1出生　21.26　3総務　4自然　5社会　6東京都　7沖縄県　8新型コロナウイルス感染症　9こども家庭

2 ①厚生労働省　②合計特殊出生率　③2008年　④少子高齢化　⑤過疎　⑥コンパクトシティ　⑦〔例1〕働く人の数が減ったり、ものやサービスを買う人の数が減ったりして、経済活動が縮小する。〔例2〕国や地方に納められる税が減少して、社会保障制度が維持できなくなる。　など

9 日本の島の数が約14000に (問題は84ページ)

1 1国土地理院　214125　3海上保安　4国連海洋法　5長崎　6沖縄　7岩手　8本州　9九州　10択捉　11佐渡　12対馬

2 ①国土地理院　②茨城県　③国土交通省　④伊能忠敬　⑤西之島、東京都　⑥〔例〕・国土の管理や開発。　・防災のためのハザードマップなどを作るとき。　など

10 新型コロナウイルス感染症、5類へ (問題は85ページ)

1 1ＷＨＯ（世界保健機関）　2テドロス　3感染症　45類感染症　5インフルエンザ　6マスク　7アフターコロナ　8旅行・観光　9緊急事態宣言　10宅配便　11内閣感染症危機管理統括庁

2 ①2020年1月　②公衆衛生　③厚生労働省　④ＷＨＯ（世界保健機関）　⑤パンデミック　⑥人の行き来や集まりに関わる産業であること。

11 統一地方選挙 (問題は86ページ)

1 14　2日本維新の会　37　42　55　6トリプル　7定員割れ　8なり手　9解散

2 ①4年　②（地方議会議員）25歳以上　（市町村長）25歳以上　（知事）30歳以上　③選挙管理委員会　④公職選挙法　⑤18歳以上　⑥地方交付税交付金　⑦バラバラにおこなうよりも事務的な作業の効率がよくなることや、有権者の関心を高めることができること。　⑧〔例〕地方の身近な政治に参加することで、国の政治や民主主義を理解することにつながるから。

12 新紙幣いよいよ発行へ (問題は87ページ)

1 12024　2渋沢栄一　3津田梅子　4北里柴三郎　5偽造　6ユニバーサル　7聖徳太子　8キャッシュレス　9電子　10クレ

ジット

2 ①日本銀行　②（一万円札）福沢諭吉（五千円札）樋口一葉　（千円札）野口英世　③徳川慶喜　④岩倉具視　⑤志賀潔　⑥〔例１〕簡単な操作で大きな金額をあつかえることから、不正利用されたときの被害が大きい。〔例２〕災害などで電気が使えないときには支払いができない。　など

13 整備が進む交通網 （問題は88ページ）

1 1北陸　2福井　3敦賀　4武雄温泉　5長崎　6・7品川・名古屋　8札幌　9静岡　10大井　11速　12時間　13利用客（旅客）　14宇都宮

2 ①新橋・横浜　②東海道新幹線　③東京都・埼玉県・茨城県・栃木県・福島県・宮城県・岩手県・青森県・北海道　④盛岡（駅）　⑤高崎（駅）　⑥〔例〕災害などでどこかのルートが使えなくなっても、他のルートを使うことができるようにしておくため。　⑦〔例〕・車を運転できない人でも地域内を移動しやすくするため。　・移動時間の効率向上と外出機会の増加により、経済の停滞を防ぎ、地域を活性化するため。　など

14 LGBT理解増進法が成立 （問題は89ページ）

1 1参議院　2地方公共団体（地方自治体）　3LGBT（LGBTQ、LGBTQ+）　4戸籍　5民法

2 ①法の下の平等　②パートナーシップ制度　③条例　④イスラム教　⑤〔例〕・性別に関係なく利用できるトイレの設置が増えた。　・書類やアンケートなどで、性別の記入の必要のないものが増えた。　など

15 脱炭素社会に向けて （問題は90ページ）

1 1GX（グリーントランスフォーメーション）　2地球サミット　3COP（締約国会議）　4京都議定書　5パリ協定　6産業

革命　71.5　82050　9原子力　10東日本大震災　11ガソリン　12エコカー（次世代自動車）

2 ①グリーントランスフォーメーション　②持続可能な開発　③再生可能エネルギー　④温室効果ガス　⑤カーボンニュートラル　⑥ガソリンエンジンと電気モーターのどちらでも走行することができ、ガソリンで走行中に動力源を切り替えることができる自動車。

16 福島原発処理水、海洋放出へ （問題は91ページ）

1 1福島　2汚染　3海水　41　52011　6津波　7国際安全基準　8水産物　9風評

2 ①燃料デブリ　②崩壊熱を発し続けるため、やがて熱で炉心が溶けだし、原子炉が爆発してしまうおそれがあるから。　③多核種除去設備（ALPS、アルプス）　④水産物販売の減少（水産物価格の下落）　⑤（国際原子力機関）IAEA　（ヨーロッパ連合）EU　⑥放射性物質をふくむ処理水を保管する場所を確保することが困難になったため。

17 気候変動をめぐる世界の動き （問題は92ページ）

1 1グテーレス　2沸騰　3パルテノン　4ヒートドーム　5エルニーニョ　6気候変動　7二酸化炭素　8台風　9ツバル

2 ①WMO　②グテーレス　③猛暑日　④フェーン現象　⑤砂漠化　⑥〔例〕・火力発電所などから二酸化炭素を排出すること。　・ガソリンで走行する自動車が多く利用されることで、温室効果ガスをふくむガスが排出されること。　など　⑦〔例〕・暑さにたえられない農畜産物を育てられなくなり、食料不足におちいること。　・暑い地域でしか見られなかった病気が、これまで発生したことのない地域でも広がること。　など

18 どうなる？働き方改革 （問題は93ページ）

1 1 安倍晋三 2 60 3 組合 4 調整 5 基準 6 高度経済成長 7 バブル 8 ドライバー

2 ①勤労 ②基本的人権の尊重 ③厚生労働省 ④生産（年齢人口） ⑤過労死 ⑥テレワーク ⑦ワーキングプア ⑧〔例〕会社が利益を出すためには、人件費は少ない方がいいから。

19 日本をとりまく東アジア情勢 （問題は94ページ）

1 1 共同声明 2 平和友好条約 3 インバウンド 4 尖閣諸島 5 尹錫悦 6 岸田（岸田文雄） 7 シャトル 8 広島 9 竹島

2 ①（中華人民共和国）習近平 （朝鮮民主主義人民共和国）金正恩 ②（声明）日中共同声明 （中国）周恩来 （日本）田中角栄 ③盧溝橋事件 ④1910年 ⑤（西暦）1950年 （軍事境界線）北緯38度 ⑥明治維新以降の戦没者をまつる神社であり、戦犯として裁かれた人々もまつられているため。 ⑦沿岸から200海里以内の海底とその上部の海域にある海底資源や水産資源を、沿岸国が自国のものとして利用できる水域。

20 国産農林水産物・食品の世界進出 （問題は95ページ）

1 1 1 2・3 中国・台湾 4 ウイスキー 5 サロマ 6 安倍晋三 7 新型コロナウイルス 8 外食 9 38 10 マーケットイン

2 ①フードマイレージ ②地産地消 ③6次産業化 ④味の良さや安全性の高さなどから、外国の人々から日本の農産物の評判が高まり、輸出量が拡大すれば、農業全体として就業者や収入が増え、生産量が増えると考えられるから。 ⑤国内の農業生産を増やす・輸入相手国との良好な関係をつくる・米や小麦、飼料穀物などを備蓄するから1つ。

21 文化庁が京都に移転 （問題は96ページ）

◆ 1 東京 2 長官 3 2 4 文部科学 5 1000 6 観光 7 一極集中 8 地方 9 食

22 改正入管法が成立 （問題は96ページ）

◆ 1 出入国 2 難民 3 不法 4 収容 5 上限 6 人権 7 野 8 3 9 送還 10 監理措置

23 変わる交通ルール （問題は97ページ）

◆ 1 道路交通 2 ヘルメット 3 努力義務 4 あたま（頭、頭部） 5 警察 6 電動 7 運転免許

24 日本の宇宙開発のこれから （問題は97ページ）

◆ 1 JAXA 2 NASA 3 アルテミス 4 H3 5 イプシロン 6 航空宇宙自衛隊 7 1954 8 スペースデブリ

総合問題

（問題は98ページ）

1 G7広島サミット開催

1 問1(1)サミット (2)ア 問2EU 問3中国 問4ウ 問5(1)エ (2)①オ ②ア ③ウ 問6(1)①ウクライナ ②エ (2)エ

解説

問3国際連合の常任理事国である五大国は、アメリカ、イギリス、フランス、ロシア、中国である。中国は、これまで人口最多の国であり、経済面では2010年に日本を超えてGDPが世界第2位となる躍進をみせるなど、国際政治・経済への影響力は大きい。しかし、中国は、中国共産党による一党独裁体制の国であり、G7の国々とはちがった価値感の下で政治がおこなわれている。 問6(1)②QUAD（日米豪印首脳会合）は、当時首相であった安倍晋三によって提唱されて、2007年に始まった。知識としては持ち合わせていなかったかもしれないが、「自由で開かれたインド太平洋」に関連する国々であるので、選択肢の中からインド洋・太平洋に面した国を選び出すように判断する。 (2)マクロンはフランス大統領、ジョコはインドネシア大統領、スナクはイギリス首相、モディはインド首相である。マクロン大統領、スナク首相、モディ首相については、同順で、それぞれ、②問1のア・ウ・エの選択肢に写真が示してある。

2 問1イ 問2(1)8月6日 (2)イ→エ→ア→オ→ウ 問3(1)イ (2)ア (3)核兵器をもたず、つくらず、もちこませず 問4(1)岸田文雄 (2)オバマ (3)アメリカ・イギリス・フランス・インド 問5〔例〕地球上のどこでも採取と利用が可能な再生可能エネルギー

の開発に取り組みたいと考えている。なぜならば、エネルギー資源の争奪をめぐって引き起こされた戦争の例が多いので、エネルギー資源の問題が解決されれば、戦争をくわだてる動機のひとつを消し去ることができるからだ。そのために、中学・高校では、将来の再生可能エネルギー研究の基礎をかためるために、発電や電気モーターに関わる物理の勉強やそれらを利用したクラブ活動に力を注ぎたいと考えている。

解説

問2日本が敗戦をむかえる1945年には、3月10日に東京大空襲、4月1日にアメリカ軍の沖縄本島への上陸、8月6日に広島への原爆投下、8月8日にソ連の対日参戦、8月9日に長崎への原爆投下と続き、8月15日にポツダム宣言受諾を発表する玉音放送が流された。8月6日、9日、15日は、知識として定着していることが求められるが、その他のできごとについては、大まかな流れを理解しておくことで対処できるようにしておこう。まず、5つの選択肢のうち、「ソ連による対日参戦の開始」以外は、アメリカ軍による動きである。まずは、遠くはなれた太平洋の島々を制圧したアメリカ軍が、そこから爆撃機を飛ばすことで日本各地の都市を爆撃するようになる。やがて、南側の太平洋から飛び石を伝うように日本本土にせまるアメリカ軍が、沖縄本島に上陸する。それでも、徹底抗戦を続ける日本に対し、それまでとは破壊力がけたはずれに大きな原爆を投下する。この一連のアメリカ軍の動きの中で、これまでとはまったく次元のちがう破壊力をもった原爆が使用されたことで、世界は、戦

争の終結が一気にせまったことを感じ取ったにちがいない。それは、ソ連も同じことである。ソ連は、日ソ中立条約のために対日参戦をひかえていたが、広島への原爆投下後に参戦した。このような歴史の文脈を理解しておくことは、ほかの時代の年代順の並べかえの問題に取り組むときにも役立つ。　**問5**「ノブレス・オブリージュ（高貴な者の義務）」ということばがある。これは、「高い経済力、社会的地位を持つ者には，それ相応のふるまいと社会的責務がともなう」という考えを表すことばである。日本は、経済的にも、科学・技術的にも，国際社会において「先進国」である。さまざまな社会の問題に対して、自分自身がどのようにノブレス・オブリージュに取り組んでいくのか、将来に向けて想像しておこう。

2 緊迫続くウクライナ情勢 （問題は102ページ）

1 **問1**(1)①UNHCR　②ウ　(2)エ　(3)ポーランド　**問2**(1)フィンランド　(2)スウェーデン　**問3**(1)アメリカ・イギリス・フランス・ロシア・中国　(2)（拒否権）常任理事国がもつ議案を否決する力で、議案に常任理事国の１か国でも拒否すると成立しない。（問題点）常任理事国が自国の利益のために拒否権を発動すると、議案が成立せず、国際社会の平和と安全のために有効な決議ができないことがある。

解説

問3(2)常任理事国は、提案された決議を支持できない場合は拒否権を使って阻止してきた。とくに冷戦時代はアメリカとソ連の拒否権の発動回数が多く、自国の利益を優先し合っていたが、冷戦終結後はそれが少なくなった。しかし、ロシアのウクライナへの軍事侵攻に対する、ロシア軍の即時撤退を求める2022年２月25日の非難決議案は、常任理事国でもある当事国のロシアが拒否権を行使したこと

で否決されたために、有効な制裁手段をとることができなかった。

2 **問1**(1)キーウ　(2)イ　(3)イ　(4)チョルノービリ（チェルノブイリ）　(5)ア　**問2**(1)冷戦（冷たい戦争）　(2)北大西洋条約機構（NATO）　(3)ワルシャワ条約機構　(4)（アメリカの大統領）ウ　（ソ連の書記長）ア　**問3**(1)①クリミア　②サミット　(2)（プーチン大統領）エ（ゼレンスキー大統領）ア　**問4**トルコ

解説

問1(2)(5)ウクライナは日本よりも緯度が高く、北緯44度から北緯52度にかけて位置している。そのため、日本よりも年間の平均気温は低い。しかし、チェルノーゼムとよばれる肥沃な黒土が広がっているために、小麦やとうもろこしなどの穀物の生産がさかんである。　**問2**(3)西側諸国の軍事同盟である北大西洋条約機構（NATO）に対抗して、1955年に東側諸国の軍事同盟であるワルシャワ条約機構が結成された。ワルシャワ条約機構は、冷戦終結後の1991年に解散したが、そのワルシャワ条約機構に加盟していたポーランド、チェコ、ハンガリーが1999年に、かつてソビエト社会主義共和国連邦を構成していたバルト３国（エストニア、ラトビア、リトアニア）が2004年にそれぞれNATOに加盟するなど、NATOの勢力が東方（ロシア側）へと拡大してきた。

3 岸田政権発足から２年 （問題は106ページ）

1 **問1**あ国会　い指名　う任命　え過半数　**問2**(1)安倍晋三　(2)A佐藤栄作　B伊藤博文　C吉田茂　**問3**(1)ウ　(2)あ３　い２　う国民投票　え過半数　お天皇　**問4**マイナンバー　**問5**あ40　い30　う10

解説

問2(2)在職期間に目を向けて考えてみよう。Aならば沖縄が返還された1972年、Bならば内閣制度ができた1885年や日清戦争が起こった1894年、Cならば日本国憲

法が公布された1946年やサンフランシスコ平和条約が結ばれた1951年が手がかりとなる。 **問3**(1)参議院選挙区の合区は、2016年の選挙から導入されている。自民党の改憲案は、逆に合区を解消しようとするものである。

---

2 **問1**(1)財務省 (2)ア (3)ウ **問2**エ **問3**(1)あ健康 い最低限度 (2)ア (3)ウ **問4**ア **問5**(法人税)イ (所得税)ア (たばこ税)エ

解説
問1(2)通常国会は、毎年1月に召集され会期は150日間である。そこでは、おもに次年度の予算の審議・議決をする。イの臨時国会は、内閣が必要と認めたとき、またはどちらかの議院の総議員の4分の1以上の要求があったときに召集されるもの、ウの特別国会は衆議院の解散・総選挙後に開かれ、内閣総理大臣の指名をおこなうためのもの、エの緊急集会は、衆議院の解散中に、緊急に決める必要が生じた際に参議院だけで開かれるものである。 **問3**(2)アにある生命保険や災害保険は、保険会社が取りあつかっているので誤りである。 (3)ウの生活保護は、生活が苦しい人に対し、その程度に応じて必要な保護をおこない、健康で文化的な最低限度の生活を保障するとともに、自立を助ける制度であるが、最近になってその支給額が大幅に増えたということはない。 **問4**イは国庫支出金、ウは公共事業関係費の説明である。

---

4 関東大震災から100年 (問題は110ページ)

1 **問1**ア **問2**(関東大震災)エ (阪神・淡路大震災)ア (東日本大震災)ウ **問3**防災 **問4**ア **問5**(発電所)福島第一原子力発電所 (原因)津波 **問6**①川からあふれ出た水を一時的にためることで、流域への洪水の被害を小さくするという役割。 ②津波がくるおそれがある際に、緊急的な一時避

難場所になるという役割。 **問7**①オ ②ア ③エ ④イ ⑤ウ **問8**(1)(南海地震)A (東南海地震)B (東海地震)C (2)ウ

解説
問1ウの「揺れの強さ」は震度の説明である。 **問4**アは東日本大震災のときの状況を説明したものである。 **問6**①は遊水地、②は津波避難タワーの写真である。 **問7**震源や被災した地域、周辺の地形の名などを手がかりに判断するとよい。

2 **問1**ウ **問2**①ア ②ウ ③カ ④ク **問3**線状降水帯 **問4**ア・エ **問5**Aエ Bウ Cア Dイ **問6**イ **問7**(1)命を守る (2)緊急避難場所…エ 避難所…イ (3)🏫 **問8**エ

解説
問4アの雲仙岳は、長崎県に位置している。エの御嶽山は、長野県と岐阜県にまたがっている。 **問7**(2)アは老人ホーム、ウは博物館(美術館)をあらわす地図記号である。 **問8**非常用持ち出し袋の中に入れるものとして、野菜はいたみやすいために適さず、電気やガスの供給が停止したときに調理ができず食べられないレトルト食品も最適とはいえない。乾パンや缶詰などの非常用の食料や水を準備しておくことが望ましいが、それらも定期的に賞味期限などを確認しておくことが必要である。

---

5 41年ぶりの物価上昇率 (問題は114ページ)

◆ **問1**1・2商品・サービス 3 100 **問2**ア **問3**(1)ウ (2)Aエ Bイ **問4**1・2原油・液化天然ガス 3石炭 **問5**(1)ウ (2)イ **問6**Aオーストラリア Bアラブ首長国連邦 Cマレーシア **問7**1ロシア 2ウクライナ **問8**①イ ②ア ③イ **問9**2022年のロシアのウクライナ侵攻による資源高と円安は、記事Iにあるように物価の41年ぶりの上昇をもたらした。また、それと同じ原因によって、記事IIにあるように日本

の貿易収支は過去最大の赤字となった。

解説

問8 円とドルの交換比率が、1ドル＝120円から1ドル＝130円に変わったということは、より大きな額の円でないと1ドルと交換できなくなったということだから、ドルに対する円の価値が下がった、つまり円が安くなったのだとわかる。これを逆から見ると、100円＝約0.83ドルから100円＝約0.77ドルに変わったということで、同じ円で交換できるドルが少なくなるのだから、この面からもやはり円は安くなったことがわかる。 **問9** 記事Ⅰでは、2022年12月の消費者物価指数が対前年比で41年ぶりの上昇率だったことと、その中でもとくにエネルギーと食料の伸び率が大きかったことが報じられている。一方記事Ⅱでは、2022年の日本の貿易収支が過去最大の赤字となったが、その原因がロシアのウクライナ侵攻などによるエネルギーの価格高騰（資源高）と記録的な円安にあったことが報じられている。つまり、2022年の世界的な資源高と記録的な円安がエネルギー資源や穀物の輸入価格の上昇をもたらし、それが過去最大の貿易赤字を生み出すとともに、国内の物価の41年ぶりとなる大幅な上昇をもたらしたというつながりを考えることができる。

6 生成AIの流行と社会への影響 （問題は118ページ）

1

問1(1)①ア　②イ　③ウ　(2)イ　**問2**ウ
問3(1)リテラシー　(2)ウ　**問4**人工知能
問5イ　**問6** B個人情報　C著作権　**問7**
(1)ア　(2)ウ

解説

問1(2)ウェアラブルとは「身につけることができる」という意味の英語である。とくに、腕時計型のスマートウォッチが普及しており、これまでのスマートフォンの機能に加えて心拍数などの健康状態を計測する機能がつき、より生活に密接にかかわることができるようになっている。 **問2** インターネットの特性として匿名性があげられる。自分や相手の名前がわからない状態で情報発信やコミュニケーションがとれるため注意が必要である。 **問3**(1)リテラシーとは字の読み書きができる能力のことである。メディアやインターネットから受け取った情報を取捨選択できる能力のことをメディアリテラシー、ネットリテラシーという。

2

問1 A（国の名）イギリス（位置）ア　B（国の名）ドイツ（位置）ウ　**問2** Cア　Dイ
問3 エ　**問4** 当時の日本は鎖国政策をとっており、外国の情報の受け入れが極端に制限されていたから。 **問5**イ　**問6**エ　**問7**
(1)ウ　(2)ベーシックインカム　(3)エ→イ→ウ→ア　(4)スマートシティ

解説

問7(3)Society1.0〜5.0で考えられる社会のあり方は、人類の歴史全体を通した変化である。日本の歴史でも、旧石器・縄文時代を狩猟社会、弥生時代から江戸時代までを農耕社会、明治時代から昭和時代前半までを工業社会、昭和時代後半からを情報社会というように整理できるだろう。なお、Society5.0は、内閣府の発表では「サイバー空間（仮想空間）とフィジカル空間（現実空間）を高度に融合させたシステムにより、経済発展と社会的課題の解決を両立する、人間中心の社会」とされている。(4)情報通信技術を活用した都市計画をスマートシティという。また、スマートシティより早い段階で、農業にAIやIoTを活用したスマート農業が進められている。

内容には誤りのないよう留意しておりますが，変更・訂正が
発生した場合は小社ホームページ上に掲載しております。
株式会社みくに出版　http://www.mikuni-webshop.com

日本の国土・地形・気候

・日本の地形や気候にはどのような特色がある？ ⟷ ❹、❾

・日本の地形や気候の特色と自然災害の関係は？ ⟷ ❹

・日本の国土や領土に関する課題は？ ⟷ ⓳

環境 (かんきょう)

・脱炭素社会に向けた動きは？ ⟷ ⓯

・脱炭素とエネルギー問題の関係は？
 ➡資源とエネルギーの項もチェック！

・日本国内の環境問題は？ ⟷ ⓯、⓱

・世界規模の環境問題は？ ⟷ ⓯、⓱

貿易

・日本は何を輸出し、何を輸入している？ ⟷ ❺、⓴

・日本の貿易をめぐる問題点には何がある？ ⟷ ❺、⓰

人口・労働

・少子高齢化(こうれい)が進む日本の未来はどうなる？ ⟷ ❽

・日本人の働き方はどのように変化してきている？ ⟷ ❿、⓲

人・もの・金・情報の移動

・人やものを運ぶ交通機関の現状は？ ⟷ ⓭、㉓

・ものを運ぶ流通業の現状は？ ⟷ ❿、⓲

・お金の動きや経済(けいざい)はどうなっている？ ⟷ ❸、❺

・進む情報社会の課題は？ ⟷ ❻
 ➡工業生産との関係も考えてみよう！

農水産業・食糧(しょくりょう)生産

・日本国内のどこで、どのような農水産業がさかん？ ⟷ ⓴

・日本や世界の食糧問題はどうなっている？ ⟷ ❷、❺

これまでに学んできたことがらと、最近のニュースがどのように関連しているのかを、社会科のおもな分野をもとにまとめた例です。
それぞれの内容がどのように関連しあっているのかを、さまざまな角度から見ていきましょう。

※数字は、『2023 重大ニュース』の章番号を示しています。

国際関係

・世界の戦争や紛争（ふんそう）の現状は？ ⬌ ❷
・世界の国や地域（ちいき）のようすは？ ⬌ ❼、⓱
・国際的な組織や枠組（わくぐ）みは？ ⬌ ❶、❷
・世界の国々が進める宇宙（うちゅう）開発の現状は？ ⬌ ㉔

 昔から今へ、歴史の観点から

・政治法制史とニュースのつながりは？ ⬌ ⓮、⓲
・社会経済（けいざい）史とニュースのつながりは？ ⬌ ⓬
・外交史とニュースのつながりは？ ⬌ ⓳
・文化宗教（しゅうきょう）史とニュースのつながりは？ ⬌ ⓬

 資源（しげん）とエネルギー

・日本の資源とエネルギーの現状は？ ⬌ ❺、⓰
・エネルギー資源に関する日本の課題は？ ⬌ ❺、⓰
・エネルギー問題と環境（かんきょう）問題との関係は？
➡環境の項（こう）もチェック！

 **地方自治**

・地方の政治の現状は？ ⬌ ⓫
・地方のインフラ整備は
　どうなっている？ ⬌ ⓭
・地方創生（そうせい）の動きは？ ⬌ ㉑

 日本国憲法（けんぽう）と人権（じんけん）

・すべての人の基本的人権は守られている？
プライバシーの権利（けんり） ⬌ ❸
子どもや女性の権利 ⬌ ❸、❽
性的少数者の権利 ⬌ ⓮
労働者の権利 ⬌ ⓲
外国人の権利 ⬌ ㉒

 三権（さんけん）分立（国会・内閣（ないかく）・裁判所（さいばんしょ））

・国会（立法）・内閣（行政）の仕事って？
日本の国内政治 ⬌ ❸、⓫、㉑、㉒
日本の外交 ⬌ ⓰、⓳
・裁判所（司法）の仕事って？

 予算

・予算の使われ方はどうなって
いる？ ⬌ ❸
➡国内政治や外交の動きとの
関係も考えてみよう！

【編集協力】
毎日新聞社

▼毎日新聞社提供写真
表紙（ガソリン価格、ウクライナ侵攻を除く）、P.1、P.2、P.3（トラック運転手を除く）、P.4（宇宙船「オリオン」を除く）、P.5、P.7（G7広島サミット）、P.8（金正恩氏、習近平氏を除く）、P.12、P.15、P.24、P.38、P.40、P.42、P.44、P.46、P.50、P.52、P.54、P.56、P.58、P.60、P.64（文化庁新庁舎）、P.65、P.66（ヘルメットをかぶって通勤する記者）、P.100、P.105（ルカシェンコ氏を除く）、P.110、P.124、P.125、P.126、P.132（首里城、姫路城を除く）、P.133（合掌造りを除く）、P.177

【資料提供】
AFP通信社
AP通信社
JAXA
NASA
UPI通信社
朝日新聞社
アフロ
国立国会図書館
産経新聞社
時事通信社
新華社
中日新聞社
朝鮮中央通信
デジタル楽しみ村
読売新聞社
ロイター

2024年度中学受験用
2023重大ニュース

2023年11月1日　初版第1刷発行

企画・編集　日能研教務部
発行　日能研
〒222-8511　神奈川県横浜市港北区新横浜2-13-12
http://www.nichinoken.co.jp
発売　みくに出版
〒150-0021　東京都渋谷区恵比寿西2-3-14
☎03（3770）6930
http://www.mikuni-webshop.com
印刷　サンエー印刷

定価　1,650円（税込）

Ⓒ2023　NICHINOKEN　Printed in Japan
ISBN978-4-8403-0836-6

（本書の記載内容の無断転用・転載を禁ず）

このマークは、日能研の環境への取り組みをお知らせする目印です。

この印刷物は、地産地消・輸送マイレージに配慮した米ぬか油を使用した「ライスインキ」を採用しています。

【制作協力】
表紙・カラーページデザイン
　長田年伸
本文デザインフォーマット
　村上晃三（シンクピンク）
　酒井英行（酒井デザイン事務所）
本文イラスト
　野村タケオ